Karl R. Popper

EM BUSCA DE UM MUNDO MELHOR

Tradução
MILTON CAMARGO MOTA

martins fontes
selo martins

O original desta obra foi publicado com o título
Auf der Suche nach einer besseren Welt – Vorträge und Aufsätze aus dreißig Jahren
© 1984, 1992 Karl Popper, 1996 Estate of Karl Popper
© 2006, Martins Editora Livraria Ltda., São Paulo, para a presente edição.
© 2008 Klagenfurt University/Karl Popper Library.

Publisher *Evandro Mendonça Martins Fontes*
Coordenação editorial *Vanessa Faleck*
Preparação *Edison Urbano*
Revisão *Eliane Santoro*
Ricardo Jensen
Produção gráfica *Sidnei Simonelli*

Dados Internacionais de Catalogação na Publicação (CIP)
(Câmara Brasileira do Livro, SP, Brasil)

Popper, Karl Raimund, 1902-1994.
Em busca de um mundo melhor: Karl R. Popper; [tradução Milton Camargo Mota]. – São Paulo : Martins, 2006. – (Coleção Dialética)

Título original: Auf der Suche nach einer besseren Welt.
Bibliografia.
ISBN 9780-85-99102-30-5

1. Filosofia I. Título. II. Série.

06-2660   CDD-192

Índices para catálogo sistemático:
1. Filosofia inglesa 192

Todos os direitos desta edição no Brasil reservados à
Martins Editora Livraria Ltda.
Av. Dr. Arnaldo, 2076
01255-000 São Paulo SP Brasil
Tel. (11) 3116 0000
info@emartinsfontes.com.br
www.martinsfontes-selomartins.com.br

Sumário

Um resumo à guisa de prefácio   7

PRIMEIRA PARTE – SOBRE O CONHECIMENTO
1. Conhecimento e formação da realidade: A busca por um mundo melhor   13
2. Sobre conhecimento e ignorância   50
3. Sobre as assim chamadas fontes do conhecimento   67
4. Ciência e crítica   77
5. A lógica das ciências sociais   92
6. Contra as grandes palavras (Uma carta que, originalmente, não se destinava a publicação)   116

SEGUNDA PARTE – SOBRE A HISTÓRIA
7. Livros e pensamentos: O primeiro livro da Europa   137
8. Sobre o choque de culturas   149
9. Immanuel Kant: O filósofo do Esclarecimento (Um discurso por ocasião dos 150 anos da morte de Kant)   160

10. Auto-emancipação pelo conhecimento   173
11. A opinião pública à luz dos princípios do liberalismo   191
12. Uma teoria objetiva da compreensão histórica   205

TERCEIRA PARTE — *VON DEN NEUESTEN... ZUSAMMENGESTOHLEN AUS VERSCHIEDENEM, DIESEM UND JENEN...*

13. Como vejo a filosofia (Roubado de Fritz Waismann e de um dos primeiros astronautas que foram à Lua)   221
14. Tolerância e responsabilidade intelectual (Roubado de Xenófanes e Voltaire)   242
15. Em que acredita o Ocidente? (Roubado do autor de *Offene Gesellschaft*)   262
16. Autocrítica criativa na ciência e na arte (Roubado de cadernos de anotações de Beethoven)   289

Índice onomástico   303

Índice remissivo   307

Um resumo à guisa de prefácio

Todo vivente busca um mundo melhor. Homens, animais, plantas, e também organismos unicelulares, são sempre ativos. Eles tentam melhorar sua situação ou, ao menos, evitar uma piora. Mesmo enquanto dorme, o organismo mantém ativamente o estado de sono: a profundidade (ou a superficialidade) do sono é um estado ativamente provocado pelo organismo, um estado que protege o sono (ou mantém o organismo em alerta). Todo organismo está constantemente ocupado em resolver problemas. E os problemas surgem das avaliações de seu estado e de seu entorno, que ele procura melhorar. A tentativa de solução freqüentemente se revela errônea, conduz a um pioramento. Então se seguem outras tentativas de solução, outros movimentos de experimentação.

Assim, a vida – até mesmo o organismo unicelular – traz ao mundo algo completamente novo, algo que antes não havia: problemas e buscas ativas de solução; avaliações; valores; tentativa e erro.

É possível supor então que, sob a influência da seleção natural de Darwin, são principalmente os solucionadores mais ativos de problemas que se desenvolvem, os buscadores e encontradores, os descobridores de novos mundos e novas formas de vida.

Todo organismo também trabalha na manutenção de suas condições internas de vida e de sua individualidade – uma atividade que os biólogos chamam 'homeostasia'. Mas isso também é agitação interna, atividade interna: atividade que busca refrear a agitação interna, *feedback*, correção de erros. A homeostasia tem de ser imperfeita. Deve restringir a si mesma. Se fosse perfeita, isso significaria a morte do organismo ou, pelo menos, a suspensão temporária de todas as funções vitais. A atividade, a agitação, a busca são essenciais para a vida, para a eterna agitação, a eterna imperfeição; para o eterno buscar, esperar, valorar, encontrar, descobrir, melhorar, aprender e criar valores; mas também para o errar eterno, a criação de desvalores.

O darwinismo ensina que os organismos se adaptam ao mundo circundante pela seleção natural e, com isso, se remodelam. E diz que são passivos nesse processo. No entanto, parece-me muito mais importante notar que os organismos, em sua busca por um mundo melhor, encontram, inventam e reorganizam novos entornos. Constroem ninhos, diques, montes. Mas sua criação mais carregada de conseqüências é, provavelmente, a transformação da atmosfera da Terra ao enriquecê-la com oxigênio; transformação que, por sua vez, resulta da descoberta de que a luz solar poder servir como alimento. A descoberta dessa fonte de alimento inesgotável e dos inúmeros métodos de captar a luz criou o reino vegetal. E a preferência pelas plantas como fonte de alimento criou o reino animal.

Nós próprios nos criamos pela invenção da linguagem especificamente humana. Como diz Darwin (*A origem do homem*, parte I, capítulo III), o uso e o desenvolvimento da linguagem humana "reagiram sobre o espírito" (*reacted on the mind itself*).

Seus enunciados podem representar um estado de coisas, podem ser objetivamente verdadeiros ou falsos. Isso gera a busca pela verdade objetiva, pelo conhecimento humano. A busca da verdade, sobretudo a das ciências naturais, pertence, por certo, ao que a vida criou de melhor e mais vultoso em sua busca por um mundo melhor.

Mas será que não destruímos nosso entorno com nossa ciência natural? Não! Cometemos grandes erros – todo vivente comete erro. É impossível prever todas as conseqüências não desejadas de nossas ações. A ciência natural é, aqui, nossa maior esperança: seu método é a correção dos erros.

Não quero terminar antes de dizer alguma coisa sobre o êxito da busca por um mundo melhor ao longo de meus 87 anos de vida, um período de duas guerras mundiais insanas e ditaduras criminosas. Apesar de tudo, e embora tenhamos fracassado em tantas coisas, nós, os cidadãos de democracias ocidentais, vivemos numa ordem social que é mais justa e melhor (porque mais aberta a reformas) do que qualquer outra de que tenhamos conhecimento histórico. Mais melhorias são de urgência suprema. (No entanto, melhorias que aumentam o poder do Estado produzem, não raro, o contrário do que buscamos.)

Gostaria de mencionar brevemente duas coisas que melhoramos.

A mais importante é que a terrível miséria em massa, que havia em minha infância e juventude, desapareceu entre nós. (Infelizmente não em Calcutá.) Muitos objetam que há pessoas demasiado ricas entre nós. Mas em que isso nos deve preocupar se há o suficiente – e também a boa vontade – para lutar contra a pobreza e outros sofrimentos evitáveis?

A segunda é nossa reforma do direito penal. No início tínhamos esperança de que a atenuação das penas conduziria a uma atenuação dos crimes. Quando as coisas não evoluíram desse modo, nós, não obstante, fizemos a escolha de que nós próprios, e também em nossa convivência, preferiríamos sofrer – com crimes, corrupção, assassínio, espionagem, terrorismo – a realizar a tentativa bastante questionável de erradicar essas coisas pela violência e, com isso, correr o risco de também sacrificar inocentes. (No entanto, é difícil evitar isso por completo.)

Os críticos denunciam que nossa sociedade é corrupta, embora admitam que a corrupção é, por vezes, punida (Watergate). Eles talvez não vejam qual é a alternativa. Preferimos uma sociedade que garante plena proteção legal até mesmo aos criminosos pérfidos, de modo que não sejam punidos em caso de dúvida. E preferimos essa ordem especialmente a uma outra em que mesmo os não-criminosos não encontram proteção legal e são punidos até mesmo quando sua inocência é incontestada (Sakharov).

Mas, com essas decisões, talvez também tenhamos escolhido outros valores. Talvez tenhamos, inteiramente inconscientes, empregado a maravilhosa noção de Sócrates: "É melhor sofrer uma injustiça do que cometer uma injustiça".

K. R. P.
Kenley, primavera de 1989.

Primeira Parte
SOBRE O CONHECIMENTO

1. Conhecimento e formação da realidade: A busca por um mundo melhor*

A primeira metade do título de minha conferência não foi escolhida por mim, mas pelos organizadores do Fórum de Alpbach. Seu título era: "Conhecimento e formação da realidade". Minha conferência consiste em três partes: *conhecimento, realidade* e *formação da realidade* pelo conhecimento. A segunda parte, a respeito da realidade, é de longe a mais extensa, pois já contém muita coisa que prepara a terceira.

1. Conhecimento

Comecemos pelo conhecimento. Vivemos numa época em que, mais uma vez, o irracionalismo virou moda. Por isso, quero iniciar com a confissão de que vejo o *conhecimento das ciências naturais* como o melhor e mais importante conhecimento que temos – embora não o considere nem de longe o único. Os pontos principais do conhecimento das ciências naturais são os seguintes:

---

* Conferência proferida em Alpbach, em agosto de 1982. A segunda parte do título – "A busca por um mundo melhor" – foi acrescentada por mim.

Agradeço a Ingeborg e Gerd Fleischmann por sua inestimável e abnegada cooperação e a Ursula Weichart por seu excelente auxílio na redação, freqüentemente melhorada.

1. Ele parte de problemas, a saber, tanto de problemas práticos quanto teóricos.

Um exemplo de um grande problema prático é a luta da medicina contra o sofrimento evitável. Essa luta já resultou em grandes sucessos, e a explosão demográfica é uma das conseqüências indesejadas. Isso significa que outro problema antigo ganhou uma nova urgência: o problema do controle da natalidade. Uma das tarefas mais importantes da ciência médica é encontrar uma solução realmente satisfatória para esse problema. De modo semelhante, nossos maiores sucessos conduzem a problemas novos.

Um exemplo de um grande problema teórico na cosmologia é o reexame da teoria da gravidade e a posterior revisão das teorias do campo unificado. Um problema imenso – importante tanto do ponto vista teórico quanto prático – é a continuidade da pesquisa acerca da imunidade. Falando em termos gerais, um problema teórico consiste na tarefa de explicar inteligivelmente um processo natural de difícil explicação e testar a teoria explanatória por meios de predições.

2. Conhecimento é busca da verdade – a busca de teorias explanatórias, objetivamente verdadeiras.

3. Ele não é a busca por certeza. Errar é humano: todo conhecimento humano é falível e, portanto, incerto. Disso se segue que devemos fazer clara distinção entre verdade e certeza. Que errar é humano significa que devemos lutar sem cessar contra o erro, mas também que, mesmo com o maior cuidado, nunca podemos estar totalmente certos de que não estejamos cometendo um erro.

Na ciência, uma falha – um erro – que cometemos consiste essencialmente em considerarmos verdadeira uma teoria que não o é. (Mais raramente, consiste em considerar falsa uma teoria, embora seja verdadeira.) Combater a falha, o erro, significa, portanto, buscar a verdade objetiva e tudo fazer para descobrir e eliminar inverdades. Essa é a tarefa da atividade científica. Pode-se, portanto, dizer: nossa meta como cientistas é a verdade objetiva; mais verdade, verdade mais interessante, verdade mais bem compreensível. Não podemos, racionalmente, ter a certeza como meta. Quando percebemos que o conhecimento humano é falível, também percebemos que *jamais* podemos estar *totalmente certos* de que não cometemos um erro. Seria possível formular isso da seguinte maneira:

Há verdades incertas – até mesmo proposições verdadeiras que consideramos falsas –, mas não certezas incertas.

Como nunca podemos estar totalmente certos, não vale a pena buscar a certeza; mas vale muito a pena buscar a verdade; e nós o fazemos principalmente buscando erros, para os corrigir.

O conhecimento científico, o saber científico, é, portanto, sempre hipotético: é um *saber conjectural*. E o método do conhecimento científico é o *método crítico*: o método da busca por erros e da eliminação de erros a serviço da busca da verdade, a serviço da verdade.

Naturalmente alguém me fará a "velha e célebre questão", como a chama Kant: "O que é a verdade?". Em sua obra principal (884 páginas), Kant se recusa a dar outra resposta senão que a verdade é "correspondência do conhecimento com seu objeto" (*Kritik der reinen Vernunft* [Crítica da razão pura], 2ª ed., pp. 82-3). Eu diria algo bastante similar: *uma teoria ou uma proposição é verdadeira, se o estado de coisas descrito pela teoria corresponde à realidade*. E gostaria de acrescentar a isso três observações:

1. Todo enunciado inequivocamente formulado é verdadeiro ou falso; e, se é falso, sua negação é verdadeira.

2. Portanto, a quantidade de enunciados verdadeiros é igual à de falsos.

3. Cada um desses enunciados inequívocos (mesmo que não saibamos com certeza se é verdadeiro) ou é verdadeiro ou possui uma negação verdadeira. Disso também se segue que é errado equiparar a verdade à verdade segura ou certa. Verdade e certeza devem ser nitidamente distinguidas.

Se você é chamado ao tribunal como testemunha, você é exortado a dizer a verdade. E supõe-se, com razão, que você compreenda essa exortação: sua asserção deve corresponder aos fatos; *não* deve ser influenciada por suas convicções subjetivas (ou pelas de outras pessoas). Se sua asserção não corresponde aos fatos, você ou mentiu ou cometeu um engano. Mas apenas um filósofo – um assim chamado relativista – concordará com você se você disser: "Não; minha asserção é verdadeira, pois com verdade eu me refiro a outra coisa que não a correspondência com os fatos. Eu me refiro, seguindo a sugestão do grande filósofo norte-americano William James, à utilidade; ou, seguindo a sugestão de muitos filósofos sociais alemães e norte-americanos, digo que a verdade é algo que a sociedade, ou a maioria, ou meu grupo de interesse, ou talvez a televisão, aceita ou propaga".

O relativismo filosófico que se esconde por trás da "velha e célebre questão 'O que é a verdade?'" abre as portas para incitar as pessoas à mendacidade. A maioria dos que preconizam o relativismo não viu isso. Mas eles deveriam e poderiam tê-lo visto. Bertrand Russell o viu, como também Julien Benda, autor de *La trahison des clercs* [*A traição dos intelectuais*].

O relativismo é um dos muitos crimes dos intelectuais. É uma traição à razão, e à humanidade. Suponho que o relativismo da verdade defendido por certos filósofos é uma conseqüência da mistura das idéias de verdade e de certeza; pois, no que concerne à certeza, podemos, de fato, dizer que há graus de certeza, ou seja, mais ou menos certeza. A certeza também é relativa no sentido de que ela sempre depende do que está em jogo. Suponho, portanto, que ocorre aqui uma confusão entre verdade e certeza; e em vários casos isso também pode ser demonstrado.

Isso tudo é de grande importância para a jurisprudência e a prática legal. A fórmula "No caso de dúvida, a favor do réu" e a idéia de tribunal do júri mostram isso. O que os jurados têm de fazer é julgar se o caso que se lhes apresenta é ainda um caso de dúvida ou não. Quem já foi jurado compreenderá que a verdade é algo objetivo, e a certeza, algo subjetivo. Isso se exprime com máxima clareza na situação do tribunal do júri.

Quando os jurados chegam a um acordo – a uma 'convenção' –, isso se chama o 'veredicto'. A convenção está longe de ser arbitrária. É o dever de cada jurado tentar encontrar a verdade objetiva, segundo seu melhor conhecimento e de acordo com sua consciência. Mas, ao mesmo tempo, ele deve estar ciente de sua falibilidade, de sua incerteza. E, no caso de uma dúvida racional quanto a encontrar a verdade, ele deve votar a favor do réu.

A tarefa é difícil e carregada de responsabilidade; e aqui se vê claramente que a transição da busca da verdade para o veredicto formulado verbalmente é matéria de uma *resolução*, uma *decisão*. E o mesmo se dá na ciência.

Tudo o que eu disse até agora vai, sem dúvida, atrair novamente para mim a designação de 'positivista' e 'cientificista'. Isso não me importa, mesmo que essas expressões sejam empregadas como xingamentos. Mas me importa se aqueles que as empregam não sabem do que estão falando ou distorcem os fatos.

Apesar de minha admiração pela ciência, não sou cientificista. Pois um cientificista crê dogmaticamente na autoridade da ciência, ao passo que eu não creio em nenhuma autoridade e sempre combati o dogmatismo e ainda o combato em toda parte, sobretudo na ciência. Sou contra a tese de que o cientista deve crer em sua teoria. No que me concerne, *I do not believe in belief* [Não creio na crença], como diz E. M. Foster; e isso especialmente no campo da ciência. Quando muito, é no campo da ética que eu creio na crença, e ainda assim em poucos casos. Creio, por exemplo, que a verdade objetiva é um valor; portanto, um valor ético, talvez até o valor supremo; e que a crueldade é o maior desvalor.

Tampouco sou um positivista, porque considero moralmente errado não crer na realidade e na infinita importância do sofrimento humano e animal, nem na realidade e importância da esperança humana e da bondade humana.

Outra acusação que freqüentemente se levanta deve ser respondida de outra maneira. Trata-se da acusação de que sou cético e de que, portanto, me contradigo a mim mesmo ou digo contra-sensos (de acordo com o *Tractatus* 6.51 de Wittgenstein).

É, de fato, correto que me designem como cético (no sentido clássico) na medida em que nego a possibilidade de um critério geral de verdade (não lógico-tautológica). Mas isso se aplica a qualquer pensador racional, por exemplo, Kant ou Wittgenstein ou Tarski. E, tal como eles, aceito a lógica clássica (que interpreto como órganon da crítica; portanto, não como órganon da prova, mas da refutação, do *elenchos*). Mas eu me distingo fundamentalmente do que hoje se costuma chamar de cético. Como filósofo, não estou interessado em dúvida e incerteza, porque esses são estados subjetivos e porque, há muito, abandonei a busca pela certeza subjetiva por considerá-la supérflua. O que me interessa são os *fundamentos racionais críticos objetivos* que mostram por que *preferir* uma teoria a outra *na busca pela verdade*. E certamente nenhum cético moderno disse algo semelhante antes de mim.

Com isso concluo, por ora, minhas observações sobre o tema *conhecimento*; e passo agora ao tema *realidade*, para então, por último, falar da *formação da realidade pelo conhecimento*.

2. Realidade

I

Partes da realidade em que vivemos constituem uma realidade material. Vivemos na superfície da Terra, que os homens apenas recentemente – durante os oitenta anos da minha vida – descobriram. Sobre seu interior, sabemos um pouco, com ênfase em 'pouco'. À parte a Terra, há o Sol, a Lua e as estrelas. Sol, Lua e estrelas são corpos materiais. A Terra, juntamente com o Sol, Lua e estrelas, nos dá a primeira idéia de um universo, um cosmos. Sua investigação é a tarefa da cosmologia. Toda ciência serve à cosmologia.

Sobre a Terra, encontramos dois tipos de corpos: animados e inanimados. Ambos pertencem ao mundo físico, ao mundo das coisas materiais. Chamo esse mundo de 'mundo 1'.

O que chamo de 'mundo 2' é o mundo de nossas vivências, sobretudo das vivências dos seres humanos. A mera distinção entre os mundos 1 e 2, ou seja, entre o mundo físico e o mundo das vivências, já provocou muita oposição, mas com isso quero somente dizer que esse mundo 1 e esse mundo 2 são, ao menos *prima facie*, distintos. A investigação de suas relações, incluindo a possível identidade entre eles, é uma das tarefas que nós devemos, obviamente com hipóteses, tentar levar a cabo. Com sua distinção verbal, não se antecipa nada. Essa distinção deve, essencialmente, apenas permitir que se formulem os problemas com clareza.

Os animais, presumivelmente, também têm vivências. Isso às vezes é posto em dúvida; mas não tenho tempo para discutir tais dúvidas. É totalmente possível que todos os seres vivos tenham vivências, até mesmo as amebas. Pois, como sabemos de nossos sonhos ou de pacientes com febre alta ou estados semelhantes, há vivências subjetivas com graus de consciência bastante diversos. Em graus de profunda inconsciência ou de sono sem sonho, a consciência desaparece, e com ela desaparecem nossas vivências. Mas ainda podemos supor que também há estados inconscientes que podem ser incluídos no mundo 2. Há também, talvez, transições entre o mundo 2 e o mundo 1: não devemos excluir tais possibilidades dogmaticamente.

Temos, portanto, o mundo 1, o mundo físico, que distinguimos em corpos animados e inanimados e que também contém estados e eventos especiais, como tensões, movimentos, forças, campos de força. E temos o mundo 2, o mundo de todas as vivências conscientes e, presumivelmente, também de vivências inconscientes.

O que chamo de 'mundo 3' é o mundo dos produtos objetivos do espírito humano; isto é, o mundo dos produtos da parte humana do mundo 2. O mundo 3, o mundo dos produtos do espírito humano, contém coisas tais como livros, sinfonias, esculturas, sapatos, aviões, computadores; e também, sem dúvida, coisas materiais que ao mesmo tempo pertencem ao mundo 1, como, por exemplo, panelas e cassetetes. Para a compreensão dessa terminologia é importante que todos os *produtos* planejados ou deliberados da atividade espiritual humana sejam classificados de mundo 3.

Nossa realidade consiste, portanto, de acordo com essa terminologia, em três mundos interconectados e que, de algum modo, se interinfluenciam e também se sobrepõem. (A palavra 'mundo' significa aqui, evidentemente, não o universo ou o cosmos, mas partes dele.) Esses três mundos são: o mundo 1, físico, dos corpos e dos estados, eventos e forças físicos; o mundo 2, psíquico, das vivências e dos eventos psíquicos inconscientes; e o mundo 3, dos produtos espirituais.

Houve e há filósofos que consideram real *apenas* o mundo 1, os assim chamados materialistas ou fisicalistas; e outros que consideram real *apenas* o mundo 2, os assim chamados imaterialistas. Houve e há até mesmo físicos entre os imaterialistas. O mais famoso foi Ernst Mach, que (como o bispo Berkeley antes dele) considerava reais apenas nossas percepções sensoriais. Ele foi um físico importante, que, no entanto, resolveu as dificuldades da teoria da matéria pela suposição de que não há matéria, ou seja, não existem especialmente nem átomos nem moléculas.

Por fim, houve os dualistas, que presumiam que tanto o mundo 1 físico como o mundo 2 psíquico são reais. Vou mais longe: assumo não apenas que o mundo 1 físico e o mundo 2 psíquico são reais e também evidentemente, portanto, os produtos físicos do espírito humano, como, por exemplo, automóveis ou escovas de dentes e estátuas; mas também que produtos espirituais não pertencentes nem ao mundo 1 nem ao mundo 2 são igualmente reais. Em outras palavras, assumo que há uma parte imaterial do mundo 3 que é real e muito importante; por exemplo, *problemas*.

A seqüência dos mundos 1, 2 e 3 corresponde à idade deles. Pelo estado atual de nosso saber conjectural, a parte inanimada do mundo 1 é, de longe, a mais velha; em seguida vem a parte animada do mundo 1 e, ao mesmo tempo ou um pouco mais tarde, vem o mundo 2, o mundo das vivências; e, com o mundo dos seres humanos, vem o mundo 3, o mundo dos produtos do espírito; isto é, o mundo que os antropólogos chamam de 'cultura'.

II

Quero discutir agora em maiores detalhes sobre esses três mundos, começando pelo mundo físico 1.

Como meu tema presente é a *realidade*, gostaria de começar dizendo por que o mundo físico 1 tem direito a ser considerado o mais real de meus três mundos. Com isso quero dizer apenas que a palavra 'realidade' obtém seu significado primeiramente em relação ao mundo físico. Não pretendo dizer mais nada com isso.

Quando o predecessor de Mach, o bispo anglicano George Berkeley, negou a realidade dos corpos materiais, Samuel Johnson disse "Eu o refuto assim" e chutou uma pedra com toda a força. Era a *resistência* da pedra que devia mostrar a realidade da matéria: a pedra impeliu de volta! Com isso quero dizer que Johnson percebeu a resistência, a realidade como uma retroação, um tipo de repulsão. Embora Johnson dessa maneira não tenha evidentemente podido provar ou refutar coisa alguma, ele pôde entretanto mostrar como compreendemos a realidade.

Uma criança aprende o que é real pelo efeito, pela resistência. A parede, a grade são reais. O que se pode pegar ou colocar na boca é real. Reais são sobretudo objetos sólidos, que se põem em nosso caminho, que se contrapõem a nós. As coisas materiais: esse é o conceito fundamental central da realidade, e a partir desse centro se amplia o conceito. Real é tudo aquilo que pode *atuar* sobre esses objetos, as coisas materiais. Isso torna reais a água e o ar; e também as forças de atração magnética e elétrica, e a gravidade; o calor e o frio; o movimento e o repouso.

Por conseguinte, real é tudo aquilo que pode nos repelir a nós ou a outras coisas, por exemplo, ondas de radar, ou que pode fazer oposição, e que pode exercer um efeito sobre nós ou sobre outras coisas reais. Creio que isso é suficientemente claro, e inclui a Terra, o Sol, a Lua e as estrelas: o cosmos é real.

III

Não sou nenhum materialista, mas admiro os filósofos materialistas, em especial os grandes atomistas, Demócrito, Epicuro e Lucrécio. Eles foram os grandes iluministas da Antiguidade, os oponentes da crença em demônios, os libertadores da humanidade. Mas o materialismo se superou a si mesmo.

Nós, seres humanos, estamos familiarizados com *um* tipo de efeito: estendemos a mão até uma coisa – por exemplo, um interruptor – e a pressionamos. Ou movemos ou empurramos uma poltrona. O materialismo era a teoria de que a realidade consiste *apenas* em coisas materiais, que atuam umas sobre as outras por pressão, impulso ou choque. E havia duas versões de materialismo: primeiro, o atomismo, que ensinava que partes minúsculas se interligam e se chocam entre si, partículas pequenas demais para ser vistas. Entre os átomos havia espaço vazio. A outra versão ensinava que não há espaço vazio: as coisas se movem no mundo cheio de éter cósmico, mais ou menos como folhas de chá numa xícara cheia de chá que alguém está mexendo.

Para ambas as teorias era essencial que não existissem modos de ação incompreensíveis, desconhecidos a nós – apenas pressão, choque, impulso –; e que até mesmo a tração e a atração fossem explicadas em termos de pressão ou impulso: quando puxamos um cão pela correia, então na realidade o efeito é que sua coleira o pressiona ou o impele. A correia age como uma cadeia cujos elos estão se pressionando ou impelindo uns aos outros. Tração e atração devem, de algum modo, reduzir-se à pressão.

Esse materialismo de pressão e impulso, que também foi ensinado sobretudo por René Descartes, foi abalado pela idéia de força. Primeiro veio a teoria da gravidade de Newton como uma força de atração que atuava a distância. Em seguida veio Leibniz, que mostrou que os átomos têm de ser centros de força repulsiva para ser impenetráveis e capazes de impelir. Depois veio a teoria do eletromagnetismo de Maxwell. E, por fim, até mesmo impulso, pressão e choque foram explicados pela repulsão elétrica das camadas eletrônicas dos átomos. Isso foi o fim do materialismo.

No lugar do materialismo veio o fisicalismo. Mas isso era completamente diferente. No lugar de uma concepção de mundo segundo a qual nossas *experiências cotidianas de pressão e impulso* explicam todos os outros efeitos e, com isso, toda a realidade, entrou uma concepção de mundo em que os efeitos eram descritos por equações diferenciais e, finalmente, por fórmulas que os grandes físicos, como Niels Bohr, declararam inexplicáveis e, como sempre salientava Bohr, incompreensíveis.

Simplificando ao extremo, pode-se descrever a história da física moderna da seguinte maneira: o materialismo morreu, despercebido, com Newton, Faraday e Maxwell. Superou-se a si mesmo quando Einstein, De Broglie e Schrödinger seguiram o programa de pesquisa voltado a explicar a própria matéria; a saber, oscilações, vibrações, ondas não como oscilações da matéria, mas vibrações de um éter não-material, que consiste em campos de forças. No entanto, esse programa também foi superado e substituído por programas ainda mais abstratos: por exemplo, por um programa que explica a matéria como vibrações de campos de probabilidade. Em todos os estágios, as diferentes teorias foram muito bem-sucedidas. Mas foram suplantadas por teorias ainda mais bem-sucedidas. É isso, em linhas gerais, o que chamo de auto-superação do materialismo. Esse é também o motivo precisamente pelo qual o fisicalismo é algo inteiramente distinto do materialismo.

IV

Levaria muito tempo para descrever a situação em rápida transformação que se desenvolveu entre a física e a biologia. Contudo, eu gostaria de mencionar que, do ponto de vista da moderna teoria darwiniana da seleção natural, pode-se representar a mesma situação de dois modos fundamentalmente diferentes. Um modo de representação é tradicional; o outro me parece ser, de longe, o melhor.

O darwinismo é em geral visto como uma cruel concepção de mundo: ele pinta "a natureza rubra, em dentes e garras" (*Nature, red in tooth and claw*). Ou seja, uma imagem em que a natureza se apresenta hostil e ameaçadora a nós e à vida em geral. Afirmo que essa é uma concepção preconceituosa do darwinismo, influenciada por uma ideologia que já existia antes de Darwin (Malthus, Tennyson, Spencer) e que não tem quase nada a ver com o conteúdo teórico real do darwinismo. É verdade que o darwinismo salientou bastante o que chamamos *natural selection* ou 'seleção natural'; mas isso também se pode interpretar de maneira completamente diferente.

Como se sabe, Darwin foi influenciado por Malthus, que tentou mostrar que o crescimento da população, ligado a uma escassez de alimento, conduz, por uma competição cruel, a uma seleção cruel dos mais fortes e ao aniquilamento dos não tão fortes. No entanto, de acordo com Malthus, os mais fortes também são postos sob pressão pela competição: são *obrigados* a aplicar todas as suas forças. A competição conduz, portanto, segundo essa interpretação, à *restrição da liberdade*.

Mas isso também pode ser visto de outra maneira. *Os homens buscam expandir sua liberdade*: buscam novas possibilidades. A competição pode, evidentemente, ser vista também como um processo que favorece a descoberta de novas possibilidades de subsistência e, portanto, novas possibilidades de vida, e, com isso, tanto a descoberta como a construção de novos nichos ecológicos, incluindo nichos para o indivíduo – por exemplo, um deficiente físico.

Essas possibilidades significam: escolha entre decisões alternativas, mais liberdade de escolha, mais liberdade.

Portanto, ambas as interpretações divergem fundamentalmente. A primeira é pessimista: *restrição da liberdade*. A segunda, otimista: *expansão da liberdade*. Ambas são, obviamente, supersimplificações, mas podem ser vistas como boas aproximações da verdade. Podemos dizer que uma delas é *a melhor interpretação?*

Creio que podemos. O grande sucesso da sociedade competitiva e a grande ampliação da liberdade a que tal sociedade conduziu são explicados *apenas* pela interpretação otimista. Ela é a melhor interpretação: aproxima-se mais da verdade, explica mais.

Se é esse o caso, então a iniciativa do indivíduo, a pressão interna, a busca por novas possibilidades, novas liberdades, e a atividade que procura realizar as novas possibilidades são mais eficazes do que a pressão seletiva externa, que leva à eliminação dos indivíduos mais fracos e à restrição da liberdade também dos mais fortes.

Nessa reflexão, podemos aceitar a pressão causada pelo aumento da população como fato estabelecido.

O problema na interpretação da teoria da evolução de Darwin pela seleção natural parece-me bastante semelhante ao da teoria de Malthus.

A visão antiga, pessimista e ainda aceita é esta: o papel dos organismos na adaptação é puramente passivo. Eles constituem uma população com muitas variações, na qual a luta pela existência, a competição selecionam os indivíduos (de um modo geral) mais bem adaptados, pela eliminação dos outros. A pressão da seleção vem de fora.

Normalmente se põe ênfase no fato de que todos os fenômenos da evolução, em especial os fenômenos da adaptação, podem ser explicados apenas por essa pressão seletiva que vem de fora. De dentro não vem nada senão as mutações, a variabilidade (do *pool* genético).

Minha interpretação nova, otimista, ressalta (tal como Bergson) a atividade de todos os seres vivos. Todos os organismos estão inteiramente ocupados com a solução de problemas. Seu primeiro problema é sobreviver. Mas há incontáveis problemas concretos que aparecem nas mais diversas situações. E um dos problemas mais importantes é a busca de melhores condições de vida: de maior liberdade; de um mundo melhor.

De acordo com essa interpretação otimista, surge já muito cedo, pela seleção natural e (assim podemos supor) pela pressão seletiva originalmente externa, uma forte pressão seletiva interna dos organismos sobre o mundo exterior. Essa pressão seletiva manifesta-se na forma de comportamentos, que podem ser interpretados como uma *busca* por nichos ecológicos novos e preferidos. Muitas vezes se trata também da *construção* de um nicho ecológico totalmente novo.

Essa pressão de dentro resulta numa *escolha* de nichos; isto é, em formas de comportamento que podem ser interpretadas como *escolha de modos de vida* e de ambientes. Aqui também se devem incluir a escolha de amigos, a simbiose – e sobretudo o que talvez seja o mais importante do ponto de vista biológico: a escolha do parceiro – e a preferência por certos tipos de alimento, especialmente a luz solar.

Temos, portanto, uma pressão da seleção interna; e a interpretação otimista a considera *pelo menos* tão importante quanto a pressão da seleção de fora: os organismos buscam novos nichos, mesmo sem ter sofrido uma transformação orgânica; e eles se modificam mais tarde pela pressão da seleção exterior, a pressão da seleção do *nicho ativamente escolhido por eles*.

Seria possível dizer: há um círculo, ou melhor, uma espiral, de interações entre a pressão da seleção externa e a da interna. A pergunta que é respondida de maneira diferente por ambas as interpretações é: qual volta nesse círculo ou nessa espiral é ativa e qual é passiva? A teoria antiga vê a atividade na pressão seletiva externa; a nova, na pressão seletiva interna: é o organismo que escolhe, que é ativo. Pode-se dizer que ambas as interpretações são ideologias, interpretações ideológicas do mesmo fato objetivo. Mas podemos perguntar: há um fato que é mais bem explicado por umas das interpretações do que pela outra?[1]

---

[1] Há também, evidentemente, fatos que apóiam a interpretação antiga: são as *catástrofes dos nichos*, por exemplo pela introdução de um veneno como DDT ou penicilina. Nesses casos, que não têm nada a ver com a escolha dos organismos, é, de fato, a existência casual de um mutante que pode decidir a sobrevivência. Algo similar é o célebre caso ocorrido na Inglaterra do 'melanismo industrial'; isto é, o desenvolvimento de variantes escuras (de mariposas) como adaptação à poluição industrial. Esses casos impressionantes e experimentalmente repetíveis, mas muito especiais, talvez expliquem por que os biólogos gostam tanto da interpretação do darwinismo que descrevi como 'pessimista'.

Creio que há. Eu o descreveria brevemente como a vitória da vida sobre o entorno inanimado.

O fato essencial é o seguinte: assim supõe a maioria de nós, houve – hipoteticamente, é claro – uma célula primordial da qual, aos poucos, surgiu toda vida. Segundo o melhor julgamento da biologia evolucionária darwinista, ela surgiu pelo fato de a natureza ter trabalhado sobre a vida com um cinzel terrivelmente cruel, que então cinzelou todas as coisas, que são adaptações e que admiramos na vida.

Todavia, em contraposição a isso, podemos apontar um fato: *a célula primordial ainda vive*. Todos nós somos a célula primordial. Isso não é uma imagem, uma metáfora, mas é literalmente verdadeiro.

Quero oferecer apenas uma breve explicação disso. Há para uma célula três possibilidades; uma é a morte; a segunda é a divisão celular; a terceira, a fusão – a união com uma outra célula, que quase sempre causa uma divisão. Nem a divisão nem a união significam a morte: é multiplicação, a transformação de uma célula viva em duas células vivas que são praticamente iguais – ambas são as continuações vivas da célula original. A célula primordial teve início há bilhões de anos, e a célula primordial sobreviveu na forma de trilhões de células. E toda vida, tudo o que já viveu e tudo o que vive hoje, é resultado de divisões da célula primordial. É, portanto, a célula primordial ainda viva. Isso são coisas que nenhum biólogo pode contestar e que nenhum biólogo contestará. Todos nós somos a célula primordial, num sentido bastante similar ('genidentidade') àquele no qual eu sou o mesmo que fui há trinta anos, embora talvez nenhum átomo de meu corpo atual existisse no meu corpo do passado.

No lugar de uma imagem do ambiente que nos ataca com *tooth and claw*, com dentes e garras, vejo um entorno em que um ser vivo minúsculo soube como sobreviver por bilhões de anos e conquistar e embelezar seu mundo. Se há, portanto, uma luta entre vida e ambiente, então foi a vida que saiu vitoriosa. Creio que essa concepção de mundo um tanto modificada do darwinismo levou a uma visão que é totalmente diferente da velha ideologia, à visão de que vivemos num mundo que, graças ao viver ativo e a sua busca por um mundo melhor, tornou-se cada vez mais belo e mais favorável à vida.

Mas quem quer admitir isso? Hoje, todos acreditam no mito sugerido da malignidade radical do mundo e da 'sociedade'; assim como outrora todos acreditaram em Heidegger e Hitler, em Krieck e na guerra. Mas a errônea crença na malignidade é, ela mesma, maligna: desencoraja os jovens e os conduz a dúvidas e ao desespero, e até mesmo à violência. Embora essa crença errônea seja, essencialmente, de natureza política, a velha interpretação do darwinismo contribui para ela.

À ideologia pessimista pertence uma tese muito importante: a adaptação da vida ao ambiente e todas essas (a meu ver, formidáveis) invenções que a vida concebeu ao longo de bilhões de anos e que hoje ainda não conseguimos imitar no laboratório absolutamente não são invenções, mas o resultado de mero acaso. Diz-se que a vida não fez nenhuma invenção, que é tudo mecanismo das mutações puramente casuais e da seleção natural; a pressão interna da vida não é nada mais que um multiplicar-se. Tudo o mais surge pela nossa luta uns contra os outros e contra a natureza, a saber, uma luta *cega*. E o resultado do acaso seriam então coisas (em minha opinião, coisas maravilhosas) como o emprego da luz solar como alimento.

Afirmo que isso é, mais uma vez, apenas uma ideologia e, de fato, uma parte da velha ideologia, à qual, aliás, também pertencem o mito do gene egoísta (os genes podem atuar e sobreviver apenas por cooperação) e o reanimado darwinismo social, que agora se apresenta, de forma totalmente nova e ingenuamente determinista, como *sociobiology*.

Gostaria ainda de reunir os pontos principais de ambas as ideologias.

(1) Velha: A pressão da seleção externa atua matando: ela elimina. Portanto, o ambiente também é hostil à vida.

Nova: A pressão ativa da seleção interna é a busca por melhores ambientes, por melhores nichos ecológicos, por um mundo melhor. Ela é, no mais alto grau, favorável à vida. A vida melhora o ambiente para a vida, torna o ambiente mais favorável à vida (e mais amistoso aos seres humanos).

(2) Velha: Os organismos são totalmente passivos, mas são ativamente selecionados.

Nova: Os organismos são ativos: estão constantemente ocupados em solucionar problemas. A vida consiste em solucionar problemas. A solução é, com freqüência, a escolha ou a construção de um novo nicho ecológico. Os organismos não são apenas ativos; sua atividade está em contínuo crescimento. (Querer negar a atividade aos humanos – como fazem os deterministas – é paradoxal, especialmente em relação a nosso trabalho mental crítico.)

Se a vida animal se originou no mar – o que é de supor –, então seu ambiente era, em muitos aspectos, relativamente monótono. Apesar disso, os animais (com exceção dos insetos) desenvolveram-se em vertebrados antes de ir para a terra. O ambiente era uniformemente favorável à vida e relativamente indiferenciado, mas a própria vida se diferenciou – em formas incalculavelmente diversas.

(3) Velha: As mutações são uma questão de puro acaso.

Nova: Sim; mas os organismos não cessam de inventar coisas formidáveis, que melhoram a vida. A natureza, a evolução e os organismos são todos inventivos. Como inventores, eles trabalham tal como nós: com o método de tentativas e de eliminação de erros.

(4) Velha: Vivemos num ambiente hostil, que é modificado pela evolução mediante eliminações cruéis.

Nova: A primeira célula continua a viver após bilhões de anos e agora até mesmo em muitos trilhões de exemplares. Para onde quer que se olhe, lá está ela. Ela fez de nossa terra um jardim e transformou nossa atmosfera por meio das plantas verdes. E criou nossos olhos e os abriu para nosso céu azul e as estrelas. Ela passa bem.

V

Volto-me agora para o mundo 2.

Os melhoramentos no organismo e no ambiente estão ligados a uma ampliação e um melhoramento da consciência animal. A solução de problemas, a invenção nunca são *totalmente* conscientes. Sempre se realizam por experimentação: por tentativas e pela eliminação de erros. E isso significa: pela interação entre o organismo e seu mundo, seu entorno. E, nessa interação, a consciência às vezes intervém. A consciência, o mundo 2, era supostamente, desde o início, uma *consciência avaliadora e discernente*, uma consciência solucionadora de problemas. Eu disse, a respeito da parte animada do mundo físico 1, que todos os organismos são solucionadores de problemas. Minha assunção fundamental sobre o mundo 2 é que essa atividade de solucionar problemas pela parte animada do mundo 1 leva à emergência do mundo 2, o mundo da consciência. Mas não quero dizer com isso que a consciência soluciona problemas o tempo todo, tal como afirmei a respeito dos organismos. Pelo contrário. Os organismos estão ocupados com a solução de problemas diariamente, mas a consciência *não* se ocupa *apenas* em solucionar problemas, embora seja essa sua função biológica mais importante. O que suponho é que a função original da consciência era antecipar sucesso e fracasso na solução de problemas e sinalizar ao organismo, na forma de prazer e dor, se ele estava no caminho certo ou errado rumo à solução de problemas. ('Caminho' deve originalmente – como no caso da ameba – ser entendido de modo totalmente literal como a direção física do *caminho* avante do organismo.) Pela experiência do prazer e da dor, a consciência auxilia o organismo em suas *jornadas de descoberta*, em seus *processos de aprendizagem*. Ela, então, intervém em muitos dos processos de memória que – novamente por motivos biológicos – não podem ser totalmente conscientes. É, creio eu, muito importante perceber que não é possível que os mecanismos de memória sejam, na maioria, conscientes. Eles perturbariam uns aos outros. Exatamente por isso – como se pode mostrar quase *a priori* – há eventos conscientes e inconscientes que guardam entre si um parentesco relativamente estreito.

E assim surge, quase necessariamente, uma esfera do inconsciente que está em essência ligada a nossos aparatos de memória. Ela contém sobretudo uma espécie de mapa inconsciente de nosso ambiente, de nosso nicho biológico local. O arranjo desse mapa e das *expectativas* que ele contém, e posteriormente as formulações lingüísticas das expectativas, isto é, de teorias, constituem a tarefa do aparato do conhecimento, que tem, portanto, lados conscientes e inconscientes interagindo com o mundo físico, o mundo 1, as células; nos seres humanos, com o cérebro. Desse modo, não encaro o mundo 2 como o que Mach chamou de sensações, as sensações visuais, as sensações auditivas etc.: considero tudo isso tentativas inteiramente fracassadas de descrever, de classificar de modo sistemático nossas multifacetadas experiências e, assim, chegar a uma teoria do mundo 2.

Nosso ponto de partida fundamental deveria ser saber quais funções biológicas a consciência tem e quais dessas funções são básicas. E saber como nós, na busca ativa por informações sobre o mundo, inventamos nossos sentidos: como aprendemos a arte do apalpar; o fototropismo e a visão; a audição. Assim somos confrontados com novos problemas e reagimos com novas antecipações, com novas teorias sobre o ambiente. Desse modo, o mundo 2 surge em interação com o mundo 1.

(É claro, há também o problema de descobrir sinais para ações rápidas; e, nisso, nossos sentidos desempenham importante papel.)

VI

Logo voltarei ao mundo 1 e ao mundo 2; primeiro, algumas palavras sobre o início do mundo físico, o mundo 1, e sobre a idéia da emergência, que eu gostaria de introduzir com a idéia de fase.

Não sabemos *como* o mundo 1 surgiu e *se* ele surgiu. Se a hipótese do *big bang* for verdadeira, então a primeira coisa a vir à existência foi provavelmente a luz. "Faça-se luz!" seria, portanto, o que houve primeiro. Mas essa primeira luz teria ondas curtas, bem no interior da região ultravioleta; e teria sido, portanto, escuridão para os humanos. Então, assim nos contam os físicos, vieram os elétrons e neutrinos, e depois os primeiros núcleos atômicos – apenas os núcleos do hidrogênio e do hélio: o mundo ainda era demasiado quente para os átomos.

Podemos, portanto, supor que há um mundo 1 não-material ou pré-material. Se aceitamos a (em minha opinião, bastante duvidosa) teoria da expansão do universo a partir do *big bang*, podemos dizer que o mundo, graças a sua expansão, aos poucos esfria e se torna cada vez mais 'material', no sentido do velho materialismo.

Poderíamos, talvez, distinguir um número de fases nesse processo do esfriamento:

Fase 0: Aqui há apenas luz, ainda nenhum elétron, nem núcleos atômicos.

Fase 1: Nessa fase, além da luz (fótons), há também elétrons e outras partículas elementares.

Fase 2: Aqui também há núcleos de hidrogênio e núcleos de hélio.

Fase 3: Aqui também há átomos: átomos de hidrogênio (mas nenhuma molécula) e átomos de hélio.

Fase 4: Aqui, além de átomos, podem existir também moléculas diatômicas, incluindo assim, entre outras, moléculas diatômicas de gás hidrogênio.

Fase 5: Há aqui, entre outras coisas, água em estado líquido.

Fase 6: Entre outras coisas, há aqui os cristais de água, inicialmente bastante raros, isto é, gelo nas variadas e maravilhosas formas de cristais de neve, e mais tarde também corpos sólidos cristalinos, como blocos de gelo e, mais tarde ainda, outros cristais.

Vivemos na fase 6, isto é, em nosso mundo há áreas locais em que existem corpos sólidos e também, evidentemente, corpos líquidos e gasosos. A uma maior distância, há ainda, evidentemente, grandes áreas que são muito quentes para os gases moleculares.

VII

O que conhecemos como vida só poderia se originar numa região suficientemente resfriada, mas não muito fria, do mundo na fase 6. Pode-se ver a vida como uma fase bastante precisa dentro da fase 6: a presença simultânea de matéria no estado gasoso, líquido e sólido é essencial para o que conhecemos como vida, assim como um outro estado, o estado colóide, que se encontra de algum modo entre o estado líquido e o sólido. A matéria viva se distingue de estruturas materiais (superficialmente) semelhantes, mas inanimadas, da mesma forma como duas fases da água se distinguem entre si – por exemplo, a forma líquida e a gasosa da água.

O que é tão característico nessas fases dependentes da temperatura é que o mais apurado exame de uma fase dependente da temperatura não permite ao maior cientista natural prever as qualidades da fase seguinte, posterior: quando o maior pensador examina os átomos como tais e não tem nada à disposição para seu exame senão a fase 3, em que ainda não há moléculas, mas apenas átomos, podemos presumir que ele, mesmo com base no mais exato exame, dificilmente inferiria o vindouro mundo das moléculas. E o melhor exame do vapor de água na fase 4 mal lhe teria possibilitado prever as propriedades totalmente novas de um fluido, como a água, ou a riqueza de formas dos cristais de neve, para não falar dos organismos altamente complexos.

Propriedades como a de ser gasoso, líquido ou sólido, nós as chamamos propriedades 'emergentes' (com referência a sua imprevisibilidade). Evidentemente, 'vivente' ou 'vivo' é uma tal propriedade. Isso não diz muito, mas aponta uma analogia com as fases da água.

VIII

Portanto, a vida é, podemos supor, emergente; tal como a consciência; e como também o que chamo de mundo 3.

O maior passo emergente que a vida e a consciência deram até agora é, suponho, a invenção da linguagem *humana*. Trata-se, sem dúvida, da humanização.

A linguagem *humana* não é apenas *expressão* (1), nem apenas *comunicação* (2): os animais também são capazes disso. Tampouco é apenas simbolismo. Isso também, e até mesmo rituais, há entre os animais. O grande passo, que resultou num desenvolvimento imprevisível da consciência, foi a invenção das *proposições descritivas* (3), a *função de representação* de Karl Bühler: de proposições que descrevem um estado de coisas objetivo, que pode corresponder ou não aos fatos; portanto, de proposições que podem ser falsas ou verdadeiras. Essa é a novidade revolucionária na linguagem humana.

Aqui reside a diferença em relação às linguagens dos animais. *Talvez* pudéssemos falar, a respeito da linguagem das abelhas, que suas comunicações são verdadeiras – exceto, por exemplo, quando um cientista conduz uma abelha a erro. Símbolos enganosos existem também entre os animais: por exemplo, borboletas que simulam olhos. Mas apenas nós efetuamos o passo de verificar nossas próprias teorias quanto a sua verdade objetiva por meio de argumentos críticos. Essa é a quarta função da linguagem, a *função argumentativa* (4).

IX

A invenção da linguagem humana descritiva (ou, como diz Bühler, representacional) tornou possível outro passo, outra invenção: a invenção da crítica. Trata-se da invenção de uma *escolha consciente*, de uma *seleção consciente* de teorias, em vez de sua seleção *natural*. Assim como o materialismo se supera a si mesmo, poderíamos também dizer que a seleção natural se supera a si mesma. Ela conduz ao desenvolvimento de uma linguagem que contém proposições verdadeiras e falsas. E essa linguagem conduz então à invenção da crítica, à emergência da crítica e, com isso, a uma nova fase da seleção: a seleção natural é complementada e parcialmente ultrapassada pela seleção crítica, cultural. Esta nos permite perseguir nossos erros de forma crítica e consciente: podemos procurar e erradicar nossos erros conscientemente, e podemos, conscientemente, julgar uma teoria como inferior a uma outra. Isso é, segundo minha opinião, o ponto decisivo. Aqui começa o que, no título que me foi dado, se chama 'conhecimento': conhecimento humano. Não há conhecimento sem crítica racional, crítica a serviço da busca da verdade. Os animais não têm nenhum conhecimento *nesse sentido.* Evidentemente, eles conhecem tudo o que é possível – o cão conhece seu dono. Mas aquilo que denominamos conhecimento, e o mais importante, o conhecimento científico, está relacionado com a crítica racional. Aqui está, portanto, o passo decisivo, o passo que depende das proposições verdadeiras ou falsas. E esse é o passo que, como suponho, fundamenta o mundo 3, a cultura humana.

X

O mundo 3 e o mundo 1 se entrecruzam: o mundo 3 consiste, por exemplo, em livros; consiste em atos lingüísticos; consiste, sobretudo, na linguagem humana. Isso tudo são *também* coisas físicas, coisas, processos que se efetuam no mundo 1. A linguagem consiste, podemos dizer, em disposições que têm um apoio neural-material; em elementos de memória, enagramas, expectativas, modos de comportamento aprendidos e descobertos; e em livros. Vocês ouvem minha presente conferência por causa da acústica: estou fazendo barulho; e esse barulho pertence ao mundo 1.

Eu agora gostaria de mostrar que esse barulho talvez vá além do meramente acústico. Aquilo em que ele vai além do mundo 1, que estou usando, é precisamente o que chamei de mundo 3 e que, até agora, foi notado apenas raramente. (Infelizmente não tenho tempo para falar sobre a história do mundo 3; vejam, no entanto, meu livro *Objektive Erkenntnis* [Conhecimento objetivo], III, 5). Quero tentar explicar o ponto primordial, a saber, a parte imaterial, o lado imaterial do mundo 3; ou, como também se pode dizer, o lado autônomo do mundo 3: aquilo que vai além dos mundos 1 e 2. Ao mesmo tempo, gostaria de mostrar que esse lado imaterial do mundo 3 não apenas desempenha um papel em nossa consciência – em que ele desempenha um papel fundamental –, mas que ele é *real*, até mesmo fora dos mundos 1 e 2: o lado imaterial (e não consciente) do mundo 3 pode, como eu gostaria de mostrar, exercer um *efeito* sobre nossa consciência e, por meio de nossa consciência, sobre o mundo físico, o mundo 1.

Gostaria, portanto, de discutir a interação ou, digamos, a espiral dos processos de *feedback* e dos fortalecimentos recíprocos entre os três mundos. E gostaria de mostrar que há aqui algo de imaterial, a saber, o *conteúdo* de nossas proposições, de nossos argumentos, em contraposição à formulação físico-acústica ou escritural-mecânica (física) dessas proposições ou argumentos. E sempre se trata desse *teor* ou *conteúdo*, quando empregamos a linguagem no sentido humano verdadeiro. *É sobretudo o conteúdo* de um livro, não sua forma física, que pertence ao mundo 3.

Um caso muito simples que mostra claramente a importância do conteúdo é o seguinte: com o desenvolvimento da linguagem humana vieram os *numerais*, o contar por meio de palavras: 'um, dois, três' etc. Há línguas que têm apenas 'um', 'dois' e 'muitos'; línguas que têm 'um', 'dois' ... até 'vinte' e então 'muitos'; e línguas, como a nossa, que inventaram um método que nos permite continuar a contar a partir de qualquer número; ou seja, um método que essencialmente não é finito, mas infinito no sentido de que cada extremo pode ser, por princípio, ultrapassado pelo acréscimo de outro número. Essa é uma das grandes invenções que só se tornou possível *pela invenção da linguagem*: o método de construir mais e mais numerais numa seqüência sem fim. A instrução para a construção pode ser formulada lingüisticamente ou num programa de computador, e poderíamos, portanto, designá-la como algo *concreto*. Mas, quando descobrimos que a seqüência dos números naturais é agora (potencialmente) infinita, então descobrimos algo de totalmente *abstrato*. Pois essa seqüência infinita não pode ser concretizada nem no mundo 1 nem no mundo 2. A seqüência infinita dos números naturais é 'algo puramente ideacional', como se costuma dizer: ela é um puro produto do mundo 3, pois pertence *apenas* àquela parte abstrata do mundo 3 que consiste em elementos ou 'habitantes' que são, de fato, pensados, mas não podem ser concretizados nem no pensamento, nem em numerais físico-concretos, nem num programa de computador. A *infinitude* (potencial) da seqüência dos números naturais, assim poderíamos dizer, não é uma invenção, mas uma descoberta. Nós a descobrimos como uma possibilidade, como uma propriedade não premeditada da seqüência inventada por nós.

De mesmo modo, descobrimos as propriedades numéricas 'par' e 'ímpar', 'divisível' e 'número primo'. E descobrimos problemas, como o problema de Euclides: a seqüência dos números primos é infinita ou (como dá a entender a raridade cada vez maior de grandes números primos) finita? Esse problema estava, por assim dizer, de todo oculto; não era sequer inconsciente, mas simplesmente não estava lá quando inventamos a seqüência numérica. Ou estava? Se sim, então estava presente num sentido ideacional ou puramente abstrato, isto é, no seguinte sentido: ele permanecia oculto na seqüência numérica por nós construída, mas, não obstante, estava lá, sem que alguém tivesse consciência dele ou sem que estivesse oculto de algum modo na consciência de alguma pessoa e sem deixar para trás nenhum traço físico. Não havia nenhum livro em que se pudesse ler sobre ele. Portanto, não estava fisicamente presente. Também do ponto de vista do mundo 2, não existia. Mas existia como um problema *não ain-*

da descoberto, mas descobrível: um caso típico de um problema que pertence *somente* à parte puramente abstrata do mundo 3. Aliás, o problema não foi apenas descoberto, mas também resolvido, por Euclides. Euclides encontrou uma prova para a proposição de que após todo número primo sempre deve haver outro número primo; disso podemos concluir que a seqüência dos números primos é uma seqüência infinita. Essa proposição descreve um estado de coisas que é evidentemente, por sua vez, totalmente abstrato: é igualmente um habitante da parte puramente abstrata do mundo 3.

XI

Há também problemas não solucionados ligados aos números primos, como, por exemplo, o problema de Goldbach: *todo número par maior que 2 é a soma de dois números primos?* Tal problema pode ter uma solução positiva ou uma solução negativa; ou pode ser insolúvel; e a insolubilidade pode, por sua vez, ser demonstrável ou não. E, assim, surgem novos problemas.

Estes não passam de problemas que são *reais* no sentido de que têm *efeitos*. Podem ter efeito sobretudo sobre o espírito humano. Um homem pode ver, descobrir o problema e, então, tentar resolvê-lo. A apreensão do problema e a tentativa de solucionar um problema são uma atividade da consciência, do espírito humano; e essa atividade é, obviamente, também causada pelo problema, pela existência do problema. Uma solução do problema pode conduzir a uma publicação; e, desse modo, o abstrato problema do mundo 3 pode levar (via mundo 2) causalmente a que se ponham em movimento as mais pesadas máquinas impressoras. Euclides escreveu sua solução do problema dos números primos. Esse foi um evento físico com muitas conseqüências. Essa prova de Euclides foi reproduzida em muitos livros-texto, portanto em corpos físicos. Trata-se de eventos no mundo 1. Naturalmente, a consciência, o mundo 2, desempenha um grande papel nas cadeias causais que levam do problema abstrato ao mundo 1. Até onde posso ver, a parte abstrata do mundo 3, o mundo dos conteúdos abstratos, não-físicos, ou seja, o mundo 3 específico, genuíno, nunca exerceu até agora nenhuma influência *direta* sobre o mundo 1; nem mesmo com o auxílio dos computadores. A influência sempre passa pela consciência, o mundo 2. (Talvez isso mude um dia.) Sugiro falar de 'espírito' quando nos referirmos à função da consciência de interagir com o mundo 3. Creio que a interação do espírito com os habitantes do mundo 3 influencia e molda nossa vida consciente e inconsciente de modo decisivo. Aqui, na interação entre mundo 2 e mundo 3, reside a chave para compreender a diferença entre consciência humana e animal.

XII

Para resumir, podemos dizer que o mundo 3, e sobretudo a parte do mundo 3 criada pela linguagem humana, é um produto de nossa consciência, de nosso espírito. Ele é, como a linguagem humana, nossa invenção.

Mas essa invenção é algo fora de nós, fora de nossa pele ('exossomático'). É algo objetivo, como são todas as nossas invenções. Como todas as invenções, ela gera seus problemas autônomos, independentes de nós. (Pense-se na invenção do manejo do fogo ou na invenção do automóvel.) Esses problemas são não-intencionais e inesperados. São conseqüências típicas, não premeditadas, de nossas ações, que, por sua vez, reagem sobre nós. Então surge o mundo 3 objetivo, abstrato, autônomo, mas real e efetivo.

Um exemplo, talvez não muito típico, mas flagrante, é a matemática. Ela é, claro, obra nossa, invenção nossa. No entanto, a maior parte da matemática é, certamente, objetiva e ao mesmo tempo abstrata: é um mundo inteiro de problemas e soluções, que não inventamos, mas descobrimos.

Assim, os que refletiram sobre o *status* da matemática chegaram essencialmente a duas opiniões. E temos, em essência, duas filosofias da matemática.

1. *A matemática é obra da humanidade.* Pois ela se funda em nossa intuição; ou ela é nossa construção; ou nossa invenção. (Intuicionismo; construtivismo; convencionalismo.)

2. *A matemática é um campo objetivo existente por si mesmo.* É um campo infinitamente rico de verdades objetivas que não criamos, mas que se nos confrontam objetivamente. E podemos descobrir várias dessas verdades. (Essa concepção da matemática é, normalmente, designada como 'platonismo'.)

Essas duas filosofias da matemática têm até agora se mantido inconciliáveis. Mas a teoria do mundo 3 mostra que ambas estão corretas: a seqüência infinita dos números naturais (por exemplo) é nossa invenção lingüística; nossa convenção; nossa construção. Mas não seus números primos e seus problemas: esses, nós os *descobrimos* num mundo objetivo, que, de fato, inventamos ou criamos, mas que (como toda invenção) se objetiva, se liberta de seus criadores e se torna independente de sua vontade: ele se torna 'autônomo', 'puramente ideacional': torna-se 'platônico'.

Portanto, do ponto de vista da teoria do mundo 3, não pode haver disputa entre as duas filosofias da matemática. Poderia haver, no máximo, controvérsia sobre se um determinado objeto matemático – por exemplo, a seqüência numérica infinita ou a teoria axiomática dos conjuntos – é obra humana, ou se nós nos defrontamos com esse campo como uma parte do mundo objetivo, como se dado por Deus. Mas, pelo menos desde 1963 (Paul Cohen), sabemos que também a teoria axiomática dos conjuntos é obra humana. Também sabemos desde muito que os matemáticos são falíveis e que podemos refutar nossas teorias, mas não podemos sempre prová-las.

Tentei explicar o mundo 3. E passo agora à terceira e última parte de minha conferência: sobre a formação da realidade.

3. Sobre a formação da realidade

I

É a interação entre mundo 1, mundo 2 e mundo 3 que pode ser encarada como *formação da realidade*; a interação que consiste em múltiplos mecanismos de *feedback* e na qual trabalhamos com o método de tentativa e erro. Isto é, nós intervimos conscientemente nessa espiral de mecanismos de *feedback*. Nós: o espírito humano, nossos sonhos, nossos objetivos. Somos autores da obra, do produto, e ao mesmo tempo somos moldados por nossa obra. Isso é, de fato, o que há de criativo no homem: nós, na medida em que criamos, somos ao mesmo tempo transformados por nossa obra. A formação da realidade é, portanto, nossa obra; um processo que não pode ser compreendido se não tentamos compreender todos os seus três lados, esses três mundos; e se não tentamos compreender a forma em que os três mundos interagem entre si.

Nossas teorias em desenvolvimento e nossos sonhos entram nessa espiral de retroações e mecanismos de *feedback*. Um exemplo é a formação, a criação do pássaro de Leonardo: aquilo que hoje conhecemos como avião. É importante que é o sonho de voar que conduz ao voar, e não – como sugeriria a concepção materialista da história de Marx e Engels – o sonho de ganhar dinheiro com isso. Otto Lilienthal (cujo irmão ainda conheci pessoalmente) e os irmãos Wright e muitos outros sonharam com voar e, conscientemente, colocaram sua vida em jogo por seu sonho. Não foi a esperança de ganho que os inspirou, mas o sonho de uma nova liberdade – da ampliação de nosso nicho ecológico: foi a busca por um mundo melhor, no curso da qual Otto Lilienthal perdeu a vida.

O mundo 3 desempenha um papel decisivo na formação da realidade, na tentativa de realizar o sonho de voar do mundo 2. O que é decisivo são os planos e as descrições, as hipóteses, as tentativas, os acidentes e as correções; numa palavra, o método da tentativa e da eliminação dos erros pela crítica.

Essa é a espiral dos mecanismos de *feedback*; e nela o mundo 2 dos pesquisadores e inventores também desempenha um grande papel; mas se trata de um papel que, como creio, não é tão decisivo como os problemas emergentes e sobretudo o mundo 3, que reage continuamente sobre o mundo 2. Pelo mundo 3, nossos sonhos são continuamente corrigidos, até que possam ser finalmente concretizados.

Os pessimistas me apontaram que Otto Lilienthal, o piloto de planador alemão, tal como Leonardo, sonhava com um modo de voar semelhante ao das aves. Eles talvez teriam ficado horrorizados se tivessem visto nosso Airbus.

Essa observação é correta na medida em que nossas idéias certamente nunca se realizam *tal como* foram sonhadas. Não obstante, a observação é falsa. Quem hoje pretende voar exatamente como queriam Leonardo e Lilienthal precisa apenas se tornar membro de um clube de planadores. Caso tenha ânimo, isso não é difícil. Os outros, que voam no Airbus ou no Boeing 747, terão seus motivos para escolher esse modo de voar, apesar de sua grande diferença em relação ao vôo de planador, preferindo-o a este último ou à estrada de ferro ou ao barco ou ao automóvel. Até mesmo o vôo nas condições exíguas da aeronave gigante criou novas possibilidades e muitas outras liberdades valiosas.

II

Sem dúvida, os aviões gigantes são conseqüências dos sonhos de Leonardo e de Lilienthal, mas são certamente conseqüências imprevisíveis. Com nossa linguagem, nossa ciência e nossa técnica podemos prever as conseqüências futuras de nossos sonhos, desejos e invenções melhor do que as plantas e animais, mas *não muito melhor*. É importante percebermos quão pouco sabemos sobre essas conseqüências imprevisíveis de nossas ações. Os melhores meios que estão a nossa disposição continuam sendo de *tentativa e erro*: tentativas que muitas vezes são perigosas e erros ainda mais perigosos – às vezes perigosos para a humanidade.

A crença numa utopia política representa um perigo especial. Isso possivelmente está ligado ao fato de que a busca por um mundo melhor é (se estou certo), similarmente à investigação de nosso entorno, um dos mais antigos e importantes instintos de vida. Acreditamos, com razão, que podemos e devemos contribuir para a melhora de nosso mundo. Mas não podemos imaginar que somos capazes de prever as conseqüências de nossos planos e ações. Sobretudo, não devemos sacrificar nenhuma vida humana (a não ser talvez a nossa própria, em caso extremo). Também não temos nenhum direito de motivar os outros, nem mesmo tentar convencê-los, a se sacrificar – nem mesmo por uma idéia, uma teoria, que nos tenha persuadido por completo (provavelmente sem razão, por causa de nossa ignorância). Em todo caso, uma parte de nossa busca por um mundo melhor deve consistir em buscar um mundo tal em que os outros não precisem sacrificar sua vida involuntariamente por uma idéia.

III

Chego ao fim de minha conferência. Gostaria de acrescentar apenas um último pensamento otimista, com que também concluí minha contribuição num livro que escrevi com meu amigo sir John Eccles. (Esse livro foi recentemente traduzido para o alemão.)

Como tentei mostrar acima, a seleção de Darwin, as noções de seleção natural e de pressão seletiva são habitualmente associadas a uma luta sanguinária pela existência. Essa é uma ideologia que se deve levar a sério apenas em parte.

Mas, com a emergência da consciência humana e do espírito e das teorias lingüisticamente formuladas, isso tudo muda completamente. Podemos deixar à competição entre nossas teorias que elimine as teorias inúteis. Em tempos mais antigos, o portador da teoria era eliminado. Agora podemos deixar que nossas teorias morram em nosso lugar. Do ponto de vista da seleção natural, a função principal do espírito e do mundo 3 é tornar possível o emprego da crítica consciente; e, com isso, a seleção das teorias sem o assassinato de seus portadores. O emprego dos métodos da crítica racional sem o assassinato dos portadores torna-se possível pelo desenvolvimento biológico; pela nossa invenção da linguagem e, conseqüentemente, do mundo 3. Dessa maneira, a seleção natural supera, transcende seu caráter originalmente um tanto quanto violento: com a emergência do mundo 3, torna-se possível que a seleção das melhores teorias, das melhores adaptações, também ocorra sem violência. Podemos agora eliminar falsas teorias por meio da crítica não-violenta. Evidentemente, a crítica não-violenta ainda é coisa rara: a crítica costuma ser semiviolenta, mesmo quando seu campo de batalha é o papel. Contudo, já não há motivos biológicos para uma crítica violenta, apenas motivos contra ela.

Assim, a crítica semiviolenta, ainda hoje habitual, poderia ser uma fase temporária no desenvolvimento da razão. A emergência do mundo 3 significa que a evolução cultural não-violenta não é um sonho utópico. É um resultado biológico e totalmente possível da emergência do mundo 3 pela seleção natural.

A formação de nosso ambiente social com o objetivo da paz e da não-violência não é apenas um sonho. É uma meta possível e, do ponto de vista biológico, obviamente necessária para a humanidade.

2. Sobre conhecimento e ignorância*

Senhor presidente, senhor diretor, senhoras e senhores! Antes de mais nada, gostaria de agradecer à Faculdade de Economia da Universidade Johann Wolfgang Goethe a grande honra de me conceder o título de *doctor rerum politicarum honoris causa*.

De mestre me chamo, e até mesmo doutor...

posso agora dizer, com o Fausto, de Goethe. E, tal como no caso do Fausto, parece-me bastante questionável se mereço essa honra.

Encontro-me tal como antes
Em nada saí do rol de ignorantes...
E vejo que nada podemos saber!
Isso faz o coração ferver.

---

* Conferência proferida em 8 de junho de 1979 no Salão Nobre da Universidade de Frankfurt a. M., por ocasião da outorga do título de *doctor honoris causa*.

Com isso, chego ao tópico anunciado de minha conferência, o tema "Sobre conhecimento e ignorância".

Minha intenção é tratar esse tema historicamente, ainda que de maneira breve, e colocar no centro a doutrina de Sócrates; e assim vou iniciar com o mais belo escrito filosófico que conheço, a *Apologia de Sócrates*, de Platão.

I

A *Apologia*, de Platão, contém o discurso de defesa de Sócrates e um curto relato sobre sua condenação. Considero o discurso autêntico[1]. Nele, Sócrates conta como ficou admirado e perturbado quando ouviu que o oráculo de Delfos respondera à ousada pergunta "Há alguém mais sábio do que Sócrates?": "Ninguém é mais sábio[2]". "Ao ouvir isso", disse Sócrates, "indaguei a mim mesmo: O que o deus pretende dizer com isso? Pois sei que não sou sábio; nem muito sábio, nem apenas um pouco." Como Sócrates não pôde atinar, por reflexão, o que o deus queria dizer com seu oráculo, ele decidiu refutá-lo. Foi, então, ao encontro de alguém considerado sábio – um dos políticos de Atenas – a fim

---

1. É claro, não há nenhuma prova da autenticidade da *Apologia*, de Platão: até mesmo eminentes estudiosos se declararam contra ela. Mas os motivos para aceitá-la têm grande peso. Parece-me certo que era desejo de Platão que a obra fosse considerada autêntica, como também me parece certo que ela pertence a seus primeiros escritos e que, portanto, muitas testemunhas ainda estavam vivas quando Platão escreveu a *Apologia*. Como em todos os primeiros diálogos (pelo menos, antes do *Górgias*), Sócrates emprega na *Apologia* a *refutação mediante exemplos práticos* (*elenchos*: 21 B/C); e ele salienta sua *ignorância*.
2. Esse oráculo é também, evidentemente, histórico. Querefonte, um amigo de juventude e admirador de Sócrates e que formula a pergunta ao oráculo, é uma personalidade histórica, um opositor ativo dos Trinta Tiranos, que morreu na batalha em Pireu. Seu irmão é citado como testemunha por Sócrates e estava presente durante seu processo. Como Platão era um oponente da democracia, o papel decisivo que Querefonte, um partidário da democracia, desempenha na *Apologia* também depõe em favor de sua autenticidade.

de aprender com ele. Sócrates descreve o resultado da seguinte maneira (*Apologia*, 21 D): "Sou mais sábio do que este homem: é verdade, nenhum de nós sabe nada de certo. *Ele*, porém, crê que sabe alguma coisa, e nada sabe. É verdade que *eu* também não sei nada; mas não imagino saber alguma coisa". Depois de ter conversado com os políticos, Sócrates se dirigiu aos poetas. O resultado foi o mesmo. Em seguida, dirigiu-se aos artesãos. Estes, de fato, sabiam de coisas que ele não compreendia. Mas supunham saber muito mais outras coisas, até mesmo as mais importantes. E sua arrogância mais do que contrabalançava seu saber genuíno.

Por fim, Sócrates chegou à seguinte interpretação da intenção do oráculo de Delfos: o deus evidentemente não pretendia dizer nada sobre Sócrates; havia apenas usado esse nome para dizer: "Entre os homens é mais sábio aquele que, como Sócrates, reconhece que, na realidade, não possui nenhuma sabedoria".

II

A compreensão de Sócrates sobre nossa ignorância – "Sei que não sei quase nada, e mal sei isso" – é, parece-me, de suma importância. Em nenhum outro lugar recebeu formulação mais clara do que na *Apologia de Sócrates*, de Platão. Essa compreensão socrática muitas vezes não foi levada a sério. Sob a influência de Aristóteles, foi tomada como ironia. O próprio Platão acabou por rejeitar (em *Górgias*) o ensinamento socrático sobre nossa ignorância e, com isso, também a atitude caracteristicamente socrática: a exortação à modéstia intelectual.

Isso se torna claro quando comparamos a teoria socrática do político com a teoria platônica. Esse é um ponto que deve ser especialmente importante a um *doctor rerum politicarum*.

Tanto Sócrates como Platão exigem que o político seja sábio. Mas isso tem um significado totalmente diferente para cada um deles. Em Sócrates significa que o político deve estar completamente cônscio de sua flagrante ignorância. Sócrates, portanto, preconiza a modéstia intelectual. "Conhece-te a ti mesmo!" significa para ele "sê cônscio de quão pouco sabes!".

Em contraposição a isso, Platão interpreta a exigência de que o político seja sábio como uma exigência do governo dos sábios, da sofocracia. Apenas o dialético bem instruído, o filósofo erudito, é capaz de governar. Esse é o sentido da famosa exigência platônica para que os filósofos se tornem reis e os reis, filósofos inteiramente educados. Os filósofos se impressionaram profundamente com essa reivindicação platônica; os reis, presumivelmente menos.

Dificilmente se pode pensar numa oposição maior entre ambas as interpretações da exigência de que o político seja sábio. Trata-se da oposição entre modéstia intelectual e presunção intelectual. E é também a oposição entre o falibilismo – o reconhecimento da falibilidade de todo conhecimento humano – e o cientismo ou cientificismo: a tese de que se deve conferir autoridade ao conhecimento e ao conhecedor, à ciência e ao cientista, à sabedoria e ao sábio, à erudição e ao erudito.

Aqui se vê claramente que uma oposição na avaliação do conhecimento humano – portanto, uma oposição epistemológica – pode levar a objetivos e exigências ético-políticas opostas.

III

Neste ponto, gostaria de discutir uma objeção contra o falibilismo; uma objeção que, assim me parece, pode ser perfeitamente empregada como um argumento *em favor* do falibilismo.

Trata-se da objeção de que o saber, em contraposição ao opinar ou ao supor, é essencialmente provido de autoridade; e também que, aqui, o uso lingüístico geral apóia o caráter de autoridade do conhecimento. Desse modo, a expressão 'eu sei' só será empregada de maneira lingüisticamente correta se implicar as três seguintes coisas: primeira, a verdade do que afirmo saber; segunda, sua certeza; e terceira, a existência de razões suficientes. Tais análises podem, com freqüência, ser ouvidas em discussões filosóficas ou lidas em livros filosóficos. (Cf. W. T. Krug, *Fundamentalphilosophie* [Filosofia fundamental], 1818, p. 237; J. F. Fries, *System der Logik* [Sistema da lógica], 1837, pp. 421ss.) E tais análises realmente mostram o que queremos dizer com a palavra 'saber' em nosso uso lingüístico geral. Elas analisam um conceito que eu gostaria de denominar como o conceito clássico do saber: esse conceito clássico implica a verdade e a certeza do que se sabe; e também que precisamos ter razões suficientes para o considerar verdadeiro.

Ora, é exatamente esse conceito clássico do saber que Sócrates emprega quando diz: "Sei que não sei quase nada – e mal sei isso!". E é o mesmo conceito clássico do saber que Goethe emprega quando põe na boca de Fausto:

> Vejo que nada podemos saber!
> Isso faz o coração ferver.

É, portanto, exatamente o conceito clássico do saber, o conceito da linguagem cotidiana, que é também empregado pelo falibilismo, pela teoria da falibilidade, quando esta afirma que nós podemos sempre ou quase sempre nos enganar e que portanto, no sentido clássico de 'saber', não sabemos nada ou apenas muito pouco; ou, como diz Sócrates, que não sabemos 'nada de certo'.

Em que Sócrates provavelmente pensou quando disse que não sabemos "nada de certo" ou, numa tradução mais literal, "nada de belo e bom"? (*Apologia* 21 D). Sócrates pensava aqui especialmente na ética. Ele estava bem longe de declarar impossível o conhecimento ético; pelo contrário, ele tentou fundamentá-lo. E, nisso, ele lançou mão de um método crítico: ele criticou o que parecia provido de certeza para ele e para os outros. Foi esse método crítico que o conduziu ao falibilismo e à visão de que ele e os outros estão bastante longe do conhecimento nas coisas éticas. Não obstante, Sócrates foi um pioneiro no terreno ético. Dele e de seu contemporâneo Demócrito provém a boa e importante regra de vida: "Sofrer injustiça é melhor do que cometer injustiça".

IV

Mas voltando à *Apologia*: quando Sócrates diz que nem ele nem os outros sabem alguém de bom, talvez também esteja pensando nos filósofos da natureza, naqueles grandes pensadores da Grécia que hoje chamamos pré-socráticos e que são os precursores de nossa ciência natural atual. Sócrates pode ter pensado especialmente no filósofo da natureza Anaxágoras, que também cita um pouco mais tarde em sua *Apologia*, de uma maneira não muito respeitosa: pois diz que a obra de Anaxágoras, que ele designa como "falhada" (*atopos*), vale no máximo um dracma entre os livreiros atenienses (*Apologia* 26 D). Outra obra de Platão, *Fédon*, também parece indicar que Sócrates estava profundamente decepcionado com a filosofia da natureza de Anaxágoras – e com a filosofia da natureza em geral. Temos, portanto, razão para supor que Sócrates, quando diz "Sei que não sei quase nada – e mal sei isso", estava pensando em muitos problemas sérios e não resolvidos que ele havia encontrado; desde os problemas da ética e da política até os da filosofia da natureza.

É certo, Sócrates não tem tanta coisa em comum com o Fausto de Goethe. Mas podemos supor que a noção de que nada podemos saber também fez o coração de Sócrates ferver: que ele, como Fausto, sofria intensamente com o desejo irrealizável de todo cientista autêntico; refiro-me ao seguinte desejo:

> Que eu conheça o que une
> o mundo em seu íntimo

Mas a ciência natural moderna nos aproximou um pouco mais desse alvo inalcançável. Devemos, então, perguntar se a ciência natural moderna não demonstrou a superação da postura da ignorância socrática.

V

De fato, a teoria gravitacional de Newton criou uma situação totalmente nova. Essa teoria pode ser vista como a realização, após 2000 anos, do programa de investigação original dos filósofos naturais pré-socráticos. E o próprio Newton talvez tenha visto desse modo sua teoria quando escolheu o título de seu livro: *Os princípios matemáticos da filosofia natural*. Era uma realização que deixava muito atrás os mais ousados sonhos da Antiguidade.

Foi um passo adiante sem precedentes: a teoria de Descartes, que aos poucos foi suplantada pela teoria de Newton, absolutamente não se pode comparar com esta última. A teoria de Descartes fornecia apenas uma explicação qualitativa completamente vaga do movimento planetário. Apesar disso, ela contradizia fatos que já eram conhecidos desde muito. Essa teoria teve, entre outras, a funesta conseqüência de que os planetas mais distantes do Sol se movem mais rápido, em contradição não apenas com as observações, mas também sobretudo com a terceira lei de Kepler.

Ao contrário, a teoria de Newton foi capaz não só de explicar as leis de Kepler, como também as corrigiu na medida em que acertou em predizer quantitativamente pequenos desvios dessas leis.

VI

A teoria de Newton instalou, portanto, uma nova situação intelectual; representou uma vitória intelectual ímpar. As predições da teoria newtoniana foram confirmadas com precisão inacreditável. E, quando pequenos desvios para o planeta Urano foram descobertos pelo movimento que Newton predissera, Adams e Leverrier calcularam – com auxílio da teoria de Newton (e de muita sorte) – a partir desses mesmos desvios a posição de um novo e desconhecido planeta, que então foi prontamente descoberto por Galle. Além disso, a teoria de Newton explicou não apenas o movimento dos corpos celestes, mas também a mecânica terrestre, os movimentos de nossos mecanismos terrestres.

Aqui parecia haver, de fato, conhecimento; conhecimento verdadeiro, seguro e suficientemente fundamentado. Certamente, não se podia ter mais dúvidas sobre ele.

Foi preciso um tempo notavelmente longo para apreender a novidade da situação intelectual. Poucos viram o que havia ocorrido. David Hume, um dos maiores filósofos, viu que um grande passo adiante tinha sido dado; mas não compreendeu como era grande e radical esse passo do conhecimento humano. Temo que hoje muitos ainda não compreendem isso totalmente.

VII

O primeiro pensador que o compreendeu plenamente foi Immanuel Kant. Convertido ao ceticismo por David Hume, ele enxergou o elemento paradoxal, quase ilógico, desse novo conhecimento. Ele se perguntou como podia ser possível algo como a ciência newtoniana.

Essa pergunta e a resposta de Kant tornaram-se o tópico central de sua *Crítica da razão pura*. Nesse livro, Kant formulou as perguntas:

Como é possível a matemática pura?

e

Como é possível a ciência pura da natureza?

E escreveu:

"Sobre essas ciências, dado que realmente existem, é pertinente indagar: *como* são possíveis; pois *que* elas devem ser possíveis é demonstrado por sua realidade[3]."

Nota-se o espanto de Kant; seu espanto justificado ante a existência da teoria de Newton, que ele caracterizou como "ciência natural pura".

Em contraste com todos os outros que tinham uma opinião a respeito, Kant viu que a teoria de Newton não era o sucesso de um método experimental ou indutivo, mas um sucesso do pensamento humano, do entendimento humano.

---
[3] Kant, *Kritik der reinen Vernunft*, 2ª ed., p. 20.

A resposta de Kant à pergunta "Como é possível a ciência natural pura?" foi a seguinte:

"O entendimento não extrai as leis [as leis naturais] da natureza, mas as impõe a ela."

Em outras palavras, as leis de Newton não são lidas na natureza, mas são obra de Newton, são o produto de seu entendimento, de sua invenção: o entendimento humano inventa as leis da natureza.

Essa posição epistemológica extremamente original de Kant foi designada por ele próprio como a Revolução Copernicana na teoria do conhecimento. A ciência de Newton era, segundo Kant, conhecimento no sentido clássico: conhecimento verdadeiro, seguro e suficientemente fundamentado. E esse conhecimento era possível porque a própria experiência humana era o produto do processamento ativo e da interpretação de nossos dados dos sentidos por nosso aparato cognitivo, especialmente por nosso entendimento.

Essa teoria do conhecimento kantiana é importante e, em grande parte, correta. Mas Kant errou em acreditar que sua teoria respondia à pergunta de como é possível o conhecimento, conhecimento no sentido clássico.

A idéia clássica da ciência como um conhecimento verdadeiro, seguro e suficientemente fundamentado ainda está viva hoje. Mas foi superada há sessenta anos pela revolução einsteiniana, pela teoria da gravitação de Einstein.

O resultado dessa revolução é: seja verdadeira ou falsa, a teoria de Einstein mostra que o conhecimento no sentido clássico, conhecimento seguro, certeza, é impossível. Kant tinha razão: nossas teorias são livres criações de nosso intelecto. E tentamos impô-las à natureza. Mas só raramente conseguimos adivinhar a verdade; e jamais podemos estar certos de que conseguimos. *Devemos nos contentar com o conhecimento conjectural.*

VIII

É necessário, agora, tratar brevemente das relações lógicas entre a teoria gravitacional de Newton e a de Einstein.

A teoria de Newton e a de Einstein se contradizem logicamente: certas conseqüências de ambas as teorias são inconciliáveis. Por isso é impossível que ambas as teorias sejam verdadeiras.

No entanto, as duas teorias mantêm uma relação recíproca de *aproximação*: as divergências entre suas conseqüências empiricamente verificáveis são tão pequenas que todos os incontáveis casos observados que corroboram e sustentam a teoria de Newton simultaneamente corroboram e sustentam a teoria de Einstein.

A teoria de Newton, como já indiquei, é confirmada empiricamente de maneira esplêndida; poderíamos dizer: de maneira ótima. Mas a descoberta, ou a invenção, da teoria de Einstein nos impede de considerar essas esplêndidas confirmações como razões para ver qualquer uma dessas duas teorias como verdadeira e certa. Pois as mesmas razões então apoiariam a aceitação da outra teoria como verdadeira e certa. Mas é logicamente impossível que, de duas teorias inconciliáveis, ambas sejam verdadeiras.

Percebemos aqui, portanto, que é impossível interpretar como conhecimento no sentido clássico até mesmo as teorias científicas mais bem confirmadas. Nossas teorias científicas mais bem demonstradas e corroboradas são apenas conjecturas, hipóteses bem-sucedidas, e estão para sempre condenadas a continuar sendo conjecturas ou hipóteses.

IX

A ciência é a busca da verdade; e é plenamente possível que muitas de nossas teorias sejam, de fato, verdadeiras. No entanto, mesmo quando são verdadeiras, jamais podemos estar certos disso.

Essa idéia já havia sido percebida pelo poeta e bardo Xenófanes, que escreveu cerca de cem anos antes de Sócrates e 500 anos antes do nascimento de Cristo (traduções minhas):

> Verdade segura jamais homem algum conheceu ou conhecerá
> Sobre os deuses e todas as coisas de que falo.
> Se alguém alguma vez proclamasse a mais perfeita verdade
> Não o poderia saber: está tudo entretecido de conjectura.

Mas já naquela época Xenófanes ensinava que pode haver progresso em nossa busca da verdade, pois escreve:

> Os deuses não revelaram tudo aos mortais desde o início.
> Mas no correr do tempo encontramos, procurando, o melhor.

Ambos os fragmentos de Xenófanes que citei talvez possam ser interpretados pelas duas seguintes teses.

1. Não há critério de verdade; nem mesmo quando alcançamos a verdade, podemos estar certos disso.

2. Há um critério racional de progresso na busca da verdade e, portanto, um critério para o progresso científico.

Creio que ambas as teses estão corretas.

Qual é, entretanto, o critério racional para o progresso científico na busca da verdade, o progresso em nossas hipóteses, em nossas conjecturas? Quando uma hipótese científica é melhor do que outra?

A resposta é: a ciência é uma atividade crítica. Examinamos nossas hipóteses criticamente. Nós as criticamos para encontrar erros, na esperança de eliminar os erros e assim nos aproximarmos da verdade.

Consideramos uma hipótese – por exemplo, uma nova hipótese – melhor do que outra, se ela cumpre os três seguintes requisitos: primeiro, a nova hipótese deve explicar todas as coisas que a hipótese antiga explicou com sucesso. Esse é o primeiro e mais importante ponto. Segundo, deve evitar pelo menos alguns dos erros da hipótese antiga: isto é, deve resistir, onde possível, a alguns dos testes críticos a que a antiga hipótese não resistiu. Terceiro, deve, onde possível, explicar coisas que a velha hipótese não foi capaz de explicar ou predizer.

Esse é, portanto, o critério do progresso científico. É empregado de forma bastante geral e, de hábito, inconsciente, em especial nas ciências naturais. Uma nova hipótese só é levada a sério se ao menos explica o que suas predecessoras explicaram com sucesso e se, além disso, promete ou evitar certos erros da antiga hipótese ou fazer novas predições; onde possível, predições testáveis.

X

Esse critério para o progresso pode, ao mesmo tempo, ser encarado como um critério para a aproximação da verdade. Pois, se uma hipótese satisfaz o critério do progresso e, portanto, resiste a nossos testes críticos tão bem quanto suas predecessoras, então não vemos isso como um acaso; e, se resiste aos exames críticos de forma ainda melhor, então supomos que ela se aproxima mais da verdade do que suas predecessoras. A meta da ciência é, portanto, a verdade: a ciência é a busca da verdade. E se nós também, tal como viu Xenófanes, jamais podemos saber se atingimos essa meta, podemos entretanto ter bons motivos para supor que chegamos mais perto de nossa meta, a verdade; ou, como diz Einstein, que estamos no caminho certo.

XI

Para terminar, gostaria de tirar algumas conclusões do que disse antes.

A tese socrática da ignorância me parece ser de extrema importância. Vimos que a ciência natural newtoniana foi interpretada por Kant no sentido do conceito de conhecimento clássico. Desde Einstein, essa interpretação é impossível. Sabemos agora que até mesmo o melhor conhecimento no sentido das ciências naturais não é um conhecimento no sentido clássico, ou seja, no sentido da linguagem comum. Isso conduz a uma verdadeira revolução do conceito de conhecimento: o conhecimento no sentido das ciências naturais é *conhecimento conjectural*; é um ousado trabalho de adivinhar. Desse modo, Sócrates tem razão, a despeito da compreensiva avaliação que Kant fez da monumental conquista de Newton. Mas se trata de um adivinhar disciplinado pela crítica racional.

Isso torna a luta contra o pensamento dogmático um dever. Também torna a extrema modéstia intelectual um dever. E torna sobretudo o cultivo de uma linguagem simples e despretensiosa um dever: o dever de todo intelectual.

Todos os grandes cientistas naturais foram intelectualmente modestos, e Newton fala por todos ao dizer:

Não sei como pareço para o mundo. A mim mesmo pareço um menino brincando na praia. Divirto-me em apanhar aqui e ali um seixo mais liso do que os outros, ou uma concha mais bonita – enquanto o grande oceano da verdade se estende à minha frente inexplorado.

Einstein chamou sua teoria da relatividade geral de um vôo de efemérida.

E todo grande cientista enxergou que toda solução de um problema científico provoca muitos outros problemas não solucionados. Quanto mais aprendemos sobre o mundo, mais consciente, mais detalhado e mais exato se torna nosso conhecimento sobre problemas ainda sem solução, nosso conhecimento socrático de nossa ignorância. A investigação científica é, com efeito, o melhor método para nos pôr ao corrente de nós mesmos e de nossa ignorância. Ela nos conduz à importante noção de que nós, humanos, somos muito diferentes no tocante às ninharias das quais talvez tenhamos algum conhecimento. Mas em nossa infinita ignorância somos todos iguais.

XII

A censura do cientismo ou cientificismo – ou seja, a censura da crença dogmática na autoridade do método das ciências naturais e de seus resultados – é, por isso, totalmente errônea quando se volta contra o método crítico da ciência natural ou contra os grandes cientistas; sobretudo desde a reforma do conceito de conhecimento, que devemos a homens como Sócrates, Nicolau de Cusa, Erasmo, Voltaire, Lessing, Goethe e Einstein. Goethe foi, tal como os grandes cientistas naturais, um opositor do cientismo, da crença na autoridade; e ele o combateu no contexto de sua crítica à *Óptica* de Newton. Seus argumentos contra Newton, por certo, não eram válidos, mas todos os grandes cientistas cometeram erros algumas vezes; e, em sua polêmica contra a crença dogmática na autoridade de Newton, Goethe estava certo. Aqui, eu ousaria supor que a acusação de cientismo – isto é, a censura do dogmatismo, da crença na autoridade e da arrogante presunção do saber – atinge os partidários da sociologia do conhecimento e da sociologia da ciência com muito mais freqüência do que suas vítimas, os grandes cientistas naturais. De fato, muitos que se consideram críticos do cientismo são dogmáticos, na verdade opositores ideológicos e autoritários das ciências naturais, das quais infelizmente entendem apenas muito pouco.

Eles sobretudo não sabem que as ciências naturais possuem um critério objetivo e não-ideológico de progresso: de progresso rumo à verdade. Trata-se do simples e racional critério que domina o desenvolvimento das ciências naturais, desde Copérnico, Galileu, Kepler e Newton, desde Pasteur e Claude Bernard. O critério nem sempre é aplicável. Mas os cientistas naturais (exceto quando são vítimas de modismo, como acontece até mesmo com bons físicos) o aplicam habitualmente com segurança e correção, ainda que raras vezes o façam com plena consciência. Nas ciências sociais, o domínio desse critério racional é, infelizmente, muito menos assegurado. Surgiram então ideologias de moda, o poder das grandes palavras, e a hostilidade contra a razão e a ciência natural.

Goethe também conheceu essa ideologia hostil à ciência, e a condenou. É o próprio diabo que espreita para que nos joguemos nos braços dela. As palavras que Goethe põe na boca do diabo são inequívocas:

> Despreza a ciência e razão,
> Supremas forças do homem...
> Assim te tenho sem rendição.

Senhoras e senhores, espero que não me reprovem se desta vez deixo para o próprio diabo a última palavra.

3. Sobre as assim chamadas fontes do conhecimento*

Agradeço-lhes a grande honra de receber o título de doutor em filosofia na Faculdade de Humanidades de sua universidade. É com imensa alegria e gratidão que aceito essa honra.

Mas também assumi no último momento uma difícil tarefa, a tarefa de dar uma breve palestra. Antes de iniciar, porém, quero contar uma história verdadeira de meus tempos na Nova Zelândia.

Em Christchurch, Nova Zelândia, travei amizade com o físico professor Coleridge Farr, que na época de minha chegada tinha mais ou menos a idade que tenho agora; um homem bastante original e espirituoso e membro da Royal Society of London. O professor Farr era um homem que pensava socialmente e dava conferências sobre ciência popular nos mais diferentes círculos, incluindo, entre outros, prisões. Certa vez, começou sua palestra numa prisão com as seguintes palavras: "Hoje dou a mesmíssima palestra que dei há seis anos. Se algum de vocês já ouviu, será uma coisa bem merecida!". Mal acabou de dizer essas palavras um tanto provocadoras, a luz na sala se apagou. Mais tarde, ele disse que se sentiu incomodado enquanto durou a escuridão.

---
* Conferência proferida em 27 de julho de 1979, na Universidade de Salzburg, por ocasião da outorga do título de *doctor honoris causa* ao autor.

Eu me lembrei dessa situação quando o professor Weingartner me comunicou no último sábado – ou seja, realmente no último minuto – que eu hoje deveria dar uma palestra aqui. E acrescentou que eu poderia repetir alguma velha palestra minha. Naturalmente pensei no professor Farr e que também obviamente *não* posso dizer aqui: "Se algum de vocês já ouviu minha palestra, será uma coisa bem merecida". Estou, como se vê, numa situação pior do que o professor Farr; pois, pelo tempo curto, restou-me, após várias tentativas fracassadas, a única opção de requentar um velho trabalho[1], dando-lhe uma nova introdução e, sobretudo, cortando uns 90%. Peço, portanto, muitas desculpas, principalmente porque minha palestra continua muito longa. Mas espero que, com exceção de um ou dois honrados ouvintes, ninguém reconhecerá minha conferência. Seu tema é:

Sobre as assim chamadas fontes do conhecimento humano.

Há quase 2.500 anos existe algo como uma teoria do conhecimento. E dos filósofos gregos aos membros do Círculo de Viena, a questão fundamental dessa teoria do conhecimento foi a *pergunta pelas fontes de nosso conhecimento.*

Ainda num dos trabalhos mais tardios de Rudolf Carnap, um dos líderes do Círculo de Viena, podemos ler algo nos seguintes moldes:

Quando você faz uma asserção, deve também justificá-la. Isto é, deve estar em condições de responder às seguintes perguntas:

---

1. Trata-se da "Introdução" ao meu livro *Conjectures and refutations,* 1963, 8ª ed., 1981. Está em preparação uma tradução alemã desse livro, sob o título *Vermutungen und Widerlegungen* [Conjecturas e refutações].

Como você sabe isso? Em que *fontes* se apóia sua asserção? Quais *percepções* baseiam sua asserção? Considero essa cadeia de perguntas totalmente insatisfatória e, nesta palestra, tentarei apresentar alguns dos motivos *por que* acho essas perguntas tão insatisfatórias.

O motivo principal é que essas perguntas pressupõem uma posição autoritária em relação ao problema do conhecimento humano. Pressupõem que nossas asserções são lícitas se, e apenas se, podemos recorrer à autoridade das *fontes do conhecimento* e particularmente às *percepções*.

Em oposição a isso, digo que não há tais autoridades e que a *todas* as asserções se adere um *momento de incerteza*; incluindo todas as asserções apoiadas em *percepções*, até mesmo todas as asserções *verdadeiras*.

Por isso, farei aqui a sugestão de substituir a velha pergunta pelas fontes de nosso conhecimento por uma outra totalmente distinta. O questionamento tradicional na teoria do conhecimento guarda certa semelhança com o questionamento tradicional na teoria do Estado, e essa semelhança pode nos ajudar a encontrar um questionamento novo e melhor na teoria do conhecimento.

Pois a tradicional pergunta fundamental pelas fontes autoritárias do conhecimento corresponde à pergunta fundamental tradicional da filosofia política, tal como foi levantada por Platão. Refiro-me à pergunta: "Quem deve governar?".

Essa pergunta exige uma resposta autoritária. As respostas tradicionais foram: "os melhores" ou "os mais sábios". Mas também outras respostas, aparentemente liberais, como "o povo" ou "a maioria", permanecem presas a esse questionamento autoritário.

Ele também induz, de resto, a outras alternativas tolas como: "Quem deve governar, os capitalistas ou os trabalhadores?".

(Essa pergunta é análoga à pergunta epistemológica: "Qual é a fonte última de nosso conhecimento? O intelecto ou a percepção sensorial?".)

A pergunta "Quem deve governar?" está, evidentemente, mal formulada, e as respostas que ela provoca são autoritárias. (Também são paradoxais.) Sugiro então pôr em seu lugar uma indagação bem mais modesta. Algo como: "O que podemos fazer para configurar nossas instituições políticas de modo tal que governantes ruins ou incompetentes (que obviamente tentamos evitar, mas, ainda assim, podemos ter) possam causar o menor dano possível?".

Creio que, sem essa alteração em nossa pergunta, jamais poderemos esperar chegar a uma teoria racional do Estado e de suas instituições.

A meu ver, a democracia só pode ser teoricamente fundamentada como resposta a essa pergunta bem mais modesta. A resposta é: a democracia permite que nos livremos de governantes incompetentes ou tiranos sem derramamento de sangue.

De modo bastante semelhante, é possível substituir a pergunta pelas fontes de nosso conhecimento por uma outra pergunta. A pergunta tradicional foi e ainda é: "Quais são as melhores fontes de nosso conhecimento, as fontes mais confiáveis – fontes que não nos conduzirão ao erro e às quais, em caso de dúvida, podemos apelar como instância última?".

Sugiro partir da noção de que não há tais fontes de conhecimento ideais e infalíveis, assim como não há governantes ideais e infalíveis, e da idéia de que todas as 'fontes' de nosso conhecimento algumas vezes nos conduzem ao erro. E sugiro substituir a pergunta sobre as fontes de nosso conhecimento por uma pergunta completamente distinta: "Existe um caminho para descobrir e eliminar erros?".

Assim como muitas perguntas autoritárias, a pergunta pelas fontes do conhecimento é uma pergunta sobre a origem. Ela pergunta pela origem de nosso conhecimento, na crença de que o conhecimento pode se legitimar por meio de sua árvore genealógica. A idéia metafísica (muitas vezes inconsciente) que está em sua base é a de um conhecimento racialmente puro, de um conhecimento imaculado, um conhecimento que deriva da autoridade suprema – se possível, do próprio Deus – e ao qual, portanto, é inerente a autoridade de uma nobreza independente. Minha pergunta modificada "O que podemos fazer para encontrar erros?" provém da convicção de que não há tais fontes puras, imaculadas e infalíveis e que não se pode confundir a pergunta pela fonte e pela pureza com a pergunta pela validade e pela verdade. A visão que defendo aqui é antiga e remonta a Xenófanes. Cerca de 500 a.C., Xenófanes sabia que o que chamamos de conhecimento nada é senão conjecturar e opinar – *doxa* e não *episteme* –, como podemos perceber em seus versos[2]:

> Os deuses não revelaram tudo aos mortais desde o início.
> Mas no correr do tempo encontramos, procurando, o melhor.

> Verdade segura jamais homem algum conheceu ou conhecerá
> Sobre os deuses e todas as coisas de que falo.
> Se alguém alguma vez proclamasse a mais perfeita verdade
> Não o poderia saber: está tudo entretecido de conjectura.

Não obstante, a tradicional pergunta pelas fontes autoritárias de nosso conhecimento é ainda hoje formulada – com mui-

---

2. Tradução do autor deste ensaio.

ta freqüência, até mesmo pelos positivistas e outros filósofos que estão convencidos de que se rebelam contra toda autoridade.

A resposta correta à minha pergunta "De que maneira podemos esperar reconhecer e eliminar erros?" parece-me ser: "Pela crítica às teorias e conjecturas dos outros e – caso possamos nos preparar para isso – pela crítica a nossas próprias teorias e tentativas de solução especulativas". (De resto, tal crítica de nossas teorias é altamente desejável, mas não indispensável; pois, se não estivermos em condições de fazê-lo, outros o farão por nós.)

Essa resposta resume uma posição que poderíamos chamar de 'racionalismo crítico'. Trata-se de um modo de ver, uma atitude e uma tradição que devemos aos gregos. Ela se distingue fundamentalmente do 'racionalismo' ou 'intelectualismo' que Descartes e sua escola proclamaram, e até mesmo da epistemologia de Kant. Contudo, no campo da ética e do conhecimento moral, *o princípio da autonomia* de Kant se aproxima bastante dessa posição. Esse princípio exprime sua convicção de que jamais podemos aceitar a ordem de uma autoridade, por elevada que esta seja, como fundamento da ética. Pois, sempre quando nos defrontamos com o comando de uma autoridade, compete-nos sempre julgar criticamente se é moralmente lícito obedecer a tal comando. Pode ser que a autoridade tenha o poder de impor seus comandos, e que sejamos impotentes para resistir. Mas se nos é fisicamente possível determinar nosso modo de atuar, então não podemos nos subtrair à nossa responsabilidade última. Pois a decisão crítica cabe a nós: podemos obedecer ou não obedecer; podemos reconhecer a autoridade ou rechaçá-la.

Kant, ousadamente, também aplicou essa idéia ao campo da religião: a responsabilidade por decidir se as doutrinas de uma religião devem ser reconhecidas como boas ou rejeitadas como más compete, segundo Kant, a nós.

Em vista desse posicionamento ousado de Kant, parece realmente estranho que ele não assuma, em sua *doutrina da ciência*, a mesma atitude do racionalismo crítico, a atitude de uma busca crítica do erro. Parece-me claro que apenas *uma coisa* impediu Kant de dar tal passo: seu reconhecimento da autoridade de Newton no campo da cosmologia. Esse reconhecimento se baseava no fato de que a teoria de Newton resistiu às provas mais rigorosas com sucesso quase inacreditável.

Se minha interpretação de Kant está correta, então o racionalismo crítico – e o empirismo crítico que também defendo – é um aperfeiçoamento da filosofia crítica de Kant. Esse aperfeiçoamento só se tornou possível graças a Albert Einstein, que nos ensinou que a teoria de Newton poderia talvez estar equivocada apesar de seu esmagador sucesso.

Minha resposta à pergunta tradicional da epistemologia – "Como você sabe isso? Qual é a fonte, o fundamento de sua afirmação? Quais observações a fundamentam?" – é, portanto, a seguinte:

"Absolutamente não estou dizendo que *sei* alguma coisa: minha asserção pretendia ser apenas *conjectura*, hipótese. Tampouco devemos nos preocupar com a fonte ou as fontes das quais minha conjectura pode ter saído. Há muitas fontes possíveis, e de modo nenhum tenho clareza de todas elas. Além disso, origem tem muito pouco a ver com verdade. Mas, se você se interessa pelo problema que procurei resolver tentativamente com minha conjectura, então pode me auxiliar. Tente criticá-la objetivamente, do modo mais aguçado que lhe for possível! E, se você for capaz de imaginar um experimento cujo resultado poderia, segundo sua opinião, refutar minha asserção, então estou preparado para fazer tudo ao meu alcance para ajudá-lo nessa refutação."

Falando estritamente, essa resposta se aplica apenas quando se trata de uma asserção científica e não, por exemplo, de uma histórica. Pois, se a afirmação feita tentativamente se refere a algo histórico, então toda discussão crítica de sua validade deve obviamente também lidar com fontes – embora não com fontes 'últimas' e 'plenas de autoridade'. Mas, em linhas essenciais, minha resposta continuaria a mesma.

Vou agora resumir os resultados de nossa discussão, na forma de oito teses:

1. Não existem fontes últimas do conhecimento. Toda fonte, toda sugestão são bem-vindas; mas toda fonte, toda sugestão são também objeto de um exame crítico. Mas, enquanto não se trata de questões históricas, costumamos mais examinar os fatos afirmados do que investigar as fontes de nosso conhecimento.

2. As perguntas da epistemologia não têm, de fato, nada a ver com fontes. O que, antes, perguntamos é se uma asserção é verdadeira – isto é, se ela concorda com os fatos. Em conexão com esse exame crítico da verdade, podem-se evocar todos os tipos de argumentos. Um dos métodos mais importantes é defrontarmos criticamente nossas próprias teorias e, em especial, procurar contradições entre nossas teorias e as observações.

3. A tradição é – à parte o conhecimento inato – de longe a fonte mais importante de nosso saber.

4. O fato de que a maioria das fontes de nosso conhecimento repousa em tradições mostra que a oposição contra a tradição, ou seja, o antitradicionalismo, carece de importância. Esse fato, contudo, não pode ser visto como apoio ao tradicionalismo; pois nenhuma parte, por menor que seja, de nosso conhecimento tradicional (e até mesmo do conhecimento que nos é inato) está imune a uma investigação crítica, e qualquer parte pode, se ne-

cessário, ser invalidada. Não obstante, sem tradição o conhecimento seria impossível.

5. O conhecimento não pode começar a partir do nada – da *tabula rasa* –, mas tampouco da observação. O progresso de nosso conhecimento consiste na modificação, na correção do conhecimento anterior. Por certo, às vezes é possível, por uma observação ou uma descoberta casual, dar um passo adiante, mas, em geral, o alcance de uma observação ou de uma descoberta depende da condição de ela nos permitir modificar teorias *existentes*.

6. Nem a observação nem a razão são autoridades. Outras fontes – como a intuição intelectual e o poder de imaginação intelectual – são de suma importância, mas são igualmente pouco confiáveis: podem nos mostrar as coisas com a maior clareza e, ainda assim, nos induzir a erro. São a fonte principal de nossas teorias e, como tais, insubstituíveis; mas a maioria esmagadora de nossas teorias é falsa. A função mais importante da observação e do conhecimento lógico, mas também da intuição e imaginação intelectuais, consiste em ajudar-nos no exame crítico daquelas teorias ousadas de que necessitamos para avançar rumo ao desconhecido.

7. A clareza é um valor intelectual em si; mas a exatidão e a precisão não. A absoluta precisão é inalcançável; e não faz sentido querer ser mais exato do que exige nosso problema. A idéia de que precisamos definir nossos conceitos para torná-los 'precisos' e até mesmo para lhes dar um 'sentido' é um fogo-fátuo. Pois toda definição precisa utilizar conceitos definidores; e assim jamais podemos evitar trabalhar, em última instância, com conceitos não definidos. Problemas que têm por objeto o significado ou a definição de palavras são desimportantes. Sim, esses problemas puramente verbais devem ser evitados a todo custo.

8. Toda solução de um problema cria problemas novos, não solucionados. Esses novos problemas são mais interessantes quanto mais difícil foi o problema original e mais ousada a tentativa de solução. Quanto mais aprendemos acerca do mundo, quanto mais aprofundamos nosso conhecimento, mais consciente, claro e firmemente traçado será nosso conhecimento sobre *o que não conhecemos*, nosso conhecimento sobre nossa ignorância. A fonte principal de nossa ignorância reside em que nosso conhecimento só pode ser limitado, enquanto nossa ignorância é necessariamente ilimitada.

Pressentimos a imensidade de nossa ignorância quando contemplamos a vastidão do firmamento. O tamanho do universo não é o motivo mais profundo de nossa ignorância; mas é um de seus motivos.

Creio que vale a pena tentar aprender mais acerca do mundo, ainda que todo o resultado da tentativa seja o reconhecimento de quão pouco sabemos. Pode nos fazer bem lembrar de vez em quando que, de fato, podemos ser bastante diferentes uns dos outros no pouco que sabemos, mas que somos todos iguais em nossa ignorância infinita.

Se admitirmos, portanto, que em todo o âmbito de nosso saber, por mais longe que avancemos no desconhecido, não há autoridade acima de toda crítica, então poderemos, sem cair no perigo do dogmatismo, apegar-nos à idéia de que a própria verdade está além de toda autoridade humana. Com efeito, não apenas podemos; devemos nos apegar a ela. Pois sem ela não há critérios objetivos para a investigação científica, nem crítica a nossas tentativas de solução, nem o tatear pelo desconhecido, nem aspiração ao conhecimento.

4. Ciência e crítica*

Como antigo membro do Fórum de Alpbach, alegrou-me muito ser convidado para a celebração de seu trigésimo aniversário; mas só aceitei esse convite após alguma hesitação. Pareceu-me quase impossível dizer em apenas trinta minutos algo sensato e compreensível sobre nosso tema básico, bastante amplo, "O desenvolvimento intelectual e científico dos últimos trinta anos". De fato, se meus cálculos estão corretos, tenho exatamente um minuto para cada ano do desenvolvimento intelectual e científico! Não devo, portanto, desperdiçar o tempo disponível com mais desculpas, mas começar de imediato.

I

Como podem ver pelo título que escolhi, "Ciência e crítica", planejei deixar mais ou menos de lado o desenvolvimento intelectual e me ocupar principalmente com o desenvolvimento da

---
* Conferência proferida por ocasião do trigésimo aniversário do Fórum Europeu de Alpbach, em agosto de 1974. Publicado pela primeira vez em *Idee und Wirklichkeit – 30 Jahre Europäisches Forum Alpbach* [Idéia e realidade – 30 anos do Fórum Europeu de Alpbach], Springer-Verlag, Viena-Nova York, 1975.

ciência. O motivo para isso é, muito simplesmente, que não dou muita importância ao desenvolvimento intelectual ou espiritual dos últimos trinta anos. Sou, obviamente, um leigo nesse terreno, pois não sou filósofo da cultura. Mas me parece que o desenvolvimento intelectual dos últimos trinta anos, apesar de toda tentativa de produzir algo novo, pode se subsumir ao título de Remarque "Nada de novo na frente ocidental". E temo que tampouco haja 'algo de novo na frente oriental' – a não ser que se considere a transição, na Índia, de Mahatma Gandhi para a bomba atômica um desenvolvimento intelectual.

Esse desenvolvimento, que chegou à Índia vindo do Ocidente, substitui a idéia da não-violência pela idéia da violência. Para nós, isso infelizmente não é nenhuma novidade. Alguns de nossos filósofos da cultura ocidentais, os profetas do declínio e da violência, há muito já pregaram isso, e sua teoria está agora, sem dúvida, sendo traduzida em atos de violência.

Mas não há nada que cause satisfação no mundo do espírito? Creio que sim. É com alegria que penso que a música dos grandes mestres do passado é hoje acessível a número muito maior de pessoas e que preenche muito mais pessoas com gratidão, esperança e entusiasmo do que poderíamos sonhar há trinta anos. A respeito dessas obras, pode-se realmente dizer:

As obras inconcebivelmente sublimes
São tão magníficas como no primeiro dia.

De fato, parecem tornar-se cada dia mais magníficas.
Uma das melhores coisas de nossa época é o fato de a compreensão para as grandes obras de arte do passado estar tão viva;

e é preciso confessar que isso se deve, em parte, à tecnologia – ao gramofone, ao rádio, à televisão. Mas essa técnica serve, aqui, a necessidades intelectuais genuínas. Se não houvesse tamanho interesse pelas obras do passado, elas não seriam tocadas e mostradas com tanta freqüência. O desenvolvimento nesse terreno é o desenvolvimento intelectual mais importante, revolucionário e esperançoso que tenho presenciado nos últimos trinta anos.

Gostaria agora de passar aos meus dois temas propriamente ditos: o desenvolvimento científico nos últimos trinta anos; e ciência e crítica, que constitui meu tema central.

II

Se vou falar aqui de desenvolvimento científico, devo obviamente adotar um enfoque bastante seletivo. Meu critério é simples: falarei sobre alguns desenvolvimentos científicos que mais me interessaram e que exerceram maior influência sobre minha visão de mundo.

Minha seleção está, é claro, intimamente ligada às minhas visões sobre ciência e sobre o critério da cientificidade. Esse critério é a criticabilidade, a crítica racional. Nas ciências empíricas, é a criticabilidade mediante as provas empíricas ou a refutabilidade empírica.

Obviamente, por questão de tempo, só posso falar de modo breve sobre criticabilidade.

Vejo o fator comum da arte, do mito, da ciência e até mesmo da pseudociência na fase criativa que nos permite ver as coisas sob uma nova luz e procura explicar o mundo do dia-a-dia por meio de mundos ocultos. Esses mundos fantásticos eram odiados pelo positivismo. Isso esclarece por que Ernst Mach, o grande positivista vienense, também foi um oponente da teoria atômica. No entanto, a teoria atômica sobreviveu, e toda nossa física, não apenas a física da estrutura da matéria e do átomo, mas também a dos campos magnéticos e elétricos e dos campos gravitacionais, é uma descrição de mundos especulativos que, como presumimos, estão ocultos atrás de nosso mundo da experiência.

Esses mundos especulativos são, como na arte, produtos de nossa fantasia, nossa intuição. Na ciência, contudo, eles são controlados *pela crítica*: a crítica científica, a crítica racional, é guiada pela reguladora idéia da verdade. Jamais podemos justificar nossas teorias científicas, pois jamais podemos saber se elas se revelarão falsas. Mas podemos submetê-las a um exame crítico: no lugar da justificação, entra a crítica racional. A crítica refreia a fantasia, sem acorrentá-la.

A crítica racional, guiada pela idéia da verdade, é, portanto, o que caracteriza a *ciência*, enquanto a fantasia é comum a toda atividade criativa, seja arte, mito, seja ciência. Por isso, vou me restringir a desenvolvimentos em que esses dois elementos, a fantasia e a crítica racional, são particularmente evidentes.

III

Primeiro, uma observação sobre a matemática.

Como estudante, sofri forte influência do matemático vienense Hans Hahn, que, por sua vez, foi influenciado pela grande obra *Principia Mathematica*, de Whitehead e Russell. A fascinante mensagem ideológica dessa obra era que a matemática remete à lógica, ou, mais exatamente, que a matemática é logicamente derivável da lógica. Iniciamos com algo que, sem dúvida, é lógica; então avançamos estritamente por deduções lógicas e, desse modo, chegamos a algo que, indubitavelmente, é matemática. Isso era, assim me pareceu, não apenas um programa ousado: nos *Principia Mathematica*, esse programa de pesquisa parecia ser realizado. Os *Principia* começavam com a lógica da dedução, o cálculo proposicional e o cálculo funcional estrito; disso se deduzia o cálculo de classes, sem afirmar a existência de classes, e disso, em seguida, a teoria abstrata dos conjuntos, que Georg Cantor havia estabelecido no século XIX. E os *Principia* muito fizeram para provar a tese, ainda hoje dificilmente contestada, de que o cálculo diferencial e integral pode ser construído como uma parte da teoria dos conjuntos.

Todavia, os *Principia* de Whitehead e Russell logo sofreram pesada crítica, e há aproximadamente quarenta anos a situação ainda era a seguinte: podiam-se distinguir três escolas. Em primeiro lugar, a escola dos logicistas, que afirmavam a redutibilidade da matemática à lógica, liderada por Bertrand Russell e, em Viena, por Hans Hahn e Rudolf Carnap. Em segundo, os axiomáticos, mais tarde também chamados de formalistas, que não derivavam a teoria dos conjuntos a partir da lógica, mas queriam introduzi-la como um sistema formal de axiomas, semelhante à geometria euclidiana; nomes representativos eram Zermelo, Fraenkel, Hilbert, Bernays, Ackermann, Gentzen e Von Neumann. O terceiro grupo era o dos assim chamados intuicionistas, ao qual pertenciam Poincaré, Brouwer e, mais tarde, Hermann Weyl e Heyting.

A situação era extremamente interessante, mas de início parecia desesperada. Uma inimizade com matizes fortemente pessoais se desenvolveu entre os dois maiores e mais produtivos matemáticos envolvidos no debate, Hilbert e Brouwer. Muitos matemáticos não apenas viram a disputa sobre os fundamentos da matemática como algo estéril, mas também rejeitaram todo o programa de base.

Então, há 44 anos, o matemático vienense Kurt Gödel entrou no debate. Gödel tinha estudado em Viena, onde a atmosfera tendia fortemente para o logicismo, mas onde as outras duas direções também eram levadas bastante a sério. O primeiro grande resultado de Gödel, uma prova de completude para o cálculo funcional lógico, partiu dos problemas de Hilbert e provavelmente poderia ser creditado ao formalismo. Seu segundo resultado foi sua genial prova de incompletude para os *Principia Mathematica* e a teoria dos números. Todas as três escolas concorrentes tentaram reivindicar para si esse resultado.

Mas, de fato, isso era o início do fim, a saber, o fim dessas três escolas. E era, creio, o início de uma nova filosofia da matemática. A situação atual é instável, mas talvez se deixe resumir da seguinte maneira:

A tese da redução de Russell, isto é, a tese da redutibilidade da matemática à lógica, deve ser abandonada. A matemática não é totalmente redutível à lógica; com efeito, ela até mesmo conduziu a um refinamento essencial da lógica e, pode-se dizer, a uma correção crítica da lógica: a uma correção crítica de nossas intuições lógicas e ao discernimento crítico de que nossas intuições lógicas não têm alcance demasiado longo. Por outro lado, ela mostrou que a intuição é bastante importante e capaz de desenvolvimento. A maioria das idéias criativas aflora intuitivamente; e as que não o fazem são o resultado da refutação crítica de idéias intuitivas.

Ao que parece, não há *um* sistema dos fundamentos da matemática, mas diferentes modos de construir a matemática ou os diferentes ramos da matemática. Digo 'construir' e não 'fundamentar', pois não parece haver uma fundamentação última, uma salvaguarda dos fundamentos: somente a respeito de sistemas frágeis podemos provar que nossa construção está livre de contradições. E sabemos, desde Tarski, que áreas importantes da matemática são *essencialmente* incompletas, isto é, esses sistemas podem se fortalecer, mas jamais até um grau em que possamos provar neles todos os enunciados verdadeiros pertinentes. As teorias matemáticas são, na maioria – semelhantemente às teorias das ciências naturais –, hipotético-dedutivas: a matemática pura, portanto, está mais próxima das ciências naturais, cujas hipóteses são conjecturas, do que há pouco parecia.

Gödel e Cohen também conseguiram fornecer provas de que a assim chamada hipótese do contínuo *não é nem refutável nem demonstrável* pelos meios da teoria dos conjuntos até agora empregados. Essa famosa hipótese, cuja demonstrabilidade foi imaginada por Cantor e Hilbert, é, portanto, independente da teoria atual. Sem dúvida, a teoria pode ser fortalecida por suposições adicionais a ponto de esse enunciado se tornar demonstrável, mas nunca pode ser fortalecida a ponto de ele se tornar irrefutável.

Chegamos aqui a um interessante exemplo, que mostra que a matemática pode corrigir nossas intuições lógicas[1]. As línguas alemã, inglesa, grega e muitas outras línguas européias testemunham que, de acordo com nossa intuição lógica, a palavra 'irrefutável' significa o mesmo que 'irrefutavelmente verdadeiro' ou 'com toda certeza verdadeiro'. Se, além disso, a irrefutabilidade de um enunciado ainda é *provada* (como na prova de Gödel da

---

[1] Isso foi salientado primeiramente por Brouwer. Cf. L. E. J. Brouwer, *Tidschrift v. Wijsbegeerte 2*, 1908, pp. 152-8.

irrefutabilidade da hipótese do contínuo), então, segundo nossa intuição lógica, o próprio enunciado foi provado, pois sua verdade irrefutável foi provada.

Mas isso é refutado pelo fato de Gödel, que provou a irrefutabilidade da hipótese do contínuo, ter também, ao mesmo tempo, suposto a indemonstrabilidade (e, portanto, o caráter *problemático*) desse enunciado irrefutável[2]. Sua suposição logo foi provada por Paul Cohen[3].

Os estudos pioneiros de Gödel, Tarski e Cohen, que citei aqui brevemente, referem-se todos à teoria dos conjuntos, à teoria formidável do *infinito atual* de Cantor. Por sua vez, essa teoria foi, em grande parte, motivada pelo problema de criar um fundamento para a análise, isto é, para o cálculo diferencial e integral, que, especialmente em sua forma original, opera com o conceito do infinitesimal. Esse conceito do infinitesimal já foi encarado por Leibniz e outros teóricos do infinito potencial como um mero conceito auxiliar; e foi expressamente rejeitado como incorreto pelo grande mestre Cantor, por seus discípulos e até mesmo por muitos de seus críticos: o infinito atual foi restringido ao infinitamente grande. Por essa razão, é extremamente interessante que em 1961 tenha surgido um 'segundo Cantor' (a expressão é de A. Fraenkel[4]), que delineou uma teoria estrita do infinitesimal atual e, em 1966, a expandiu em todos os detalhes[5]. Lamentavelmente, o criador dessa teoria, Abraham Robinson, morreu há pouco tempo nos Estados Unidos.

---

[2] Cf. Kurt Gödel, *Am. Math. Monthly 54*, 1947, pp. 515-25.
[3] Paul J. Cohen, *Proc. Nat. Acad. Sci USA*, 50, 1963, pp. 1143-8 e 51; 1964, pp. 105-10.
[4] A. H. Fraenkel, *Einleitung in die Mengenlehre* [Introdução à teoria dos conjuntos], 3ª ed., Berlim, Springer, 1928.
[5] A. Robinson, *Proc. Royal Dutch Academy, ser. A. 64*, 1961, pp. 432-40; *Non-Standard Analysis*, Amsterdã, 1966.

Sem dúvida, minhas observações sobre a lógica matemática e a matemática não constituem mais que um esboço. Mas tentei apontar alguns dos desenvolvimentos mais interessantes nesse campo infinitamente amplo do infinito, desenvolvimentos que se baseiam inteiramente no tratamento crítico do problema. Em especial Gödel, Tarski e Robinson são críticos. A obra de Gödel significou uma crítica a todas as tendências que fizeram escola há quarenta anos: ao logicismo, ao formalismo e ao intuicionismo. Ao mesmo tempo, sua obra significou uma crítica ao positivismo, que era fortemente defendido no Círculo de Viena, a que pertencia Gödel. E a crítica de Gödel se fundamentava em sua intuição matemática, na fantasia matemática que, sem dúvida, o guiou, mas que ele nunca usou como autoridade: ela sempre precisou resistir ao exame por meio do método racional, crítico-discursivo.

IV

Dedico agora alguns minutos à cosmologia, que talvez seja a filosoficamente mais importante de todas as ciências.

A cosmologia passou por um desenvolvimento inacreditável nos últimos trinta anos. Já antes disso, aquilo que Newton chamava de Sistema do Mundo – o sistema solar – tinha se tornado um assunto local. A cosmologia verdadeira, a teoria das ilhas cósmicas e do sistema de vias lácteas fundamentada por Kant[6], tinha se desenvolvido amplamente entre as duas guerras mundiais sob a influência da teoria einsteiniana e dos métodos

---

[6] I. Kant, *Allgemeine Naturgeschichte und Theorie des Himmels* [História geral da natureza e teoria dos céus], 1755; cf. também H. J. Treder, em *Die Sterne* [As estrelas] 50, Caderno 2, p. 67, nota 4: "O fundador da teoria das 'ilhas cósmicas, é [...] tão-somente Kant'".

de Hubble; e a teoria de Hubble do universo em expansão parecia estar provada. Os resultados da radioastronomia, que inicialmente se desenvolveu após a Segunda Guerra Mundial na Inglaterra e na Austrália, pareciam, no começo, se encaixar bem nessa moldura. Uma teoria, em minha opinião, muito bela e satisfatória do universo em expansão, de Bondi, Gold e Hoyle, pôde até mesmo ser comprovada por métodos radioastronômicos e, ao que parece, refutada em benefício da teoria – mais antiga – da expansão pelo *big bang*. No entanto, a constante de fuga de Hubble foi reduzida a um décimo, e a expansão das maiores vias lácteas foi multiplicada por 150. E muitos outros resultados são postos em questão pela radioastronomia; no terreno da cosmologia, parecemos estar quase tão desamparados perante alguns desses resultados totalmente revolucionários quanto o estamos na política ante a tarefa de estabelecer a paz. Parecem existir objetos estelares de massa e densidade até agora inauditas, e nossas concepções atuais de vias lácteas dispersando-se pacificamente poderiam em breve, talvez, ser suplantadas por uma teoria de catástrofes constantemente recorrentes.

Em todo caso, a radioastronomia significou, contra todas as expectativas, uma época altamente instigante e revolucionária na história da cosmologia. A revolução é comparável àquela outra iniciada pelo telescópio de Galileu.

Aqui vale fazer uma observação geral. Afirma-se com freqüência que a história das descobertas científicas depende da invenção puramente técnica de novos instrumentos. Em oposição a isso, creio que a história da ciência é, essencialmente, uma história de idéias. As lentes de aumento já eram conhecidas bem antes de Galileu ter tido a idéia de empregá-las num telescópio astronômico. A radiotelegrafia é, como se sabe, uma aplicação da teoria de Maxwell, que remete a Heinrich Hertz.

E, como as ondas em questão (segundo a teoria) são ondas de luz invisíveis, supôs-se que muitas estrelas não emitem apenas luz, mas também sinais de rádio. Além disso, os físicos estavam havia muito, desde o professor Hess, de Innsbruck, interessados na assim chamada radiação cósmica. Portanto, também é digno de nota que não se tenham feito experimentos com a radioastronomia vinte anos antes, logo após a invenção da válvula amplificadora. A explicação provável é que ninguém pensou nisso seriamente; o que faltava era a idéia, a fantasia. E, quando a idéia veio, conduziu a descobertas inesperadas e revolucionárias. Uma nova idéia – uma nova teoria – age como um novo órgão sensorial – quer influencie a técnica, quer não.

V

A cosmologia é, ao menos desde Newton, um ramo da física e continuou sendo tratada por Kant, Mach, Einstein, Eddington e outros como um ramo da física. Em especial Einstein, Eddington, Erwin Schrödinger e Wolfgang Pauli, que, como Schrödinger, nasceu em Viena, fizeram interessantes reflexões sobre a relação entre a estrutura da matéria, do átomo, de um lado, e a cosmologia, de outro[7]. Isso foi há quarenta anos, e desde então essas idéias foram mais ou menos abandonadas, embora alguns grandes físicos, sobretudo Einstein, Werner Heisenberg e Cornelius Lanczos, tenham continuado a trabalhar numa unificação da concepção física de mundo.

Recentemente, contudo, as especulações de Pauli sobre a conexão entre campos de neutrinos e a gravitação foram retoma-

---

[7] Cf. Wolfang Pauli, *Physik und Erkenntnistheorie* [Física e teoria do conhecimento], 1961; também W. Pauli e W. Fierz, *Helv. Phys. Acta*, 15, 1939, p. 297.

das, em virtude dos resultados experimentais inesperados sobre a aparente falta de um fluxo solar de neutrinos. Hans-Jürgen Treder, cosmólogo e físico de Potsdam, tentou derivar esse resultado experimental negativo a partir da forma desenvolvida por ele da Teoria da Relatividade Geral, empregando a hipótese de Pauli de 1934. Talvez isso tenha dado início, esperamos, a uma nova fase da tentativa de estreitar o laço entre a teoria da matéria e a cosmologia. Em todo caso, é digno de nota que essa nova tentativa parta de uma expectativa que foi criticamente refutada com base em experimentos.

VI

Quero citar agora o desenvolvimento da biologia como talvez o exemplo mais importante do desenvolvimento científico dos últimos trinta anos. Não estou pensando só no êxito singular da genética, que se deveu à teoria de James Watson e Francis Crick e conduziu a uma maré dos mais importantes e instrutivos trabalhos. Penso também no impulso da etologia, da psicologia animal; no início de uma psicologia do desenvolvimento de orientação biológica e na reinterpretação do darwinismo.

Em que consistiu o grande êxito de Watson e Crick? A idéia do gene é relativamente velha: pode-se dizer que está implícita no trabalho de Gregor Mendel. Mas ela foi posta em questão durante mais tempo do que a teoria da combustão de Lavoisier. Watson e Crick não apresentaram apenas uma teoria da estrutura química dos genes, mas também uma teoria química da replicação dos genes, e além disso uma teoria do efeito, sobre o organismo, do projeto codificado nos genes. E, como se isso já não fosse mais do que suficiente, eles também descobriram o alfabeto da linguagem em que o projeto está escrito: o alfabeto do código genético.

A hipótese de que há algo como um código genético foi expressa pela primeira vez, até onde sei, por Erwin Schrödinger, cuja lembrança está tão estreitamente vinculada a Alpbach. Schrödinger escreveu:

> São os cromossomos, ou talvez apenas um esqueleto axial do que realmente vemos sob o microscópio como cromossomos, que contêm, numa espécie de escrita-código, todo o plano de desenvolvimento do indivíduo e também o plano de seu funcionamento no estado de maturidade[8].

Essa hipótese de Schrödinger se desenvolveu e se confirmou de maneira ímpar, e o código genético molecular foi decifrado.

Em razão da teoria de Watson e Crick, esse milagre científico tornou-se realidade ainda no último ano de vida de Schrödinger, e pouco após sua morte o código foi totalmente decifrado. O alfabeto, o vocabulário, a sintaxe e a semântica (ou seja, a teoria do significado) dessa linguagem suposta por Schrödinger nos são agora conhecidos. Sabemos que cada gene é uma instrução para construir uma determinada enzima, e podemos ler na instrução escrita no código genético a forma estrutural química precisa (linear) da enzima em questão. Também aprendemos sobre a função de muitas enzimas. Todavia, embora possamos elaborar a partir da fórmula codificada de um gene a fórmula química para a enzima correspondente, ainda não podemos ler a função

---

[8] E. Schrödinger, *What is life*, Cambridge 1944, p. 20 (em alemão: *Was ist Leben?* [O que é a vida?], nova edição: Piper, Munique, [4]1993). Traduzo do original inglês.

biológica da enzima em sua fórmula: eis o limite de nosso conhecimento sobre o significado do código genético.

Para concluir, quero ainda citar um importante e satisfatório conceito biológico, que ao mesmo tempo está ligado à obra de Schrödinger, embora Schrödinger não tenha sido o primeiro nem o último a ter trabalhado nesse conceito[9]. Trata-se de um aspecto da teoria darwiniana que Lloyd Morgan, Baldwin e outros designaram como 'seleção orgânica'. Schrödinger falava de uma seleção darwiniana, que simula um lamarckismo.

À primeira vista, a idéia básica do darwinismo parece, em oposição ao lamarckismo, conferir ao comportamento individual de animais e plantas pouca importância para a evolução – refiro-me a comportamentos como a preferência que um determinado animal demonstra por um alimento novo ou por um novo método de caça. A nova idéia da teoria da seleção orgânica é que essas novas formas do comportamento individual têm uma influência causal sobre o desenvolvimento do filo por meio da seleção natural. A idéia é simples: cada modo de comportamento novo pode ser identificado à escolha de um novo nicho ecológico. Por exemplo, a predileção por um novo alimento ou por fazer ninho em determinado tipo de árvore significa, ainda que o animal não migre, que ele imigrou para um novo entorno. Com a adoção desse novo entorno, desse novo nicho ecológico, o animal e seus descendentes se expõem a uma nova influência ambiental e, portanto, a uma nova pressão seletiva. E é essa nova pressão seletiva que guia o desenvolvimento genético e ocasiona

---

[9] Schrödinger (*Mind and matter*, 1958, p. 20; alemão: *Geist und Materie* [Mente e matéria], 1959) atribui a idéia da evolução orgânica a Julian Huxley; mas a idéia é bem mais antiga, como mostrou especialmente Alister Hardy; cf. seu livro *The living stream*, 1965, por exemplo pp. 178ss. Ver também meu livro *Objektive Erkenntnis*, 1973, capítulo 7.

a adaptação a um novo entorno. Essa teoria simples e convincente é, por certo, antiga – como mostra Alister Hardy, mais antiga do que Darwin e até mesmo Lamarck –, mas nos últimos trinta anos foi redescoberta, desenvolvida e testada experimentalmente, por Waddington por exemplo. Ela mostra, de modo mais claro que Lamarck, que o comportamento – por exemplo, o desejo de explorar do animal, a curiosidade, a preferência e aversão de animais – pode ter uma influência decisiva sobre o desenvolvimento genético na história do filo.

Cada novo modo de comportamento de um organismo individual tem, portanto, conseqüências filogenéticas criativas e muitas vezes revolucionárias. Isso mostra que a iniciativa individual desempenha um papel ativo no desenvolvimento darwiniano. Essa reflexão supera a impressão desconsoladora e deprimente que por tanto tempo pairou sobre o darwinismo, quando parecia que a atividade do organismo individual não poderia desempenhar papel algum no mecanismo da seleção.

Senhoras e senhores, quero apenas dizer, para finalizar, que não se pode tirar conclusão nenhuma sobre o futuro da ciência com base nos resultados formidáveis do passado mais recente. Vejo nas novas gigantescas organizações para pesquisa científica um perigo sério à ciência. Os grandes homens da ciência eram críticos solitários. Esse era evidentemente o caso de Schrödinger e Gödel, como também de Watson e Crick.

O espírito da ciência mudou, como conseqüência da pesquisa organizada. Devemos ter a esperança de que, apesar disso, sempre haverá grandes solitários.

5. A lógica das ciências sociais*

Em minha exposição sobre a lógica das ciências sociais, gostaria de partir de duas teses que exprimem a oposição entre nosso conhecimento e nossa ignorância.

Primeira tese: Conhecemos grande quantidade de coisas – e não só detalhes de interesse intelectual duvidoso, mas sobretudo coisas que não apenas têm imensa importância prática, mas que também podem nos transmitir profundo discernimento teórico e uma espantosa compreensão do mundo.

Segunda tese: Nossa ignorância é ilimitada e desilusiva. De fato, é justamente o progresso assombroso das ciências naturais (a que se refere minha primeira tese) que sem cessar nos abre os

---

* Conferência de abertura do Congresso da Sociedade Alemã de Sociologia em Tübingen, 1961. Minha conferência foi publicada pela primeira vez em *Kölner Zeitschrift für Soziologie und Sozialpsychologie*, 14, 1962, caderno 2, pp. 233-48. Minha conferência deveria inaugurar um debate. O professor Adorno tinha sido convidado a dar continuidade a ele com uma conferência suplementar, em que concordava comigo no essencial. Contudo, na publicação do livro (*Der Positivismusstreit in der deutschen Soziologie*) começou com duas longas polêmicas, que ao todo davam quase cem páginas. Depois, vinha minha conferência, seguida do ensaio suplementar de Adorno e outros artigos que não foram apresentados no Congresso. Um leitor do livro *Der Positivismusstreit* mal poderia suspeitar que minha conferência constituía o início e que as 100 primeiras páginas agressivas de Adorno foram escritas bem mais tarde (para o livro).

olhos para nossa ignorância, até mesmo na área das próprias ciências naturais. Isso conferiu à idéia socrática da ignorância uma aplicação totalmente nova. Com cada passo que damos adiante, com cada problema que solucionamos, não só descobrimos problemas novos e não solucionados, como também descobrimos que, onde acreditávamos estar sobre solo firme e seguro, tudo é, na realidade, inseguro e instável.

Obviamente, minhas duas teses do conhecimento e da ignorância apenas parecem estar em contradição. A contradição aparente surge principalmente porque a palavra 'conhecimento' na primeira tese é empregado num sentido diferente do da segunda. Mas ambos os significados são importantes, e ambas as teses são importantes; tanto que eu gostaria de formular isso na terceira tese.

Terceira tese: Toda teoria do conhecimento tem uma tarefa fundamentalmente importante, que se pode considerar talvez até mesmo uma pedra de toque decisiva, que consiste em fazer justiça a nossas duas primeiras teses e aclarar as relações entre nosso conhecimento espantoso e constantemente maior e nosso discernimento constantemente maior de que, na verdade, nada sabemos.

Um pouco de reflexão nos mostra que é praticamente evidente que a lógica do conhecimento deve partir da tensão entre conhecimento e ignorância. Uma conseqüência importante dessa visão está formulada em minha quarta tese; porém, antes de apresentar essa tese, gostaria de me desculpar pelas várias teses que ainda estão por vir. Minha desculpa é que me foi sugerido resumir este ensaio na forma de teses – uma sugestão que achei bastante útil, embora essa forma possa causar uma impressão de dogmatismo. Minha quarta tese é a seguinte.

Quarta tese: Na medida em que se pode dizer em absoluto que a ciência ou o conhecimento começa em algum ponto, então é válido o seguinte: o conhecimento não se inicia com percepções ou observações ou com a coleta de dados ou fatos, mas com *problemas*. Não existe conhecimento sem problemas – mas tampouco problema sem conhecimento. Isto é, ele começa com a tensão entre conhecimento e ignorância: não há problema sem conhecimento – nem problema sem ignorância. Pois todo problema nasce pela descoberta de que algo não está em ordem em nosso pretenso conhecimento; ou, visto logicamente, pela descoberta de uma contradição interna em nosso pretenso saber, ou de uma contradição entre nosso pretenso saber e os fatos; ou, numa expressão ainda mais certeira, pela descoberta de uma aparente contradição entre nosso pretenso saber e os pretensos fatos.

Em oposição às minhas três primeiras teses, que, por seu caráter abstrato, talvez dêem a impressão de se afastar um pouco de meu tema (a lógica das ciências sociais), gostaria de afirmar que minha quarta tese nos leva diretamente ao núcleo de nosso tema. Isso pode ser formulado da seguinte maneira em minha quinta tese.

Quinta tese: Como acontece com todas as outras ciências, as ciências sociais também são bem-sucedidas ou fracassadas, interessantes ou ocas, frutíferas ou estéreis, na exata proporção com o significado ou o interesse dos problemas de que tratam; e naturalmente também na exata proporção com a honestidade, retidão e simplicidade com que esses problemas são atacados. Não se trata aqui, de modo algum, apenas de problemas teóricos. Problemas práticos graves, como o problema da pobreza, do analfabetismo, da repressão política e da incerteza jurídica, constituíram pontos de partida importantes da pesquisa das ciências sociais. Mas esses problemas práticos levam à reflexão, à teorização e, com isso, a problemas teóricos. Em todos os casos, sem exceção, é o caráter e a qualidade do problema – junto obviamente com a ousadia e a originalidade da solução sugerida – que determinam o valor ou o desvalor de um feito científico.

O ponto de partida é, sempre, portanto, o problema; e a observação só se torna uma espécie de ponto de partida se ela revela um problema; ou, com outras palavras, se nos surpreende, se nos mostra que algo em nosso conhecimento – em nossas expectativas, em nossas teorias – não está totalmente certo. Por conseguinte, as observações só conduzem a problemas quando contradizem algumas de nossas expectativas conscientes ou inconscientes. O que então se torna ponto de partida de nosso trabalho científico não é tanto a observação como tal, mas a observação em seu significado característico – isto é, a observação criadora de problema.

Com isso, chego ao ponto em que posso formular minha *tese principal* como tese número seis. Ela consiste no seguinte.

Sexta tese (tese principal):

a) O método das ciências sociais, como o das ciências naturais, consiste em experimentar tentativas de solução para seus problemas – os problemas dos quais ele parte.

Soluções são sugeridas e criticadas. Se uma tentativa de solução não è aberta à crítica objetiva, ela é, justamente por isso, excluída como não-científica, embora talvez apenas provisoriamente.

b) Se ela está aberta a uma crítica objetiva, então tentamos refutá-la; pois toda crítica consiste em tentativas de refutação.

c) Se uma tentativa de solução é refutada por nossa crítica, propomos outra solução.

d) Se ela resiste à crítica, nós a aceitamos temporariamente; e a aceitamos sobretudo como digna de continuar sendo criticada e refutada.

e) O método da ciência é, portanto, o da tentativa experimental de solução (ou da idéia), que é controlada pela mais rigorosa crítica. Trata-se de um aperfeiçoamento crítico do método da tentativa e erro (*trial and error*).

f) A assim chamada objetividade da ciência consiste na objetividade do método crítico; isto é, sobretudo no fato de que nenhuma teoria está livre de crítica, e também no fato de que os instrumentos lógicos de crítica – a categoria da contradição crítica – são objetivos.

A idéia básica por trás de minha tese principal talvez possa também ser formulada da seguinte maneira.

Sétima tese: A tensão entre conhecimento e ignorância leva ao problema e às tentativas de solução. Mas nunca é superada. Pois se descobre que nosso conhecimento consiste apenas em sugestões de solução provisórias e experimentais e, por isso, encerra, por princípio, a possibilidade de se revelar como errôneo e, portanto, como ignorância. E a única forma da justificação de nosso conhecimento é, novamente, apenas provisória: consiste na crítica, ou melhor, no fato de que nossas tentativas de solução parecem *até agora* resistir até mesmo à nossa crítica mais aguçada.

Não há uma justificação positiva que vá além disso. Em especial, nossas tentativas de solução não podem se revelar como prováveis (no sentido do cálculo de probabilidades).

Esse ponto de vista poderia, talvez, ser designado como *criticista*.

Para iluminar o conteúdo de minha tese principal e seu significado para a sociologia, será apropriado contrapô-la com ou-

A lógica das ciências sociais 97

tras teses de uma metodologia amplamente aceita e muitas vezes absorvida de maneira completamente inconsciente.

Há, por exemplo, o naturalismo ou cientismo metodológico errôneo e equivocado, que exige que as ciências sociais finalmente aprendam com as ciências naturais o que é método científico. Esse naturalismo errôneo impõe exigências como: comece com observações e medidas (isso significa, por exemplo, com a coleta de dados estatísticos); então avance para generalizações e formação de teorias. Dessa maneira, você se aproximará do ideal da objetividade científica, na medida em que isso seja possível nas ciências sociais. Nesse processo, você deve estar ciente de que, nas ciências sociais, a objetividade é bem mais difícil de atingir (se é que pode ser atingida) do que nas ciências naturais; pois objetividade significa estar livre de juízos de valor; e o cientista social, só nos casos mais raros, pode se emancipar das valorações de sua própria classe social e assim chegar a alcançar um grau relativo de liberdade quanto a valores e de objetividade.

Em minha opinião, cada sentença que atribuí aqui a esse naturalismo errôneo é radicalmente falsa e se apóia num mal-entendido do método das ciências naturais e, de fato, num mito – um mito, infelizmente, bastante difundido e influente: o mito do caráter indutivo do método das ciências naturais e do caráter da objetividade das ciências naturais. Proponho, a seguir, dedicar pequena parte do tempo precioso à minha disposição a uma crítica do naturalismo errôneo.

Embora grande parte dos cientistas sociais possa rejeitar uma ou outra tese desse naturalismo errôneo, esse naturalismo atualmente conseguiu se impor nas ciências sociais – com exceção da economia política –, pelo menos nos países anglo-saxões. Quero formular os sintomas dessa vitória em minha oitava tese.

Oitava tese: Ainda antes da Segunda Guerra Mundial, a idéia da sociologia era a de uma ciência social teórica – comparável talvez à física teórica – e a idéia da antropologia social era a de uma sociologia aplicada a sociedades muito especiais, a saber, primitivas. Hoje, no entanto, essa relação se inverteu de uma forma espantosa. A antropologia social ou etnologia se converteu numa ciência social geral; e parece que a sociologia se conforma cada vez mais em se tornar uma parte da antropologia social; a saber, uma antropologia social aplicada a uma forma de sociedade bastante especial – a antropologia das formas de sociedade altamente industrializadas da Europa Ocidental. Para reiterar isso de forma mais breve, a relação entre a sociologia e a antropologia inverteu-se por completo. A antropologia social passou de uma ciência especial aplicada para uma ciência fundamental; e o antropólogo deixou de ser um *fieldworker* modesto e um tanto quanto míope para se tornar um teórico social profundo e de visão larga e um psicólogo social profundo. Mas o antigo sociólogo teórico deve dar-se por contente por encontrar emprego como *fieldworker* e especialista – como alguém que observa e descreve os totens e tabus dos nativos brancos dos países europeus e dos Estados Unidos.

Mas essa virada no destino do cientista social não deve ser levada muito a sério; sobretudo porque não existe tal coisa-em-si como uma disciplina científica. Isso conduz à nona tese.

Nona tese: Uma assim chamada disciplina científica é apenas um conglomerado delimitado e construído de problemas e tentativas de solução. O que realmente há são os problemas e as tradições científicas.

A despeito dessa nona tese, essa transformação nas relações entre sociologia e antropologia é extremamente interessante; não por causa das disciplinas ou seus nomes, mas porque ela aponta a vitória do método pseudocientífico. Desse modo, chego à minha próxima tese.

Décima tese: A vitória da antropologia é a vitória de uma metodologia pretensamente observacional, pretensamente descritiva e que pretensamente lança mão de generalizações indutivas; e sobretudo a vitória de um método pretensamente mais objetivo e, portanto, aparentemente um método próprio das ciências naturais. Trata-se de uma vitória de Pirro; mais uma vitória desse tipo e estamos perdidos – isto é, a antropologia e a sociologia.

Admito de bom grado que minha décima tese tem uma formulação um tanto quanto severa. Sobretudo devo admitir que muita coisa interessante e importante foi descoberta pela antropologia social e que esta é uma das ciências sociais mais bem-sucedidas. E também admito de bom grado que, para nós, europeus, a possibilidade de nos observarmos pela lente do antropólogo social pode ser de grande interesse e fascinação. No entanto, embora essa lente seja talvez mais colorida do que outras, justamente por isso ela dificilmente pode ser mais objetiva. O antropólogo não é o observador de Marte que ele muitas vezes crê ser e cujo papel social ele procura desempenhar com freqüência e com satisfação, tampouco temos motivo para supor que um habitante de Marte nos veria 'de modo mais objetivo' do que nós, por exemplo, nos vemos.

Nesse contexto, gostaria de contar uma história que, sem dúvida, é extrema, mas de modo nenhum única. É uma história verdadeira, mas isso não tem relevância alguma para o atual contexto. Se a história lhes parecer muito improvável, por favor, encarem-na como uma invenção – uma ilustração livremente inventada com o intuito de tornar claro um ponto importante por meio de exageros crassos.

Há alguns anos, tomei parte numa conferência de quatro dias, organizada por um teólogo, da qual participaram filósofos, biólogos, antropólogos e físicos – um a dois representantes de cada disciplina; no todo, estavam presentes uns oito participantes. O tema era "Ciência e humanismo". Após algumas dificuldades iniciais e a eliminação de uma tentativa de nos impressionar com profundidade sublime, os esforços conjuntos de três dias de quatro ou cinco participantes conseguiram elevar a discussão a um nível notavelmente alto. Nossa conferência havia atingido – ao menos assim me parecia – o estágio em que todos tínhamos a feliz sensação de aprender alguma coisa uns com os outros. Em todo caso, estávamos todos mergulhados na matéria de nosso debate quando o antropólogo social presente tomou a palavra.

"Os senhores, talvez, estejam surpresos" – foi o que ele mais ou menos disse – "por eu ainda não ter dito nada nesta conferência. Isso se deve ao fato de eu ser um observador. Como antropólogo, vim a esta conferência não tanto para participar do comportamento verbal dos senhores, mas para estudá-lo. E foi isso o que fiz. Nem sempre consegui acompanhar o conteúdo de seus debates; mas alguém como eu, que estudou dezenas de grupos de discussão, aprende que o 'o quê', o objeto discutido, tem pouca importância. Nós, antropólogos" – disse ele quase literalmente – "aprendemos a observar tais fenômenos sociais de fora e de um ponto de vista mais objetivo. O que nos interessa é o 'como'; trata-se, por exemplo, da maneira como uma ou outra pessoa tenta dominar o grupo e como sua tentativa é rejeitada pelos outros, ou individualmente ou pela formação de uma coalizão; como, após várias tentativas desse tipo, uma ordem hierárquica e, com isso, um equilíbrio grupal se desenvolvem, juntamente com um ritual grupal de verbalização; e essas coisas são sempre semelhantes, não importa quão diferente pareça ser a questão que é apresentada como tema da discussão." Ouvimos nosso antropólogo visitante de Marte até o fim, e então lhe fiz duas perguntas: em primeiro lugar, se ele tinha algum comentário a expor sobre nossos resultados objetivos e, em segundo, se ele não acreditava haver algo como razões ou argumentos objetivos que pudessem ser válidos ou inválidos. Ele respondeu que tivera de se concentrar muito na observação de nosso comportamento grupal para que lhe tivesse sido possível acompanhar nossos argumentos em detalhes. Acrescentou que, se agisse de outro modo, teria prejudicado sua objetividade – ele teria, talvez, se emaranhado nas discussões –; e se ele, no fim, tivesse se deixado levar por isso, teria então se tornado um de nós, e isso acabaria com sua objetividade. Além disso, ele tinha aprendido a não julgar literalmente o comportamento verbal (ele empregava o tempo todo as expressões *verbal behaviour* e *verbalization*) ou considerá-lo literalmente importante. O que lhe importava, disse, era a função social e psicológica desse comportamento verbal. E prosseguiu:

> enquanto argumentos ou razões provocam uma impressão em vocês como participantes da discussão, o que nos interessa é o fato de que os senhores, por tais recursos, podem se impressionar ou influenciar uns aos outros, e sobretudo, evidentemente, nos interessam os sintomas dessa influência. O que nos interessam são conceitos tais como ênfase, hesitação, transigência e desistência. No que diz respeito ao conteúdo factual da discussão, absolutamente nada nele nos interessa, mas apenas sempre o desempenho de papéis, a inter-relação dramática como tal; e, quanto aos assim chamados argumentos, isso é obvia-

mente apenas um tipo de comportamento verbal, não mais importante do que todo o restante. É uma ilusão puramente subjetiva crer que se possa fazer uma distinção clara entre argumentos e outras verbalizações impressionantes; e muito menos entre argumentos objetivamente válidos e objetivamente inválidos. Em caso extremo, seria possível classificar os argumentos como argumentos *aceitos* como válidos ou inválidos em certos grupos e em certas épocas. O elemento tempo também se revela no fato de que os assim chamados argumentos que foram aceitos num grupo de discussão como o atual podem, mais tarde, ser novamente atacados ou rejeitados por um dos participantes.

Não quero alongar a descrição desse incidente. Tampouco será necessário apontar, na presente reunião, que a atitude um tanto quanto extrema de meu amigo antropólogo é, segundo sua origem histórico-ideológica, influenciada não apenas pelo ideal de objetividade do behaviorismo, mas também por idéias que cresceram em solo alemão: refiro-me ao relativismo geral – o relativismo histórico, que crê não haver verdade objetiva, mas apenas verdades para essa ou aquela época, e ao relativismo sociológico que ensina haver verdades ou ciências para esse ou aquele grupo ou classe, por exemplo, uma ciência proletária e uma ciência burguesa; e também acredito que a assim chamada sociologia do conhecimento tem imensa participação na pré-história dos dogmas de meu amigo antropólogo.

Sem dúvida meu amigo antropólogo assumiu uma posição extrema naquela conferência, mas essa posição, em especial se for um pouco atenuada, não é de modo algum atípica nem desimportante.

No entanto, essa posição é *absurda*. Visto que critiquei detalhadamente em outra parte o relativismo histórico e social e a sociologia do conhecimento, não vou aqui proceder a outra crítica. Só quero abordar brevemente a idéia ingênua e errônea da objetividade científica que está na base de tal posição.

Décima primeira tese: É totalmente errôneo supor que a objetividade da ciência depende da objetividade do cientista. E é totalmente errôneo crer que o cientista natural é mais objetivo do que o cientista social. O cientista natural é tão parcial quanto qualquer outra pessoa e infelizmente – se não pertence aos poucos que estão constantemente produzindo novas idéias – favorece, não raro, suas próprias idéias de maneira extremamente unilateral e parcial. Alguns dos mais eminentes físicos contemporâneos chegaram mesmo a fundar escolas que opõem forte resistência a novas idéias.

Mas minha tese também tem um lado positivo, que é o mais importante. Ele forma o conteúdo de minha décima segunda tese.

Décima segunda tese: O que se pode designar como objetividade científica reside tão-somente na tradição *crítica*; naquela tradição que tantas vezes permite, a despeito de toda resistência, criticar um dogma dominante. Em outras palavras, a objetividade da ciência não é um assunto individual dos diferentes cientistas, mas um assunto social de sua crítica mútua, da amistosa/hostil divisão de trabalho dos cientistas, de sua cooperação e também de sua competição. Ela, portanto, depende em parte de toda uma série de circunstâncias sociais e políticas, que possibilitam essa crítica.

Décima terceira tese: A assim chamada sociologia do conhecimento, que vê objetividade no comportamento dos cientistas individuais e explica a não-objetividade a partir do meio social dos cientistas, passou ao largo desse ponto decisivo – refiro-me ao fato de a objetividade fundar-se unicamente na crítica. O que a sociologia do conhecimento deixou de ver não foi nada senão a própria sociologia do conhecimento – a teoria da objetividade científica. Esta só pode ser explicada segundo categorias sociais como, por exemplo, competição (tanto de cientistas individuais como também das diferentes escolas); tradição (a saber, a tradição crítica); instituição social (como, por exemplo, publicações em diferentes periódicos e por diferentes editoras concorrentes; discussões em congressos); o poder do Estado (a saber, a tolerância política da discussão livre).

Desse modo, detalhes menores como, por exemplo, o meio social ou ideológico do pesquisador se eliminam por si sós com o tempo, embora evidentemente sempre desempenhem seu papel a curto prazo.

Tal como no caso do problema da objetividade, também podemos resolver o assim chamado problema da *liberdade* de valores de maneira muito mais *livre* do que habitualmente ocorre.

Décima quarta tese: Na discussão crítica, distinguimos questões como: (1) A questão da verdade de uma asserção; a questão de sua relevância, seu interesse e seu significado relativamente aos problemas que tratamos no momento. (2) A questão de sua relevância, seu interesse e seu significado relativamente aos diferentes *problemas extracientíficos*, por exemplo, o problema do bem-estar humano ou o problema, bastante diferente, da defesa nacional ou de uma política agressiva nacionalista, ou do desenvolvimento industrial ou do enriquecimento pessoal.

É naturalmente impossível eliminar esses interesses extracientíficos da pesquisa científica; e é igualmente impossível eliminá-los tanto da pesquisa das ciências naturais – por exemplo, da pesquisa na física – como da pesquisa nas ciências sociais.

A lógica das ciências sociais 105

O que é possível e o que é importante e o que dá à ciência seu caráter especial não é a eliminação, mas a distinção entre os interesses que não pertencem à busca da verdade e os interesses puramente científicos pela verdade. Embora a verdade seja o valor científico principal, não é entretanto o único: a relevância, o interesse e o significado de uma asserção relativamente a uma situação puramente científica também são valores científicos de primeira categoria; e o mesmo se dá com valores como a fecundidade, a força explanatória, a simplicidade e a precisão.

Em outras palavras, há valores e desvalores *puramente* científicos e valores e desvalores *extra*científicos. E, embora seja impossível manter o trabalho na ciência livre de aplicações e valorações extracientíficas, uma das tarefas da crítica científica e da discussão científica é combater a confusão das esferas de valores e, especialmente, eliminar valorações extracientíficas das *questões relativas à verdade*.

Isso obviamente não pode acontecer de uma vez por todas, como que por decreto, mas é e segue sendo uma das tarefas constantes da crítica científica mútua. A pureza da ciência pura é um ideal, presumivelmente inalcançável, pelo qual, no entanto, a crítica luta constantemente e deve seguir lutando.

Na formulação dessa tese, afirmei ser praticamente impossível banir os valores extracientíficos da atividade. A situação é semelhante ao que ocorre com a objetividade: não podemos privar o cientista de sua parcialidade, sem também privá-lo de sua humanidade. Tampouco podemos proibir ou destruir suas valorações, sem destruí-lo como homem *e como cientista*. Nossos motivos e nossos ideais puramente científicos, como o ideal da busca pura pela verdade, estão profundamente ancorados em valorações extracientíficas e, em parte, religiosas. O cientista objetivo e livre de valores não é o cientista ideal. Sem paixão nada é possível – muito menos na ciência pura. A expressão 'amor pela verdade' não é mera metáfora.

O caso não é apenas que a objetividade e a liberdade de valores são praticamente inatingíveis para o cientista individual, mas também que a objetividade e a liberdade de valores são, elas mesmas, *valores*. E, como a liberdade de valor é, ela mesma, um valor, a exigência de uma incondicional liberdade de valor é paradoxal. Essa objeção não é tão importante, mas vale observar que o paradoxo desaparece por si só se substituímos a exigência da liberdade de valores pela exigência de que uma das tarefas da crítica científica deve ser expor confusões de valores e separar as questões de valor puramente científicas de verdade, relevância, simplicidade etc. das questões extracientíficas.

Até aqui tentei desenvolver brevemente a tese de que o método da ciência consiste na escolha de problemas e na crítica de nossas tentativas de soluções sempre experimentais e provisórias. E também procurei mostrar, no exemplo de duas questões de método muito discutidas nas ciências sociais, que essa teoria de método criticista (como eu talvez pudesse chamá-la) leva a resultados metodológicos bastante racionais. Mas, embora eu tenha podido dizer algumas palavras sobre epistemologia ou lógica do conhecimento, e algumas poucas palavras sobre a metodologia das ciências sociais, até aqui disse pouquíssimas coisas positivas sobre meu tema, a lógica das ciências sociais.

Não quero nos deter apresentando razões ou desculpas para explicar por que considero importante identificar ao menos por ora o método científico com o método crítico. Em vez disso, gostaria de partir direto para algumas questões e teses puramente lógicas.

Décima quinta tese: A função mais importante da lógica dedutiva pura é constituir um órganon da crítica.

Décima sexta tese: A lógica dedutiva é a teoria da validade das inferências lógicas ou da relação de conseqüência lógica. Uma condição necessária e decisiva para a validade de uma relação de conseqüência lógica é a seguinte: se as premissas de uma inferência válida são *verdadeiras*, então a conclusão também deve ser *verdadeira*.

Isso também se pode exprimir da seguinte maneira: a lógica dedutiva é a teoria da transferência da verdade das premissas para a conclusão.

Décima sétima tese: Podemos dizer: se todas as premissas são verdadeiras e a inferência é válida, então a conclusão também *deve* ser verdadeira; e se, portanto, numa inferência válida, a conclusão é falsa, não é possível que as premissas sejam todas verdadeiras.

Esse resultado trivial, mas decisivamente importante, também pode ser expresso do seguinte modo: a lógica dedutiva não é apenas a teoria da *transmissão da verdade* das premissas para a conclusão, mas também, ao mesmo tempo, a teoria da *retransmissão da falsidade* da conclusão para pelo menos uma das premissas.

Décima oitava tese: Dessa maneira, a lógica dedutiva se torna a teoria da crítica racional. Pois toda crítica racional assume a forma da tentativa de mostrar que conseqüências inaceitáveis podem ser deduzidas da asserção a ser criticada. Se conseguimos deduzir logicamente de uma afirmação conclusões inaceitáveis, então a afirmação está refutada.

Décima nona tese: Nas ciências trabalhamos com teorias, isto é, com sistemas dedutivos. Há dois motivos para isso. Primeiro, uma teoria ou um sistema dedutivo é uma tentativa de explicação e, portanto, uma tentativa de resolver um problema científico. Segundo, uma teoria, ou seja, um sistema dedutivo, pode ser racionalmente criticada por suas conseqüências. É, portanto, uma tentativa de solução que está na base da crítica racional. Isso era o que tinha a dizer sobre a lógica formal como o órganon da crítica.

Dois conceitos fundamentais que empreguei aqui necessitam um breve esclarecimento: o conceito de verdade e o conceito de explicação.

Vigésima tese: O conceito de verdade é indispensável para o criticismo aqui desenvolvido. O que criticamos é a pretensão de verdade. O que nós, como críticos de uma teoria, tentamos mostrar é evidentemente que sua pretensão de verdade não está correta – que é falsa.

A idéia metodológica fundamental que aprendemos com nossos erros não pode ser compreendida sem a idéia reguladora de verdade: o erro que cometemos consiste em não termos alcançando nosso objetivo, nossa norma, com base no critério ou no princípio-guia de verdade.

Denominamos uma proposição 'verdadeira' quando ela concorda com os fatos ou corresponde aos fatos, ou quando as coisas são tais como a proposição descreve. Esse é o assim chamado conceito absoluto ou objetivo de verdade, que cada um de nós emprega constantemente. Um dos resultados mais importantes da lógica moderna consiste em ter reabilitado com enorme êxito esse conceito absoluto de verdade.

Essa observação pressupõe que o conceito de verdade havia sido solapado. E, de fato, esse solapamento do conceito de verdade forneceu o impulso principal para as ideologias relativistas dominantes em nossa época.

Esse é o motivo por que eu gostaria de designar a reabilitação do conceito de verdade pelo lógico e matemático Alfred

Tarski como o resultado filosoficamente mais importante da lógica matemática moderna.

Obviamente não posso discutir esse resultado aqui; só posso dizer, de modo inteiramente dogmático, que *Tarski* conseguiu explicar, da maneira mais simples e convincente imaginável, em que consiste a concordância de uma proposição com os fatos. Mas essa foi justamente aquela tarefa cuja desesperante dificuldade levou ao relativismo cético – com conseqüências sociais que certamente não preciso descrever aqui.

O segundo conceito que empreguei e necessita um esclarecimento é o conceito de explicação, ou, mais exatamente, *explicação causal*.

Um problema puramente teórico – um problema da ciência pura – consiste sempre em encontrar uma explicação – a explicação de um fato ou um fenômeno ou uma regularidade notável ou uma exceção notável. O que esperamos explicar pode-se denominar *explicandum*. A tentativa de solução, isto é, a explicação, consiste sempre numa teoria, num sistema dedutivo que nos permite explicar o *explicandum* ligando-o logicamente a outros fatos (as assim chamadas condições iniciais). Uma explicação totalmente explícita consiste na derivação (ou derivabilidade) lógica do *explicandum* a partir da teoria, juntamente com as condições iniciais.

O esquema lógico fundamental de cada explicação consiste, portanto, numa inferência dedutiva, lógica, cujas premissas são constituídas pela teoria e pelas condições iniciais e cuja conclusão é o *explicandum*.

Esse esquema fundamental tem um número espantoso de aplicações. Com seu auxílio, pode-se mostrar, por exemplo, qual é a diferença entra uma hipótese *ad hoc* e uma hipótese independentemente demonstrável; e pode-se – e isso talvez seja de maior interesse para vocês – analisar logicamente, de uma maneira simples, a diferença entre problemas teóricos, problemas históricos e problemas da aplicação. Isso revela que a célebre *distinção* entre ciências teóricas ou nomotéticas e históricas ou idiográficas pode ter uma justificação lógica completa – contanto que se entenda 'ciência' aqui como a ocupação com uma determinada espécie logicamente distinguível de problemas.

Isso era o que eu tinha a esclarecer sobre os conceitos lógicos que empreguei até aqui.

Cada um desses dois conceitos, o de verdade e o de explicação, dá impulso ao desenvolvimento lógico de outros conceitos que, do ponto de vista da lógica do conhecimento ou da metodologia, são talvez mais importantes: o primeiro desses conceitos é o da *aproximação da verdade*, e o segundo, o *da força explicativa* ou do *conteúdo explicativo* de uma teoria.

Esses dois conceitos são conceitos puramente lógicos na medida em que podem ser definidos com o auxílio dos conceitos puramente lógicos de verdade de uma proposição e de conteúdo de uma proposição – isto é, da classe das conseqüências lógicas de uma teoria.

Ambos são conceitos relativos: embora cada proposição seja simplesmente verdadeira ou falsa, *uma* proposição pode entretanto representar uma melhor aproximação da verdade do que *outra*. Será esse o caso, por exemplo, quando a primeira proposição tem conseqüências lógicas 'mais' verdadeiras e menos 'falsas' do que a segunda. (Pressupõe-se aqui que os subconjuntos verdadeiro e falso dos conjuntos de conseqüências de ambas as proposições são comparáveis.) Pode-se, então, facilmente mostrar por que supomos, com razão, que a teoria de Newton constitui uma melhor aproximação da verdade do que a teoria de Kepler.

Também se pode mostrar que a força explicativa da teoria de Newton é maior do que a de Kepler.

Ganhamos aqui, portanto, conceitos lógicos que estão na base do julgamento de nossas teorias e nos permitem falar sensatamente de progresso ou retrocesso em relação às teorias científicas.

Isso basta quanto à lógica do conhecimento geral. No que tange à lógica do conhecimento das ciências sociais em particular, eu gostaria ainda de apresentar algumas teses.

Vigésima primeira tese: Não há uma ciência puramente observadora, mas apenas ciências que teorizam de maneira mais ou menos consciente e crítica. Isso vale também para as ciências sociais.

Vigésima segunda tese: A psicologia é uma ciência social, pois nosso pensar e agir dependem amplamente de condições sociais. Categorias como a) imitação, b) linguagem, c) família são evidentemente categorias sociais; e está claro que a psicologia da aprendizagem e do pensamento, mas também, por exemplo, a psicanálise, são impossíveis sem uma ou outra dessas categorias sociais. Isso mostra que a psicologia pressupõe conceitos sociais; donde podemos concluir que é impossível explicar a sociologia totalmente em termos psicológicos ou reduzi-la à psicologia. A psicologia não pode, portanto, ser vista como a ciência básica das ciências sociais.

O que, por princípio, não podemos explicar psicologicamente e o que devemos pressupor em cada explicação psicológica é o entorno social do homem. A tarefa de descrever esse entorno social – a saber, com o auxílio de teorias explicativas, pois, como se indicou anteriormente, não existe descrição pura – é portanto a tarefa fundamental da ciência social. Seria apropriado atribuir essa tarefa à sociologia. Isso é suposto no que se segue.

Vigésima terceira tese: A sociologia é autônoma no sentido de que, em grande medida, pode e deve se fazer independente da psicologia. Isso também se deve, à parte a dependente situação da psicologia, ao fato de que a sociologia sempre está perante a tarefa de explicar conseqüências sociais não intencionadas e muitas vezes indesejadas do agir humano. Exemplo: a competição é um fenômeno social que habitualmente não é desejável para os competidores, mas pode e deve ser explicado como uma conseqüência não desejada (habitualmente inevitável) de ações (conscientes e planejadas) dos competidores.

Não importa o que se possa explicar psicologicamente a respeito das ações dos competidores: o fenômeno social da competição é uma conseqüência social psicologicamente inexplicável dessas ações.

Vigésima quarta tese: Mas a sociologia é autônoma num segundo sentido; a saber, como aquilo que freqüentemente se denomina 'sociologia compreensiva'.

Vigésima quinta tese: A investigação lógica dos métodos de economia política leva a um resultado que pode ser empregado a todas as ciências sociais. Esse resultado mostra que há um *método puramente objetivo* nas ciências sociais, que se pode bem designar como o método *objetivo*-compreensivo ou como lógica situacional. Uma ciência social *objetivo*-compreensiva pode ser desenvolvida independentemente de todas as idéias subjetivas ou psicológicas. Ela consiste em analisar suficientemente a *situação* da pessoa agente para explicar a ação a partir da situação sem outros auxílios psicológicos. A 'compreensão' objetiva consiste em vermos que a ação era objetivamente *apropriada à situação*. Em outras palavras, a situação é analisada com amplidão suficiente para que os elementos que no início pareciam psicológicos – por exemplo, desejos, motivos, lembranças e associações – se transformem em elementos da situação. O homem com esses ou aqueles desejos torna-se então um homem cuja situação caracteriza-se por ele estar objetivamente equipado com essas ou aquelas teorias, ou com essa ou aquela informação.

Isso então nos possibilita compreender suas ações no sentido objetivo de que podemos dizer: é certo, eu tenho objetivos e teorias (diferentes, por exemplo, das de Carlos Magno); mas se eu tivesse estado em sua situação assim analisada – uma situação que inclui objetivos e conhecimentos –, eu, e certamente também você, teria agido da mesma forma. O método da análise situacional é, portanto, um método individualista, mas não psicológico, pois ele, por princípio, exclui elementos psicológicos e os substitui por elementos situacionais objetivos. Costumo chamá-lo 'lógica situacional' (*situational logic* ou *logic of the situation*).

Vigésima sexta tese: As explicações da lógica situacional aqui descritas são reconstruções racionais, teóricas. São supersimplificadas e superesquematizadas e, por isso, em geral, *falsas*. No entanto, podem ter um grande conteúdo de verdade e podem, no sentido estritamente lógico, ser boas aproximações da verdade – e até mesmo melhores do que outras explicações verificáveis. Nesse sentido, o conceito lógico de aproximação da verdade é indispensável para as ciências sociais baseadas na análise situacional. Mas, sobretudo, as análises situacionais são racional e empiricamente criticáveis e passíveis de melhoria. Nós podemos, por exemplo, encontrar uma carta que mostra que o conhecimento à disposição de Carlos Magno era totalmente diferente daquele que supusemos em nossa análise. Em contraposição a isso, as hipóteses psicológico-caracteriológicas dificilmente são criticáveis.

Vigésima sétima tese: Em geral, a lógica situacional assume um mundo físico em que agimos. Esse mundo contém, por exemplo, recursos físicos, que estão à nossa disposição e dos quais sabemos alguma coisa, e obstáculos físicos, sobre os quais, em geral, também sabemos alguma coisa (freqüentemente, não muito).

Além disso, a lógica situacional também deve supor um mundo social, equipado com outras pessoas, sobre cujos objetivos sabemos algo (freqüentemente, não muito) e, ademais, com *instituições sociais*. Essas instituições sociais determinam o verdadeiro caráter social de nosso entorno social. São constituídas de todas as realidades sociais do mundo social que correspondem às coisas do mundo físico. Uma quitanda ou um instituto universitário ou uma força policial ou uma lei são, nesse sentido, instituições sociais. Igreja e Estado e casamento também são instituições sociais; e também o são determinados costumes coercivos como, por exemplo, o harakiri no Japão. Mas, em nossa sociedade européia, o suicídio não é uma instituição no sentido em que emprego a palavra e no qual afirmo que a categoria é de importância.

Essa é minha última tese. O que se segue são uma sugestão e uma breve observação final.

Sugestão: Talvez possamos adotar provisoriamente, como os problemas fundamentais da sociologia teórica pura, a lógica situacional geral e a teoria das instituições e tradições. Isso incluiria problemas como os dois seguintes.

1. Instituições não agem, mas apenas indivíduos em ou para instituições. A lógica situacional geral dessas ações seria a teoria das quase-ações das instituições.

2. Poderíamos construir uma teoria das consequências institucionais desejadas e indesejadas de ações dotadas de um propósito. Isso também poderia levar ao surgimento e desenvolvimento de instituições.

Para terminar, uma observação. Creio que a epistemologia não é importante apenas para as ciências individuais, mas também para a filosofia, e que o mal-estar religioso e filosófico de nossa época, que certamente preocupa a todos nós, é, em parte considerável, um mal-estar sobre a filosofia do conhecimento. Nietzsche o chamou de niilismo europeu; e Benda, de traição dos intelectuais. Gostaria de caracterizá-lo como uma conseqüência da descoberta socrática de que nada sabemos; isto é, jamais podemos justificar racionalmente nossas teorias.

Mas essa importante descoberta, que, entre tantos outros mal-estares, também produziu o existencialismo, é apenas uma meia-verdade; e o niilismo pode ser superado. Pois, embora não possamos justificar racionalmente nossas teorias, nem sequer prová-las como prováveis, podemos criticá-las racionalmente. E podemos distinguir as melhores das piores.

Mas isso era conhecido, até mesmo antes de Sócrates, pelo velho Xenófanes, quando escreveu:

> Os deuses não revelaram tudo aos mortais desde o início.
> Mas no correr do tempo encontramos, procurando, o melhor.

6. Contra as grandes palavras
(Uma carta que, originalmente, não se destinava a publicação)

Nota preliminar.

Há cerca de catorze anos recebi uma carta de um senhor chamado Klauss Grossner, do qual nunca tinha ouvido falar. A carta mencionava meu amigo Hans Albert e me solicitava uma entrevista por escrito a respeito da situação da filosofia (alemã). Considerei muitas coisas corretas em sua carta, algumas incorretas, mas discutíveis; então respondi a suas perguntas, apesar de alguma hesitação. Numa carta posterior, o senhor Grossner me pediu autorização para publicar, num livro que estava planejando, as partes da minha carta que aqui se seguem. Apesar de nova hesitação, dei-lhe minha permissão, mas apenas para seu livro: eu retinha todos os direitos de autor e salientei que minha contribuição a seu livro não poderia ser reimpressa sem minha expressa autorização. *Mas pouco tempo depois apareceu um excerto (sob o ótimo título "Contra as grandes palavras") no semanário* **Die Zeit***, sem minha permissão e sem qualquer menção a meus direitos. (Na Alemanha e na Áustria é comum que direitos autorais sofram grandes abusos.) Como minha carta já foi impressa duas vezes em forma de excertos e citada erroneamente várias vezes, reproduzo aqui sem alterações a parte já publicada, a despeito de sua agressividade. Eu escrevi:*

Primeiro, em resposta a suas quatro perguntas (ou grupos de perguntas).

1. Comecei como estudante socialista do ensino médio, achei a escola pouco estimulante e saí no sexto ano; voltei para fazer o exame de admissão para a Universidade (*Reifeprüfung*). Aos 17 anos (1919), ainda era socialista, mas anti-Marx (como conseqüência das experiências com os comunistas). Outras experiências (com burocratas) levaram-me, mesmo antes do fascismo, à noção de que o poder crescente da máquina do Estado representa o maior perigo à liberdade pessoal e que a máquina deve, por isso, ser incessantemente combatida. Tudo isso não era apenas teoria: aprendi o ofício de carpintaria (ao contrário de meus amigos socialistas intelectuais) e realizei o exame final; trabalhei em creches; fui professor primário; antes da conclusão de meu primeiro livro (*Die beiden Grundprobleme der Erkenntnistheorie* [Os dois problemas fundamentais da teoria do conhecimento], não-publicado [publicado por Mohr em 1979 em Tübingen]), eu não tinha intenção alguma de me tornar professor de filosofia. (*Logik der Forschung* [Lógica da pesquisa científica] foi publicado em 1934; o convite para um cargo na Nova Zelândia veio no Natal de 1936.)

Retive na velhice muitas idéias e ideais de minha juventude socialista. Em particular:

Todo intelectual tem uma responsabilidade muito especial. Ele tem o privilégio e a oportunidade de estudar. Em compensação, deve apresentar os resultados de seu estudo a seus semelhantes (ou 'à sociedade') da maneira mais simples, clara e modesta possível. O pior – o pecado contra o Espírito Santo – é quando os intelectuais tentam estabelecer-se como grande profetas diante de seus semelhantes e impressioná-los com filosofias oraculares. Quem não pode falar de modo simples e claro deve calar-se e continuar trabalhando até que possa fazê-lo.

Durante o Congresso de Filosofia em Viena (1968), fui convidado para duas discussões entre filósofos na televisão, e numa delas tive a surpresa de encontrar Bloch. Tivemos alguns embates insignificantes. (Eu disse, sinceramente, que era muito idiota para compreender sua maneira de se exprimir.) No fim da discussão, o moderador, dr. Wolfgang Kraus, nos pediu: "Por favor, digam em *uma* frase o que em sua opinião é o mais necessário". Só eu respondi de maneira breve. Minha resposta foi: "Um pouco mais de modéstia intelectual".

Sou um antimarxista e um liberal. Mas confesso que Marx e também Lênin escreviam de maneira simples e direta. O que eles teriam dito da pomposidade dos neodialéticos? Eles teriam encontrado palavras mais duras do que 'pomposidade'. (Em minha opinião, o livro de Lênin contra o empiriocriticismo é excelente.)

A respeito de sua pergunta sobre os problemas sociais subjacentes a meus trabalhos:

Todos meus trabalhos filosóficos estão ligados a problemas não filosóficos. Escrevi sobre isso em 1952 (cf. *Conjectures and refutations*, p. 72): "Problemas filosóficos genuínos sempre têm raízes em problemas urgentes que residem em áreas não pertencentes à filosofia. Eles secam, quando as raízes morrem". E citei, como exemplos de áreas em que os problemas lançam raízes: política, convivência social, religião, cosmologia, matemática, ciência natural, história.

Uma descrição dessas 'raízes' de minha *Logik der Forschung* encontra-se no capítulo 1 (1957), pp. 33-8, de *Conjectures and Refutations*. (*Conjectures and Refutations* ainda não foi traduzido para o alemão, porque não consigo encontrar um tradutor suficientemente bom. Um exemplar [para você] já está no correio.)

Contra as grandes palavras 119

Quanto a *Das Elend des Historizismus* [A miséria do historicismo], veja minha dedicatória nesse livro (página v), o final de meu prefácio à edição alemã (último parágrafo na página VIII até o fim da página IX).

Para a *Lógica da pesquisa científica*, veja também a primeira parte do prefácio à terceira edição alemã (página XXV).

2. Falarei disso mais tarde.

3. No momento, trabalho em minhas contribuições a um volume da *Library of Living Philosophers*, editado por Paul Arthur Schilpp. (Creio que alguns desses volumes também foram publicados na Alemanha, entre eles, o volume do Einstein.) O volume em que estou trabalhando se chama *The Philosophy of Karl R. Popper* e contém (a) uma assim chamada 'autobiografia intelectual', (b) contribuições críticas de cerca de 25 pessoas (filósofos, mas também cientistas) e (c) minhas respostas.

Meus trabalhos atuais são, em grande parte, dedicados à luta contra o irracionalismo e ao subjetivismo na física e em outras ciências, em especial nas ciências sociais. Meus trabalhos são, como sempre, tentativas de formular e resolver problemas irrefutáveis da maneira mais afiada possível. (Meus trabalhos lógico-científicos, por exemplo, sobre a física, também são tentativas de resolver problemas que estão ligados a nossas doenças sociais e políticas.)

Também estou sempre retornando a problemas que já resolvi há muitos anos para, por exemplo, aguçar a solução ou perseguir os novos problemas que surgem da minha proposta de solução – ou para perseguir novas conexões.

Eis uma lista de tais problemas:

Problema de demarcação: ciência/não-ciência; racionalidade/irracionalidade.

O problema da indução em todas as suas variedades; incluindo propensões, universais e 'essência'; problema de definição (a impossibilidade do postulado definitório e o caráter não essencial de todas as definições).

Problema do realismo (contra o positivismo). Metodologia das ciências naturais e ciências humanas.

O papel dos problemas e das situações de problema nas ciências naturais e na história. O problema da solução geral de problemas.

Problemas de objetividade: a teoria da verdade de Tarski; conteúdo, conteúdo de verdade, aproximação da verdade. Objetividade na lógica (teoria da dedução), matemática, teoria da probabilidade. Probabilidade na física. O problema do tempo e a direção do tempo.

Status da teoria da seleção natural de Darwin. Melhoramento da teoria da seleção natural (explicação seletiva das tendências do desenvolvimento). A linguagem humana e seu desenvolvimento. A linguagem das sugestões políticas.

O indeterminismo e a seleção.

Teoria do 'terceiro mundo' e os valores lógicos e não-lógicos.

O problema corpo-alma. Um vasto número de problemas históricos, em especial sobre a história das teorias (de Hesíodo e dos pré-socráticos até a teoria quântica).

Essa lista é longa (e parcialmente incompreensível para quem não conhece meus trabalhos). Mas omiti muitas coisas, e continuo trabalhando em todos esses e outros problemas. Veja minha 'List of Publications'; no entanto, muita coisa ainda não foi publicada.

4. Nunca (creio) escrevi nada sobre Marcuse. Em minha opinião, não faz sentido participar desse debate interminável. (Ver

ponto 2 abaixo. Pântano!) Se bem me lembro, encontrei-me pela primeira vez com Marcuse em 1966 na Califórnia (embora estivéssemos ao mesmo tempo em Harvard, em 1950), mas não discutimos. Minha opinião sobre Marcuse é a mesma que tem meu amigo e colega Cranston.

Já escrevi sobre esteticismo no capítulo 9 do primeiro volume de *Open society* [Sociedade aberta] (infelizmente mal traduzido para o alemão). (Veja o slogan de Roger Martin du Gard.) Em essência, Marcuse apenas repete o que Mourlan diz em Du Gard. Minha crítica se encontra no capítulo 9 de *Open society*. Obviamente, escrevi essa crítica no capítulo 9 muito antes de Marcuse ter adotado seu atual ponto de vista ('filosofia negativa'), e Du Gard tinha publicado seu livro em 1936-1940.

Parece-me que a diferença entre os 'idealistas' sob os fascistas e Marcuse parece ser quase insignificante.

Chego agora a seu ponto 2.

2. Esse grupo de perguntas em sua carta tem alcance muito amplo. Devo começar com minha teoria epistemológica.

Você afirma ter lido meus trabalhos; mas, por favor, dê outra olhada em minha *Segunda tese* na p. 103 do livro de Adorno sobre a *Positivismusstreit* [Disputa do positivismo]. A tese de que nada sabemos deve ser levada a sério. É importante jamais esquecer nossa ignorância. *Por isso, jamais devemos fingir saber, e jamais devemos usar grandes palavras.*

O que acima (ponto 1) chamei de pecado contra o Espírito Santo – a presunção de três quartos dos eruditos – são o palavrório, o fingimento de uma sabedoria que não possuímos. A receita é: tautologias e trivialidades temperadas com absurdo paradoxal. Outra receita é: escreva alguma pomposidade de difícil compreensão e de tempos em tempos acrescente trivialidades. Isso agradará ao leitor, que se sente bajulado por encontrar num livro tão 'profundo' pensamentos que ele próprio já teve um dia. (Como hoje todos podem ver – as roupas novas do imperador estão na moda!) Quando um estudante chega à universidade, não sabe quais critérios deve aplicar. Por isso, adota os critérios que encontra. Como os critérios intelectuais na maioria das escolas de filosofia (e, muito especialmente, na sociologia) permitem a pomposidade e o pretenso saber (todas essas pessoas parecem saber muito), boas cabeças também são totalmente retorcidas. E os estudantes que se incomodam com as falsas presunções da filosofia 'dominante' tornam-se, *com razão*, oponentes da filosofia. Crêem então, erroneamente, que essas pretensões são as da 'classe dominante' e que uma filosofia influenciada por Marx seria melhor. Mas o disparate esquerdista moderno costuma ter pior reputação do que o disparate direitista moderno.

O que os neodialéticos aprenderam? Eles não aprenderam como é difícil solucionar problemas e aproximar-se da verdade. Aprenderam apenas como afogar seus semelhantes num mar de palavras.

Por isso, não gosto de altercar com essas pessoas: elas não têm critérios.

Talvez lhe interesse saber que, durante todo o período de agitação estudantil, só tivemos um único estudante revolucionário até agora em meu departamento (de Filosofia, Lógica e Métodos Científicos) na London School of Economics. Ele tinha tanta oportunidade de defender sua opinião que não tinha motivos para se queixar. Meus colegas em meu departamento e eu *jamais* lecionamos de maneira autoritária ou dogmática. Nossos alunos *sempre* foram (desde que assumi o departamento, em 1946) estimulados a interromper as conferências caso não entendessem alguma coisa ou tivessem opinião diferente; e jamais foram tratados com desprezo. Nunca posamos de grandes pensadores. Sempre e em toda parte, deixo claro que não quero converter ninguém: o que apresento aos alunos são problemas e tentativas de solução. Evidentemente esclareço minha posição – o que considero correto e o que considero falso.

Portanto, não proponho nenhuma doutrina filosófica, nenhuma nova revelação (como faz *todo mundo* que você cita em sua carta, com exceção de Hans Albert), mas problemas e tentativas de solução; e essas tentativas de solução são examinadas criticamente.

Isso explica um pouco a grande diferença. Há apenas poucos filósofos que solucionam problemas. Digo-o com hesitação, mas creio que solucionei toda uma série de problemas filosóficos fundamentais – por exemplo, o problema da indução. (Essas tentativas de solução produziram – como sempre – novos e férteis problemas.)

Embora eu tenha tido tanto sucesso imerecido, o fato de que solucionei problemas é amplamente ignorado. (A grande exceção na Alemanha é Hans Albert.) A maioria dos filósofos não reconhece um problema, nem uma solução, ainda que os veja: essas coisas simplesmente estão fora de seu campo de interesse.

Não gosto de criticar esses filósofos. Criticá-los significaria (como disse uma vez meu amigo Karl Menger) pular atrás deles, espada em riste, no pântano em que já estão afundando, para afundar com eles. (Hans Albert ousou fazê-lo, e ainda não afundou.) Em vez de criticá-los, tento estabelecer novos, melhores critérios (novos *standards*) mediante a discussão de soluções de problemas. Isso talvez soe arrogante. Mas creio que é o único procedimento correto. Isso explica por que nunca publiquei uma palavra sobre Marcuse, nem sobre Habermas (até 26 março de 1970, na carta no *Times Literary Supplement*, do qual estou lhe enviando um exemplar).

Em *Positivismusstreit*, a tese fundamental de Adorno e Habermas é a *afirmação* (de Mannheim) *de que conhecimento factual e valorações na sociologia estão indissoluvelmente ligados*. Tratei disso tudo em minha crítica sobre Mannheim [*Offene Gesellschaft*, vol. II, 'Das Elend des Historizismus' ['A miséria do historicismo']; e também *Positivismusstreit*, especialmente p. 112, do último parágrafo antes da 11ª tese até a 13ª tese], em que tento demonstrar não a falsidade, mas a trivialidade e irrelevância da sociologia do conhecimento de Mannheim. Em vez de uma discussão séria, a tese de Mannheim é o tempo todo repetida, com velhas ou novas palavras. Obviamente, isso não é uma resposta a minha crítica.

Passo agora a um novo ponto, que está ligado a *seu dicionário filosófico* (em seu artigo), e no qual critico esse dicionário.

5. Jamais brigo a respeito de palavras. Mas as expressões 'positivismo' e 'neopositivismo', que são introduzidas por Habermas nesse debate, têm uma história quase risível.

(a) *Positivismo*. A expressão foi introduzida por Comte. Ela significa, originalmente, a seguinte posição epistemológica: há conhecimento positivo, isto é, não-hipotético. Esse conhecimento positivo deve ser retido como ponto de partida e fundamento.

(b) *Positivismo moral e jurídico*. Críticos de Hegel (por exemplo, eu também em *Open society*) argumentaram que a tese hegeliana

"O que é racional é real"

é uma forma de positivismo: valores morais e jurídicos (por exemplo, justiça) são substituídos por fatos positivos (o costume dominante e o direito reinante). (É justamente essa conflação hegeliana de valores e fatos que ainda assombra Habermas: são os restos desse positivismo que o impedem de diferenciar o normativo do factual.)

A mistura positivista de valores (normas) e fatos é uma conseqüência da epistemologia hegeliana; e um positivista epistemológico coerente deve ser também um positivista moral e jurídico. Isso significa, como expliquei em *Open society*,

Direito = poder.

Ou:

O poder de hoje = direito.

Uma posição que também combato é o futurismo moral:

O poder de amanhã = direito.

c) *O positivismo de Ernst Mach*: Mach e, mais tarde, Bertrand Russell aceitaram em algumas de suas obras o sensualismo de Berkeley:

esse = percipi,

isto é, *grosso modo*: o que existe são apenas percepções sensoriais, e nada mais. Eles vincularam isso ao positivismo de Comte: a ciência consiste em *descrições de fatos (e não em explicações e hipóteses)*.

(d) *O 'positivismo lógico'* do Círculo de Viena vinculou o positivismo de Mach e Russell à filosofia 'logística' da matemática de

Russell. (Naquela época e mais tarde, isso muitas vezes foi chamado de 'neopositivismo'.)

(e) Agora é minha vez.

Combati em Viena, 1930-1937, e na Inglaterra, 1935-1936, todas as formas de positivismo.

Em 1934, publiquei meu livro *Logik der Forschung*. Era uma crítica ao positivismo. Mas Schlick e Frank, os líderes do Círculo de Viena, foram tão tolerantes que aceitaram o livro para uma série que estavam editando.

Uma conseqüência dessa tolerância foi que *todos que viam o livro apenas por fora me tomavam por positivista*.

Então nasceu o tão difundido mito de Popper, o positivista. O mito foi propagado em inúmeros ensaios, notas de rodapé ou orações subordinadas. Tão logo alguém tenha 'aprendido' dessa maneira que sou um positivista, e tão logo tenha publicamente se comprometido a isso, então normalmente tenta depois alterar o conceito de positivismo de tal modo que se aplique a mim. Isso já aconteceu várias vezes, especialmente entre pessoas que absolutamente não leram meu livro ou o leram apenas superficialmente. *Isso tudo é relativamente desimportante*, pois diz respeito apenas a palavras ('positivismo'); e não brigo por palavras.

Mas eu não poderia estar mais distante do positivismo. (A única semelhança é que me interesso muito por física e biologia, ao passo que os hermenêuticos não têm o mínimo interesse em nenhuma das ciências naturais.)

Em especial, eu sou:
um antiindutivista;
um anti-sensualista;
um precursor da primazia do teórico e do hipotético;
um *realista*;

minha epistemologia diz que as ciências naturais não partem de 'medições', mas de grandes idéias; e que o progresso científico *não* consiste no acúmulo ou na explicação de fatos, mas em idéias ousadas, revolucionárias, que podem então ser agudamente criticadas e examinadas.

No âmbito do social, saliento o prático: o combate ao mal, ao sofrimento evitável e à falta evitável de liberdade (em contraposição a promessas de um céu na terra), e, nas ciências sociais, combato a falsificação.

Na verdade, estou tão distante do positivismo quanto (por exemplo) Gadamer:

É que descobri – e nisto se funda minha crítica ao positivismo – que a ciência natural *não* procede de modo positivista, mas essencialmente aplica um método que trabalha com 'preconceitos'; mas aplica, quando possível, novos preconceitos e *preconceitos, que são criticáveis*, e os submete a uma crítica rigorosa. (Tudo isso se encontra em Logik der Forschung, 1934.) Cheguei a usar a palavra 'preconceito' (*prejudice*) nesse sentido e mostrei que Bacon, que vociferou contra preconceitos, compreendeu mal o método da ciência natural; veja meu pequeno livro *On the sources of knowledge and of ignorance* [Sobre as fontes do conhecimento e da ignorância], 1960, reimpresso em minha coletânea *Conjectures and refutations*, cf. especialmente p. 14.

Portanto: o que me separa de Gadamer é uma compreensão melhor do 'método' das ciências naturais, uma teoria lógica da verdade e a atitude *crítica*. Mas minha teoria é exatamente tão antipositivista quanto a dele, e mostrei que a interpretação textual (hermenêutica) trabalha com métodos que são genuinamente das ciências naturais. Além disso, minha crítica ao positivismo foi assombrosamente bem-sucedida. Depois de muitos anos, ela foi amplamente aceita pelos membros sobreviventes do Círculo de Viena, de modo que o historiador da filosofia John Passmore pôde escrever: "O positivismo está tão morto quanto jamais pôde estar um movimento filosófico".

Não fico pensando muito em palavras e nomes. Mas o nome '(neo-)positivismo' é simplesmente um sintoma do difundido hábito de criticar antes de ler. Devo dizer isso claramente, por causa de seu dicionário filosófico. Não discuto com pessoas que discutem com tópicos desse tipo. Ver a observação de Karl Menger, acima. Desse modo, apenas se cai no pântano infinito de disputas escolásticas a respeito das palavras. Espero poder gastar melhor meu tempo: no estudo de problemas prementes.

(A tarefa do senhor Wellmer era ler *Logik der Forschung* – pois os outros frankfurtianos não tinham tempo para isso – e refutá-lo. Com Wellmer, *Verdade e método*, de Gadamer, se transforma no oposto de epistemologia e metodologia. Mas isso não dá certo.)

Adorno e Habermas são tudo, menos claros em sua crítica de minha posição. Em suma: eles crêem que minha epistemologia, por ser (como pensam) positivista, me obriga a defender o *status quo* social. Ou: meu (pretenso) positivismo epistemológico me impele a um positivismo moral-jurídico. (Essa foi minha crítica a Hegel.) Eles, infelizmente, ignoraram o fato de que, embora eu seja um liberal (não-revolucionário), minha teoria epistemológica é *uma teoria do crescimento do conhecimento mediante revoluções intelectuais e científicas*. [Mediante novas grandes idéias.]

Adorno e Habermas não conhecem o que criticam; e não sabem que sua própria tese da conexão analiticamente indissolúvel de valores e fatos é um positivismo moral-jurídico originário de Hegel.

Resumo do livro sobre a assim chamada Positivismusstreit. Esse livro navega com bandeira falsa. Além disso: minha contribuição, que foi, temporal e logicamente, a *primeira* e que produziu todas as outras, foi pensada como uma base para discussão. Ela consiste em 27 teses clara e precisamente formuladas, que deveriam e poderiam ter sido discutidas. Mas, nesse longo livro, minhas teses mal são mencionadas, e minha contribuição, no meio do livro, se afoga num mar de palavras. Em nenhuma resenha foi observado que minhas teses e argumentos jamais são refutados. O procedimento (segundo o qual, onde faltam argumentos, eles devem ser substituídos por uma torrente de palavras) foi bem-sucedido, e minhas teses e argumentos afogados foram esquecidos.

Mas tudo isso (toda a *'disputa do positivismo')* é apenas um caminhar sobre ovos e de uma insignificância quase grotesca.

Resumo do todo: Embora eu quase sempre trabalhe em problemas científicos agudamente determinados, uma linha comum atravessa todo meu trabalho: em *favor* de argumentos críticos – *contra* palavras vazias e contra a imodéstia e a presunção – contra a *traição* dos intelectuais, como o denominou Julien Benda (ver a quarta e a quinta edições inglesas de *Open society*, vol II, p. 393). Sou da convicção (ver *Open society*) de que nós – os intelectuais – somos culpados de quase toda miséria, porque lutamos pouco pela honestidade intelectual. (Por isso é provável que, no fim, acabe vencendo o mais obstinado antiintelectualismo.) Em *Open society*, digo isso numa centena de diferentes ataques aos falsos profetas, e sem papas na língua. Por exemplo, fiz um par de observações curtas *bastante ásperas* sobre Jaspers e Heidegger (ver o índice onomástico de *Open society*, vol. II, edição inglesa ou alemã).

Ao que parece, você quer saber meus motivos por que não desejo discutir com o professor Habermas.

Eis meus motivos. Eles consistem em (1) citações do professor Habermas, do início de seu posfácio até a controvérsia entre Popper e Adorno, no *Positivismusstreit* (*nota bene*, nunca publiquei uma palavra sobre Adorno ou sobre Habermas antes de 26 de março de 1970), e (2) minhas traduções. Muitos leitores pensarão que não consegui traduzir adequadamente o texto original. Pode ser. Sou um tradutor relativamente experiente, mas talvez seja muito estúpido para essa tarefa. Seja como for, dei o melhor de mim:

> Sinto impulso de consultar o texto primitivo
> E verter com fiel sentido
> O original sagrado
> Em meu alemão amado

Minha tradução não tem como objetivo evitar palavras estrangeiras quando seu sentido é claro (*Kooperation* = trabalho conjunto; *Antagonismus* = oposição*); antes, importa-me *apenas* tornar tão claro quanto possível o conteúdo informacional relativamente magro de cada sentença, ainda que isso deixe a tradução mais longa do que o texto original.

Habermas começa com uma citação de Adorno, a quem ele aplaude (p. 155).

[Citações do ensaio de Habermas]	[Minha 'tradução']
A totalidade social não leva vida própria acima da que é unida por ela, da qual ela mesma é composta.	A sociedade consiste em relações sociais.
Ela produz e se reproduz por meio de seus elementos individuais.	As diferentes relações produzem *de algum modo* a sociedade.

---

* O comentário do autor se deve ao fato de o primeiro termo de ambos os pares de palavras ser de origem latina e grega, respectivamente. (N. de T.)

Contra as grandes palavras 131

É tão impossível separar esse todo da vida, da cooperação e do antagonismo do indivíduo,	Entre essas relações, encontram-se a cooperação e o antagonismo; e, visto que (como já se disse) a sociedade consiste nessas conexões, ela não pode ser separada delas;
quanto o é compreender qualquer elemento meramente em seu funcionamento, sem uma noção do todo, que tem sua essência no movimento do próprio indivíduo.	mas vale também o inverso: nenhuma das relações pode ser compreendida sem as outras.
Sistema e entidade individual são recíprocos, e só podem ser compreendidos nessa reciprocidade.	(Repetição do anterior.)

(Observação: A doutrina da totalidade aqui expressa foi exposta incontáveis vezes e, com bastante freqüência, de maneira melhor; mas a cada vez as palavras se tornam mais impressionantes.)

Agora o próprio professor Habermas diz:

Adorno compreende a sociedade em categorias, que não negam sua origem na lógica de Hegel.	Adorno emprega um estilo que lembra Hegel.
Ele concebe a sociedade como totalidade no sentido estritamente dialético, que proíbe apreender organicamente o todo segundo a asserção: ele é mais do que a soma de suas partes;	Ele por isso (*sic*) não diz que o todo é mais do que a soma de suas partes;

mas tampouco a totalidade é uma classe que se deixaria determinar, em termos de lógica extensional, por uma reunião de todos os elementos sob ela compreendidos.	tampouco é (*sic*) o todo uma classe de elementos.

E assim prossegue. Mais abaixo, na mesma página, encontramos, por exemplo,

a totalidade das conexões sociais da vida	todos nós estamos de algum modo em relação uns com os outros

ou na p. 157

Teorias são esquemas de ordenação, que construímos à vontade numa moldura sintaticamente vinculante.	Teorias não devem ser formuladas de modo agramatical; do contrário, você pode dizer o que quiser.
Elas provam ser úteis para um campo especial de objetos, se a multiplicidade real se ajusta a elas.	Elas podem ser aplicadas a um campo especial, se são aplicáveis.

Infelizmente, o jogo cruel de exprimir o simples de maneira complicada e o trivial de maneira difícil é, tradicionalmente, visto por muitos sociólogos, filósofos etc. como sua legítima tarefa. Eles assim aprenderam, e assim ensinam. Não há absolutamente nada que se possa fazer. Nem sequer Fausto conseguiu alterar algo nisso. Até mesmo os ouvidos já estão deformados: eles podem ouvir apenas as grandes palavras.

> Em geral o homem crê tão logo ouve palavras
> Mas por trás delas deve haver em que pensar.

Por isso, Goethe diz a respeito da grande força oculta dessa ciência mágica:

> A quem não pensa
> Esta vem qual presente
> Ele a tem sem mais esforço.

"Admirado o lê o chefe concernido", diz-se no *Palmström* ("Die Behörde") de Morgenstern.

Como você sabe, sou um opositor de Marx; mas, entre as várias de suas observações que admiro, está a seguinte: "em sua forma mistificada, a dialética tornou-se moda alemã...".

E continua sendo.

Essa é minha justificativa por não entrar nessa discussão, mas preferir trabalhar no intuito de formular minhas idéias da maneira mais simples possível. Muitas vezes, isso não é fácil.

Nota (1984)

A citação de Marx (no final de minha carta) vem de *Das Kapital*, 2ª ed., 1872, p. 822. Pouco antes, na mesma página, Marx escreve: "Critiquei o lado mistificador da dialética de Hegel há quase trinta anos, numa época em que ela ainda era a moda do dia".

Marx não suspeitou que ela pudesse permanecer assim, talvez para sempre.

Segunda Parte
SOBRE A HISTÓRIA

7. Livros e pensamentos:
O primeiro livro da Europa*

O honroso convite para dar uma conferência aqui hoje me causou grande alegria. Não só porque considero o livro o bem cultural mais importante da Europa e talvez da humanidade, mas também em virtude do papel dominante que os livros desempenharam em minha vida e ainda desempenham, depois de mais de 75 anos: já passei dos 80. Pois antes de completar cinco anos de idade, os livros já desempenhavam um grande papel em minha vida. E com cinco anos vim a conhecer o primeiro volume do livro de Selma Lagerlöf *Wunderbare Reise des kleinen Nils Holgersson mit den Wildgänsen* [Viagem maravilhosa do pequeno Nils Holgersson com os gansos selvagens], uma obra que tinha acabado de ser publicada em três volumes verdes. Esse foi um livro que exerceu uma influência decisiva no meu caráter, como também no de meu amigo de infância Konrad Lorenz. Konrad se apaixonou pelos gansos selvagens, eu me apaixonei por Selma Lagerlöf e seus livros. E, tal como ela, fui professor primário. Tanto Konrad como eu permanecemos fiéis a nosso amor.

---

* Conferência proferida em novembro de 1982 no Palácio Imperial de Viena, por ocasião da abertura de uma Semana do Livro pelo presidente austríaco.

Desde então, os livros desempenharam em minha vida um papel maior do que a música, embora nenhuma outra obra humana, nem mesmo as maiores criações da literatura e das artes plásticas, me pareça tão maravilhosa, sobre-humana e ao mesmo tempo tão comovente como as grandes obras da música clássica. Mas, culturalmente, os livros são muito mais importantes.

Não quero falar aqui da grande revolução européia que devemos a Johann Gutenberg (ou talvez a Lauren Janszoon Coster), cuja invenção do livro impresso se tornou a principal causa do movimento do humanismo e da Reforma, da ascensão das ciências naturais e, por fim, da democracia moderna. Em vez disso, pretendo falar de um desenvolvimento bastante semelhante, que começou na Grécia dois mil anos antes de Gutenberg e, suponho, fundou a cultura européia.

Foi uma época que se chama, com razão, o milagre grego; sobretudo o milagre de Atenas nos séculos VI e V a.C., a época da resistência aos persas, da conscientização da liberdade mediante sua defesa, a época de Péricles e da construção do Partenon.

Um milagre como esse jamais poderá ser totalmente explicado. Já refleti muito sobre isso e também escrevi a respeito, e uma parte, certamente apenas uma parte, da explicação consiste no choque das culturas grega e oriental: naquilo que se chama em inglês de 'culture clash'. Em todo o caso, as epopéias de Homero e quase todas as grandes novas idéias surgiram nas colônias gregas na costa da Ásia Menor, onde o *culture clash* se fez sentir com mais força. E elas foram trazidas para o Ocidente, pelo menos em parte, por refugiados políticos e outros refugiados que fugiam dos persas. Pitágoras, Xenófanes e Anaxágoras estavam entre eles.

Mas há muito tive a idéia de que o milagre grego e, em especial, o milagre de Atenas talvez possa ser explicado parcialmente – e, com certeza, apenas *muito* parcialmente – pela invenção do livro escrito e do comércio de livros.

A escrita existia havia muito tempo, e aqui e ali já existia algo como um livro, especialmente no Oriente Médio (não pretendo falar sobre a China), embora o registro escrito em cera, tábuas de argila e materiais semelhantes não fosse muito cômodo. Houve também os escritos sagrados. Mas a escrita foi usada durante muito tempo principalmente para documentos oficiais, documentos religiosos e para anotações por mercadores, como mostram as listas de mercadorias e outras posses em Pilos e Cnossos; e às vezes também para registrar as proezas bélicas dos reis.

Segundo minha hipótese, que aqui comunico pela primeira vez, a verdadeira cultura européia se iniciou com a primeira publicação, em forma de livro, das obras de Homero, que já existiam havia trezentos anos, mas que, no todo, eram conhecidas apenas pelos recitadores profissionais, os homéridas, os rapsodos homéricos.

As epopéias de Homero foram reunidas, escritas e publicadas pela primeira vez em forma de livro por volta do ano 550 a.C., em virtude do Estado. Isso aconteceu em Atenas por iniciativa do governante de Atenas, o tirano Pisístrato.

A ocupação principal de Pisístrato era governar Atenas – uma tarefa extremamente árdua e que gerava bastante preocupação. E, em sua ocupação extra, ele provavelmente foi o primeiro editor europeu: o fundador e diretor de uma empresa que, se me permitem ser um pouco atrevido, correspondia à nossa 'Bundesverlag' [Editora Nacional], ou talvez (já que Atenas era uma cidade-Estado) à 'Verlag für Jugend und Volk' [Editora para a Juventude e o Povo]. A fundação não sobreviveu ao fundador. Mas as conseqüências culturais foram inestimáveis, e continuam sendo.

Em Atenas, surgiu o primeiro mercado de livros da Europa. Todo mundo em Atenas leu Homero. Ele foi a primeira cartilha e a primeira Bíblia da Europa. Hesíodo, Píndaro, Ésquilo e outros poetas se seguiram. Atenas aprendeu a ler e escrever. E Atenas se tornou democrática. Livros eram escritos e comprados. Já no ano 466 a.C., seguiu-se, aparentemente numa grande tiragem, a primeira publicação científica, a obra *Sobre a natureza*, de Anaxágoras. (Supostamente, a obra de Anaximandro nunca foi 'publicada', embora pareça que o Liceu tivesse uma cópia ou um resumo e que ainda, mais tarde, Apolodoro tenha descoberto um exemplar – talvez o mesmo – numa biblioteca. Heráclito não publicou sua obra, mas a depositou no templo de Ártemis.) Anaxágoras foi um refugiado político de Clazómena, na Jônia. Ele havia escrito sua obra em Atenas. O livro foi vendido por uma pechincha 70 anos depois em Atenas, mas sobreviveu por um milênio. Foi, supostamente, o primeiro livro escrito com a intenção de ser publicado como livro.

Cerca de 37 anos após a publicação da obra de Anaxágoras, publicou-se a grande obra histórica de Heródoto em Atenas com uma solene leitura ou recitação. Com razão, Péricles havia dito dois anos antes que Atenas era a escola da Grécia.

Minha hipótese de que Pisístrato, por meio do livro comprável, pôs em curso em Atenas uma revolução cultural semelhante à que Gutenberg iniciou na Europa dois mil anos depois não é, evidentemente, testável. Paralelismos históricos nunca devem ser levados muito a sério. Mas, às vezes, são espantosos. Por exemplo, Anaxágoras, após a publicação de seu livro, foi acusado de impiedade em Atenas tal como Galileu dois mil anos mais tarde. Graças à intervenção de Péricles, que tinha sido seu aluno,

Anaxágoras não foi executado, mas apenas banido de Atenas, depois de pagar uma pesada multa. Outro ateniense banido, Temístocles, também ex-aluno de Anaxágoras, o acolheu em Lâmpsaco, onde ele morreu alguns anos depois.

A ninguém ocorreu a idéia de proibir ou mesmo queimar o livro de Anaxágoras. Obviamente, os livros eram coisa muito recente, ainda não tinham se tornado objeto de jurisprudência. Assim, o livro de Anaxágoras, graças ao sensacional processo sofrido por seu autor, tornou-se um *bestseller* local; e as partes de seu conteúdo que não eram muito difíceis estavam na boca de toda a gente. Apesar disso, no ano 399, ele podia ser adquirido por um preço ridículo, ao passo que o livro de Galileu, que foi proibido, em pouco tempo só podia ser adquirido com muito dinheiro em virtude de sua raridade.

O primeiro a reconhecer o poder do livro e seu significado político – e em particular a influência de Homero – foi Platão. E ele propôs que Homero, a quem admirava como poeta, fosse proibido devido a sua influência política.

Minha informação sobre o destino do livro de Anaxágoras deriva principalmente de Platão, sobretudo da *Apologia de Sócrates*, o mais belo livro filosófico que conheço. Nele, lemos que apenas os incultos nada sabem a respeito do conteúdo da obra de Anaxágoras e que a juventude ávida por aprender "pode comprar a qualquer hora por uma dracma, se muito, no mercado de livros". Otto Kiefer, um bom tradutor, traduziu 'no livreiro' em vez de 'no mercado de livros', como traduzo. Mas duvido que, no lugar que Platão indica – da (ou junto à) orquestra (*ek tēs orchēstras*) –, houvesse livreiros especializados ou apenas negociantes que, além de outras mercadorias (por exemplo, uma refeição leve), também vendiam livros. Historiadores do período anterior à Primeira Guerra Mundial estimam que, naquela época, uma dracma valia menos do que 90 *Heller* austríacos; talvez, digamos, 20 ou 40 de nossos *schillings*.

A obra de Anaxágoras consistia em dois ou três livros escritos à mão. Platão dá a entender que, embora fosse muito conhecida, podia ser comprada a um preço espantosamente baixo. Talvez o motivo para isso possa ser encontrado na história local. Depois de uma guerra de 27 anos com Esparta, Atenas havia caído no despotismo dos chamados Trinta Tiranos, que instituíram um regime sanguinário e, em oito meses, assassinaram oito por cento dos cidadãos plenos de Atenas e confiscaram seus bens. Muitos fugiram: eles retornaram e venceram os Trinta Tiranos numa batalha em Pireus. E assim foi restabelecida a democracia. A *Apologia* de Platão descreve uma situação pouco após esses eventos. É compreensível que, após tais acontecimentos, muitos livros tenham sido vendidos pelas famílias empobrecidas.

Mas livros continuaram sendo escritos e levados ao mercado. A grande obra de Tucídides, descrevendo em oito livros 21 anos de guerra, e a obra gigantesca de Platão são uma prova disso.

O livro de Anaxágoras continuou sendo lido. Um exemplar ainda existia em Atenas em 529 d.C., quase exatamente mil anos após sua publicação. Nesse ano, as escolas filosóficas pagãs foram fechadas em Atenas por um decreto imperial. Desde então, o livro de Anaxágoras desapareceu.

Contudo, em nossa época, estudiosos têm se esforçado por reconstruir seu conteúdo intelectual. Muitas passagens que foram citadas ou comentadas em outros livros puderam ser reconstruídas e conectadas. Talvez interesse a vocês saber que o (como creio) melhor conhecedor e renovador do raciocínio de Anaxágoras, o professor Felix M. Cleve, é um vienense que em 1940 – tal como outrora Anaxágoras em 492 a.C. – precisou fugir pelo mar em direção ao Ocidente: para Nova York. Como Anaxágoras, ele sofreu freqüentes ataques, mas em geral apenas de outros estudiosos. Mas nunca foi expulso de Nova York.

Vemos aqui que um livro pode sobreviver quase mil anos a seu autor. Mas os pensamentos do livro, seu conteúdo intelectual, sobreviveram mais 1500 anos ao livro.

Nisso reside uma parte da monstruosa importância cultural do livro. Esses pensamentos, que foram reconstruídos em nossa época, são algo de objetivo. Devem ser nitidamente distinguidos dos raciocínios que se desenrolaram na cabeça de Anaxágoras – e que se desenrolam na cabeça de cada autor.

O conteúdo de pensamento objetivo, que se encontra em cada livro, é o que torna o livro valioso. E não, como freqüentemente se crê, a expressão dos pensamentos subjetivos, dos processos na cabeça do autor. Numa descrição muito melhor, ele poderia ser designado como o resultado objetivo do trabalho de pensamento subjetivo, de um trabalho de pensamento que não raro consiste no fato de o escrito ser continuamente rejeitado e melhorado. Nesse caso, pode-se constatar uma espécie de *feedback* entre os processos de pensamento subjetivos, o trabalho de pensamento de um lado e os pensamentos objetivos, escritos de outro. O autor cria a obra, mas aprende com ela, com o resultado objetivo de seu trabalho e, em especial, de suas tentativas fracassadas.

Claro, há autores que trabalham de maneira completamente diferente, mas se pode ver em muitos autores que o trabalho mental pode ser mais eficazmente criticado e melhorado quando se tenta escrever seus pensamentos para fins de publicação.

A teoria superficial e enganosa de que uma sentença dita ou escrita é a *expressão* de um pensamento subjetivo causou, no entanto, uma influência nefasta. Levou ao expressionismo. Trata-se da teoria ainda hoje quase universalmente aceita de que uma obra de arte é expressão da personalidade do artista. Quase todo artista crê nisso, e tal crença aniquilou a arte.

Na verdade, o grande artista é um aprendiz, que mantém seu espírito aberto, não para aprender com outras obras, mas com a sua própria, e especialmente com os erros que ele, como todo mundo, cometeu, e também com a obra em que está trabalhando. Isso se aplica sobretudo ao autor de um livro ou de uma obra musical. Desse modo, ele se transcende a si mesmo. Poucos sabem que Haydn, ao ouvir a primeira apresentação de sua criação no salão nobre da velha Universidade de Viena, rompeu em lágrimas e disse: "Não escrevi isto".

Senhor Presidente, senhoras e senhores, vocês entenderão que abordei aqui um tema inesgotável. Ele também está estreitamente ligado ao desenvolvimento da arte grega, que já muito antes de Pisístrato foi influenciada por Homero, mas que justo em Atenas, depois da publicação de Homero, deu uma nítida virada, primeiro rumo a uma obra descritiva e ilustrativa e depois ao naturalismo.

Tudo isso mostra o imenso significado dos pensamentos no sentido objetivo. Eles constroem um mundo que denominei mundo 3.

Chamo de mundo 1 o mundo dos corpos no sentido físico; o mundo, portanto, que a física descreve, como também a astronomia, a química, a biologia. Chamo de mundo 2 o mundo de nossas vivências pessoais, subjetivas e de nossas esperanças, objetivos, sofrimentos e alegrias, de nossos pensamentos no sentido subjetivo. Denomino mundo 3 o mundo dos resultados de nosso trabalho mental, sobretudo o mundo dos pensamentos com formulação oral ou escrita, e o mundo da tecnologia e da arte.

O mundo 3 é, por conseguinte, o mundo dos produtos do espírito humano. Isso não passa de uma terminologia, que introduzi, e nem sequer é nova. Nova é a tese de que nossa psique, nosso pensar, nosso sentir, portanto, nosso mundo 2, nosso mundo psíquico, se desenvolve em interação com o mundo 3 criado por nós mesmos, o mundo da linguagem, o mundo da escrita e, sobretudo, o mundo dos conteúdos do pensamento; o mundo dos livros, mas também o mundo da arte, o mundo da cultura.

Essa tese do *feedback*, principalmente entre os conteúdos do mundo dos livros e o mundo das vivências, tem conseqüências interessantes. Que haja tais conteúdos é algo que devemos à invenção da linguagem humana, que, pela primeira vez na história do desenvolvimento da vida em nossa Terra maravilhosa, tornou possíveis os conteúdos de pensamento objetivos.

A invenção da escrita foi o passo seguinte. Todavia, o passo mais carregado de conseqüência foi a invenção do livro e da competição entre livros.

Não é improvável que Pisístrato esperasse como que um monopólio para seu Homero e sua editora, sem entretanto compreender por completo a situação e sem esperar uma competição de outras editoras. É muito possível que essa falta de antevisão tenha sido amplamente responsável pela ciência especificamente européia e pela cultura especificamente européia.

Notas bibliográficas

Quanto a minhas alusões sobre livros e música, ver minha autobiografia *Ausgangspunkte*, Hamburgo, Hoffmann und Campe, 3ª ed., 1984. Sobre o problema controverso da datação de Anaxágoras e seu livro, ver Felix M. Cleve, *The giants of Pre-Sophistic Greek philosophy*, Haia, Martinus Nijhoff, 2. ed., 1969, especialmente pp. 170ss.; aí também se encontram outras indicações bibliográficas (Diels-Kranz etc.). Ver também, para a questão da datação, D. O'Brien, *Journal of Hellenistic Studies*, 1968, pp. 93-113; ver também, no entanto, Charles H. Kahn, *Anaximander*, Nova York, Columbia University Press, 2. ed., 1864, especialmente pp. 164ss. Para o livro de Anaximandro, ver Kahn, op. cit., e Olof Gigon, *Der Ursprung der griechischen Philosophie*, Basel, 1945. Sobre o livro de Anaxágoras, ver diversas observações platônicas, reunidas em Diels-Kranz; especialmente *Apologia*, 26 D-E. Sobre a sugestão de Platão de censurar Homero e outros poetas, ver o primeiro volume de meu livro *The open society and its enemies*, Londres, Routledge and Kegan Paul; em alemão: *Die Offene Gesellschaft und ihre Feinde: Der Zauber Platons*, Berna, Francke, 6. ed., 1980. Sobre a influência de Homero sobre a arte, ver Ernst H. Gombrich, *Kunst und Illusion*, Cap. IV, seção 4, Stuttgart, Belser, 1977. Quanto à teoria dos mundos 1, 2 e 3, ver meu *Ausgangspunkte* (acima) e meu livro *Objective knowledge*, Oxford e Nova York, Oxford University Press, 6. ed., 1981; em alemão: *Objektive Erkenntnis*, Hamburgo, Hoffmann und Campe, 4. ed., 1984, especialmente caps. 3 e 4. Ver também Bernard Bolzano, *Wissenschaftslehre*, Sulzbach, 1837; Heinrich Gomperz, *Weltanschauungslehre*, vol. II, primeira parte, Jena e Leipzig, Eugen Diederichs, 1908; Karl Bühler, *Sprachtheorie*, Jena, Gustav Fischer, 1934; Gottlob Frege, "Der Gedanke", *Beiträge zur Philosophie des deutschen Idealismus*, vol. I, 1918. Além disso, Karl R. Popper & John C. Eccles, *The self and its brain*, Heildelberg, Springer; brochura, Londres, Routledge & Kegan Paul, 1984; alemão: *Das Ich und sein Gehirn*, Munique, R. Piper & Co., 3ª ed., 1983.

Observações complementares (1984)
1. Por volta de 550 a.C., na época de Pisístrato e da primeira publicação de Homero, grandes quantidades de papiro entra-

ram pela primeira vez em Atenas vindas do Egito. (A exportação de papiro do Egito era controlada desde o século XI – um monopólio do faraó; de modo que os egiptólogos puderam ter conhecimento dessa exportação.)

2. *Biblos* ou *byblos* foi por muito tempo um sinônimo de 'papiro'. Heródoto emprega a palavra algumas vezes no sentido de um rolo de papiro, a parte de uma obra escrita maior; mas esse uso parece ter sido adotado apenas muito lentamente. Embora livros pudessem ser comprados, o *conceito* de livro (comprável) se impôs muito lentamente. Durante bastante tempo, o escrito era lido apenas em voz alta: ao que parece, séculos se passaram antes que se incorporasse a leitura silenciosa. Vale conferir nas *Confissões* de Agostinho o trecho sobre a leitura em silêncio de Santo Ambrósio. Materiais escritos eram as cartas, os discursos, os dramas (ou diálogos) ou poesias. (Daí minha suposição de que o livro de Anaxágoras foi o primeiro livro a ser publicado com a intenção de ser publicado como livro.) A comunicação por escrito (carta, livro...) foi muitas vezes considerada inferior à comunicação oral, até mesmo por Platão. Este também pensava que o melhor que ele podia dizer não estava na forma escrita (ou que nem sequer poderia comunicá-lo por escrito); uma opinião que prevalece por muito tempo. Que os livros, de fato, se imponham, mas não inicialmente o conceito de livro, ajuda a compreender por que também Platão, que gostaria de banir os poemas de Homero (ou, ao menos, censurar), não fala de queima e por que o livro de Anaxágoras não foi queimado.

3. Por essa razão, não é digno de crédito um relato de Diógenes Laércio (de pelo menos 500 anos depois), segundo o qual "os atenienses queimaram os livros de Protágoras na Ágora, após enviarem um arauto para recolhê-los de todos os que possuíssem

os exemplares". (Isso teria se passado por volta do ano 411 a.C., quando Platão tinha 16 anos.)

4. Alguns estudiosos tentaram concluir, com base no baixo preço de uma dracma, que o livro de Anaxágoras (que certamente tinha sido publicado mais de trinta anos antes) era um livro *curto*. Mas no caso de um livro de segunda mão essa conclusão é inaceitável; e o que sabemos de seu conteúdo é inconciliável com um livro curto. Ele continha entre outras coisas uma astronomia e uma meteorologia; uma teoria da origem do mundo e da origem e estrutura da matéria; sobretudo uma teoria não-atômica das moléculas e da divisibilidade infinita da matéria; e das diversas substâncias mais ou menos homogêneas (água, metais; substâncias em seres vivos como cabelos, carne, ossos etc.). A teoria da divisibilidade infinita, que era extremamente sutil, continha observações (até agora supostamente não compreendidas) sobre a equivalência numérica de números infinitos (produzidos por divisão; portanto, 'contáveis', como os chamamos agora); um resultado que só foi redescoberto provavelmente no século XIX (Bolzano, Cantor). Tratava-se evidentemente de um livro extenso e era, como insinua Platão, uma pechincha. Portanto, ele deve ter, originalmente, saído numa grande edição.

8. Sobre o choque de culturas*

Foi uma grande alegria ter sido convidado a Viena para reencontrar velhos amigos e fazer novas amizades; e uma honra receber o convite do presidente da *Auslandsösterreicherwerk* [Associação dos Austríacos Residentes no Exterior] para dar aqui uma pequena conferência. Seu convite ressaltava que eu poderia escolher o tema que quisesse. Assim, ele me deixou, muito amavelmente, com a tortura da escolha.

A tortura foi considerável. Obviamente se esperava de mim que escolhesse um tema de minha própria área de interesse. Por outro lado, devia ser algo pertinente ao ensejo atual – o encontro em Viena dos austríacos residentes no exterior, por ocasião do jubileu de prata de um peculiar Tratado de Estado.

Não estou certo se o tema escolhido corresponde a essas expectativas. Em lembrança ao Tratado de Estado e ao que o precedeu, o tema é dedicado ao choque de culturas (*Zusammenprall von Kulturen*). Com as palavras *Zusammenprall von Kulturen*, tento traduzir a expressão inglesa *culture clash*.

---

* Conferência escrita por ocasião da celebração do 25º aniversário do Tratado de Estado austríaco. A conferência foi lida pela dra. Elisabeth Herz na presença do presidente austríaco. Publicada em *25 Jahre Staatsvertrag*, Viena, Österreichischer Bundesverlag, 1981.

Meu interesse no choque de culturas vincula-se a meu interesse num grande problema: o problema da peculiaridade e da origem de nossa civilização européia. Uma resposta parcial a essa questão parece residir, a meu ver, no fato de nossa civilização ocidental derivar da civilização grega. E a civilização grega – um fenômeno sem igual – originou-se no choque de culturas, as culturas do Mediterrâneo oriental. Foi o primeiro grande choque entre as culturas ocidental e oriental, e foi sentido como tal. E tornou-se, com Homero, um *leitmotiv* da literatura grega e da literatura do mundo ocidental.

O título de minha conferência, "O choque de culturas", aponta uma hipótese, uma conjectura histórica. É a conjectura de que tal choque nem sempre precisa conduzir a lutas sangrentas e a guerras destruidoras, mas pode ser também a causa de um desenvolvimento frutífero e fomentador de vida. Pode até mesmo levar ao desenvolvimento de uma cultura única como a dos gregos, que foi então assumida pelos romanos quando entrou em choque com eles. Após muitos outros embates, especialmente com a cultura árabe, ela foi revivificada no Renascimento; e assim se tornou a cultura ocidental, a civilização da Europa e da América, que finalmente transformou, ao longo de outros choques, todas as culturas do mundo.

Mas essa civilização ocidental é uma coisa boa, louvável? Essa pergunta – que é sempre levantada pelo menos desde Rousseau, e particularmente pelos jovens, que, com razão, sempre buscam algo melhor – é característica da civilização ocidental atual, a civilização mais autocrítica e aberta a reformas que existe no mundo. Antes de aprofundar meu tema sobre o choque de culturas, gostaria de responder a essa pergunta.

Creio que nossa civilização ocidental, a despeito de tudo que se possa justificadamente criticar nela, é a mais livre, a mais justa, a mais humana, a melhor de que temos conhecimento na história da humanidade. É a melhor porque é a mais suscetível de melhoramento.

Em toda parte na Terra, os homens criaram mundos culturais novos e, com freqüência, bastante diferentes: os mundos do mito, da poesia, da arte, da música; os mundos dos meios de produção, dos instrumentos, da tecnologia, da economia; os mundos da moral, da justiça, da proteção e da assistência às crianças, aos doentes, aos fracos e a outros em necessidade. Mas, apenas em nossa civilização ocidental, a exigência moral de liberdade pessoal é amplamente reconhecida e até mesmo amplamente realizada. E, com ela, a exigência de igualdade perante a lei, de paz, da máxima prevenção do uso da violência.

É esse o motivo por que considero a civilização ocidental a melhor que houve até agora. Sem dúvida, ela carece de melhorias. Mas, no fim das contas, é a única civilização em que quase todas as pessoas trabalham em conjunto no intuito de melhorá-la, tanto quanto possível.

É preciso admitir que nossa civilização é bastante imperfeita. Mas isso é quase óbvio. Não é difícil perceber que uma sociedade perfeita é impossível. Para quase todos os valores que uma sociedade deve pôr em prática, há outros valores que com eles colidem. Até mesmo a liberdade, talvez o supremo de todos os valores sociais e pessoais, deve ser limitada, pois a liberdade de João pode muito facilmente entrar em colisão contra a liberdade de Pedro. Como um juiz norte-americano certa vez disse ao réu que apelava para sua liberdade: "Sua liberdade de mover seus punhos é limitada pelo nariz de seu vizinho". Assim chegamos à formulação de Immanuel Kant de que a tarefa da legislação é permitir que a maior liberdade possível de cada um conviva com a maior liberdade possível de todos os demais. Em outras palavras, a liberdade infelizmente deve, por meio da lei, ser limitada. A ordem é uma contrapartida necessária – quase logicamente necessária – da liberdade. E esse é o caso de todos os valores, ou de quase todos os valores, que gostaríamos de ver realizados.

Também estamos aprendendo neste exato momento que a grande idéia do Estado de bem-estar social tem seus limites. Percebe-se que é perigoso tirar de uma pessoa a responsabilidade por si própria e seus dependentes; e em muitos casos talvez seja até mesmo duvidoso aliviar em demasia para um jovem a luta pela vida. Parece que, ao suprimir a responsabilidade diretamente pessoal, a vida pode ser privada de seu sentido para muitas pessoas.

Outro exemplo é a paz, que nós todos hoje queremos de forma mais premente do que nunca. Queremos e, de fato, devemos fazer tudo para evitar ou pelo menos limitar conflitos. Por outro lado, uma sociedade livre de conflitos seria inumana. Não seria uma sociedade humana, mas uma colônia de formigas. E não podemos ignorar que os grandes pacifistas também foram grandes lutadores. Mahatma Gandhi também foi um lutador: um lutador pela não-violência.

A sociedade humana precisa da paz, mas também precisa de conflitos ideais: valores, idéias pelos quais possamos lutar. Em nossa sociedade ocidental, aprendemos – nós o aprendemos com os gregos – que não podemos fazer isso muito bem com espadas; mas com palavras atingimos um efeito melhor e mais duradouro; e o instrumento mais eficaz de todos são os argumentos racionais.

Uma sociedade perfeita é, portanto, impossível. Mas há ordens sociais melhores e piores. Nossa civilização ocidental decidiu-se pela democracia como uma forma de sociedade que pode ser modificada por palavras, e aqui e ali – embora raramente – até mesmo por argumentos racionais; por uma crítica racional, isto é, objetiva: por reflexões críticas não-pessoais, tais como são características na ciência, especialmente na ciência natural desde os gregos. Declaro-me, portanto, em favor da civilização ocidental; da ciência; e da democracia. Elas nos dão oportunidade de prevenir desgraças evitáveis e experimentar reformas, como o Estado do bem-estar social, de avaliá-las criticamente e, se possível, melhorá-las. E declaro-me em favor da ciência hoje tão freqüentemente caluniada, que procura a verdade pela autocrítica e sempre redescobre com toda nova descoberta quão pouco sabemos: quão infinitamente grande é nossa ignorância. Todos os grandes cientistas naturais estavam conscientes de sua ignorância intelectual e de sua falibilidade. Eram intelectualmente modestos. Se Goethe diz: "Só os velhacos são modestos", eu gostaria de responder: "Só os velhacos intelectuais são imodestos".

Antes de retomar o tema do choque de culturas – após ter declarado meu apoio à civilização ocidental e à ciência, sobretudo à ciência natural –, gostaria ainda de me referir muito brevemente a uma terrível heresia que infelizmente continua sendo uma parte importante dessa civilização ocidental. Trata-se da horrenda heresia do nacionalismo – ou, mais exatamente, a ideologia do Estado nacional: a doutrina ainda defendida com tanta freqüência e que é supostamente uma exigência moral, segundo a qual as fronteiras do Estado devem coincidir com as fronteiras da região povoada pela nação. O que há de fundamentalmente falso nessa doutrina ou exigência é a suposição de que os povos ou nações existem antes dos Estados – como as tribos – como corpos naturais que devem ser vestidos sob medida pelo Estado. Na verdade, eles são criados pelos Estados.

Essa exigência totalmente impraticável deve ser contraposta à importante exigência moral de proteção das minorais: a exigência de que as minorias lingüísticas, religiosas de cada Estado sejam protegidas contra os desmandos da maioria; e, evidentemente, isso se aplica a todas as minorias que se distinguem da maioria pela cor de pele, olhos e cabelos.

Em contraposição à total impraticabilidade do princípio do Estado nacional, o princípio da proteção às minorias certamente não é de fácil implementação; mas parece ser mais ou menos exeqüível. Os progressos que testemunhei nesse campo em incontáveis visitas aos Estados Unidos desde 1950 são bem maiores do que jamais considerei possíveis. E, em contraposição ao princípio da nacionalidade, o princípio da proteção às minorias é claramente um princípio moral, tal como, por exemplo, o princípio de proteção à criança.

Por que o princípio do Estado nacional é impraticável em nosso planeta, e especialmente na Europa é quase insano? Com essa pergunta retorno ao tema do choque. A ocupação da Europa é, como todos sabem, produto de migração dos povos. Desde tempos imemoriais, ondas e mais ondas de pessoas vieram das estepes da Ásia Central, para se chocarem com imigrantes mais antigos nas penínsulas do Sul, do Sudeste e sobretudo nas escarpadas penínsulas ocidentais da Ásia e se dispersarem. O resultado é um mosaico lingüístico, étnico e cultural: um caos, uma mescla, impossível de desemaranhar novamente.

As línguas são, de certo modo, os melhores guias através desse caos. Mas há outros dialetos mais ou menos autóctones ou naturais e línguas escritas predominantes que, por sua origem, são dialetos glorificados, como mostra claramente o holandês. Outras línguas, como francês, espanhol, português e romeno, são produtos das conquistas violentas dos romanos. É também evidente que o caos lingüístico não pode ser realmente um guia confiável através do caos étnico. Também vemos isso claramente quando observamos os sobrenomes. Embora na Áustria e na Alemanha muitos sobrenomes eslavos tenham sido substituídos por alemães e, com isso, muitos vestígios tenham sido borrados (conheci um Bohuschalek que, se não me falha a memória, se tornou um Bollinger), em toda parte ainda se encontram os vestígios da assimilação eslavo-germânica. Em particular, as inúmeras famílias nobres na Alemanha cujos nomes terminam em -off ou -ow obviamente derivam, de algum modo, dos eslavos, mas isso não revela nada mais preciso sobre sua origem étnica, em especial não nas famílias nobres que naturalmente se casam atravessando distâncias maiores; em oposição, por exemplo, aos servos camponeses.

No entanto, a idéia insana do princípio de nacionalidades nasceu em meio a esse caos europeu, sobretudo sob a influência dos filósofos Rousseau, Fichte e Hegel, e sem dúvida também pelas conseqüências das guerras napoleônicas.

Houve, é claro, precursores do nacionalismo. Mas nem a cultura romana nem a da Grécia Antiga foram nacionalistas. Todas essas culturas nasceram do choque das diferentes culturas no Mediterrâneo e no Oriente Próximo. Isso também se aplica à cultura grega, que provavelmente fez as mais importantes contribuições a nossa cultura ocidental: refiro-me à idéia de liberdade, à conquista da democracia e à posição crítica, racional, que acabou por conduzir à ciência natural moderna.

Mesmo as obras literárias gregas mais antigas que chegaram até nós, a *Ilíada* e a *Odisséia*, são testemunhos eloqüentes do choque de culturas; com efeito, esse choque é seu verdadeiro tema.

Mas ao mesmo tempo são testemunhos de uma posição de explicação racional. A função dos deuses homéricos é realmente explicar por uma teoria psicológica compreensível o que de outro modo seria incompreensível, o irracional (como o conflito entre Aquiles e Agamenon): pelos interesses e mesquinhos ciúmes dessas figuras divinas demasiado humanas – figuras divinas cujas fraquezas humanas são manifestas e que também, às vezes, são criticamente julgadas. Sobretudo Ares, o deus da guerra, é um que se sai mal. E é importante que os não-gregos na *Ilíada* e na *Odisséia* sejam tratados ao menos com a mesma simpatia com que são tratados os gregos, os aqueus.

Essa posição crítica e esclarecida reaparece nas obras em que, sob a influência da luta grega pela liberdade contra os ataques dos persas, a idéia da liberdade é glorificada pela primeira vez; especialmente nas obras de Ésquilo e Heródoto. Não é a liberdade nacional, mas a liberdade da pessoa, sobretudo a liberdade dos atenienses democráticos, que se contrapõe à falta de liberdade dos súditos dos grandes reis persas. Aqui, a liberdade não é uma ideologia, mas uma forma de vida, que torna a vida melhor e mais digna de viver. Encontramos isso claramente formulado tanto em Ésquilo como em Heródoto. Ambos escrevem como testemunhas do choque dessas culturas ocidental e oriental, as culturas da liberdade e do despotismo; e ambos testemunham seu efeito iluminador, que resulta num julgamento consciente e criticamente distanciado dos mitos tradicionais. Na Jônia da Ásia Menor isso leva à cosmologia crítica, às teorias especulativas críticas sobre a arquitetura do sistema cósmico e, com isso, à ciência natural, à busca da verdadeira explicação dos fenômenos naturais. Pode-se dizer que a ciência natural nasce pela influência de uma posição racional e crítica perante a explicação mítica da natureza. Quando falo de uma crítica racional, estou me referindo a uma crítica sob o ponto de vista da verdade: das perguntas 'Isto é verdadeiro?' e 'Isso pode ser verdadeiro?'. Ao abordarem as explicações míticas dos fenômenos naturais com a pergunta pela verdade, os gregos criaram as teorias que conduziram ao início das ciências naturais. E, ao abordarem os relatos míticos sobre os tempos pré-históricos com a pergunta pela verdade, criaram o início da ciência histórica.

Mas Heródoto, que é, com razão, chamado o pai da historiografia, foi mais do que um precursor da ciência histórica. Ele foi o verdadeiro descobridor do caráter crítico, iluminador do choque das culturas, em especial das culturas grega, egípcia e medo-persa.

Eu gostaria de citar uma passagem da obra histórica de Heródoto, que é, na verdade, a história do choque militar e cultural dos gregos com os habitantes do Oriente Médio, sobretudo com os persas. Nessa passagem, Heródoto mostra num exemplo extremo e um tanto quanto horripilante que uma pessoa racional deve aprender que é preciso questionar até mesmo as coisas que, no início, lhe pareciam naturais.

Heródoto escreve (III, 38):

> Dario, no período de seu governo, convocou os gregos que estavam em sua corte e lhes perguntou por que preço estariam dispostos a comer seus pais mortos. Eles responderam que nada, mas absolutamente nada, lhes faria agir desse modo. Então, Dario chamou os *kallatier*, um povo hindu que costumava comer os pais, e lhes perguntou na presença dos gregos, que dispunham de um intérprete, por que preço eles concordariam em cremar seus pais mortos. Ao ouvir isso, os *kallatier* gritaram de horror e lhe imploraram que nem sequer mencionasse tal blasfêmia. São assim as coisas no mundo.

Heródoto narrou essa passagem a seus contemporâneos gregos não apenas com a intenção de ensiná-los a respeitar costumes estrangeiros, mas também na intenção de torná-los capazes de criticar coisas que lhes pareciam indiscutíveis. Está claro que ele próprio tinha aprendido muito com esses confrontos culturais; e ele quis compartilhar isso com seus leitores.

A semelhança e a oposição dos costumes e dos mitos tradicionais o fascinavam. Minha hipótese, minha conjectura é que essas oposições resultaram justamente na posição crítico-racional que foi decisivamente importante para a sua geração e a seguinte e que, suponho, acabou por exercer uma influência tão decisiva na cultura européia – junto, é claro, com muitas outras influências importantes.

Sempre me perguntam na Inglaterra e nos Estados Unidos como é possível explicar a peculiaridade criativa e a riqueza cultural da Áustria e particularmente de Viena: os ápices incomparáveis dos grandes sinfonistas austríacos, nossa arquitetura barroca, nossas conquistas na área da ciência e da filosofia da natureza.

Ludwig Boltzmann, Ernst Mach não foram apenas grandes físicos, mas também filósofos da natureza pioneiros. Foram os precursores do Círculo de Viena. E aqui também viveu o filósofo social Josef Popper-Lynkeus, que talvez pudesse ser descrito como um fundador filosófico do moderno Estado de bem-estar social. No que diz respeito ao social, as coisas não se limitaram apenas à discussão filosófica, mas também significaram extraordinárias conquistas práticas. Houve as realmente magníficas *Volkshochschulen* (Universidades Populares), a associação Escola Livre, que se converteu num dos mais importantes germes do movimento da reforma escolar; houve organizações de assistência social, como a Sociedade de Proteção e Salvação das Crianças, o Serviço de Emergência, o Asilo para os Sem-Teto, e muitas outras coisas.

É provável que não se possam realmente explicar esse dinamismo e produtividade culturais e sociais. Mas gostaria de sugerir aqui uma hipótese. Talvez essa produtividade cultural da Áustria esteja ligada a meu tema, o choque de culturas. A velha Áustria era um reflexo da Europa: ela continha inúmeras minorias lingüísticas e culturais. E muitas das pessoas que achavam difícil ganhar a vida na província vieram para Viena, onde muitos tiveram de aprender alemão, tão bem quanto possível. Muitos vieram sob a influência de uma grande tradição cultural, e alguns puderam fazer novas contribuições a ela. Sabemos que Haydn e Mozart foram influenciados por mestres alemães, italianos e franceses, mas também pela música folclórica húngara e até mesmo pela música turca. Haydn e Mozart eram imigrantes em Viena, e também Beethoven, Brahms, Bruckner e Mahler vieram do exterior para Viena. O gênio da música permanece inexplicado, assim como a – já reconhecida por Beethoven – "centelha divina em Schubert", provavelmente o maior de todos os vienenses.

Quando se pensa na música de Viena, é possível até mesmo comparar a Viena de Haydn a Bruckner com a Atenas de Péricles. E as circunstâncias talvez fossem mais semelhantes do que inicialmente estamos dispostos a admitir. Parece que ambas, numa posição altamente crítica entre o Oriente e o Ocidente, foram imensamente enriquecidas pelo choque de culturas.

9. Immanuel Kant: O filósofo do Esclarecimento

(Um discurso por ocasião dos 150 anos da morte de Kant)*

Cento e cinqüenta anos se passaram desde a morte de Immanuel Kant. Ele morreu em Königsberg, cidade provincial prussiana em que tinha passado os oitenta anos de sua vida. Havia anos ele vivia em total reclusão, e seus amigos pensaram num sepultamento simples. Mas esse filho de um pobre artesão foi enterrado como um rei. Quando a notícia de sua morte se espalhou, as pessoas precipitaram-se para sua casa. A afluência se prolongou por dias. No dia de seu funeral, todo o trânsito parou em Königsberg. Uma multidão seguiu o caixão, enquanto os sinos badalavam em toda a cidade. Os contemporâneos relatam que os habitantes de Königsberg jamais tinham visto um cortejo fúnebre semelhante.

O que esse movimento surpreendente e espontâneo poderia significar? A reputação de Kant como grande filósofo e bom homem não chega a ser uma boa explicação. Parece-me que esses acontecimentos tiveram um significado mais profundo. Eu gostaria de arriscar a hipótese de que naquela época, em 1804, sob a monarquia absolutista de Frederico Guilherme III, o do-

---

* Discurso proferido em inglês na rádio britânica (British Broadcasting Corporation) em 12 de fevereiro de 1954.

bre de sinos para Kant foi um eco das revoluções norte-americana e francesa: um eco das idéias dos anos 1776 e 1789. Para seus compatriotas, Kant tinha se transformado num símbolo dessas idéias, e eles foram a seu funeral para lhe agradecer como a um professor e divulgador dos direitos dos homens, da igualdade perante a lei, da cidadania mundial, da emancipação pelo conhecimento e – o que talvez seja ainda mais importante – da paz eterna na Terra.

Os germes de todas essas idéias foram levadas da Inglaterra ao continente europeu por meio de um livro que havia sido publicado em 1732: *Cartas de Londres sobre os ingleses*, de Voltaire. Nesse livro, Voltaire fez uma contraposição do governo constitucional inglês com a monarquia absoluta continental; ele comparou a tolerância inglesa religiosa com a intolerância da Igreja romana, e o poder esclarecedor da cosmologia de Isaac Newton e o empirismo analítico de John Locke com o dogmatismo de René Descartes.

O livro de Voltaire foi queimado; mas sua publicação foi o início de um movimento filosófico de importância histórica mundial – um movimento cuja agressividade peculiar foi pouco entendida na Inglaterra, pois não correspondia às circunstâncias desse país.

Esse movimento costuma ser chamado de *éclaircissement* e *Aufklärung* em alemão. Quase todos os movimentos modernos podem se remeter direta ou indiretamente a ele. Pois se originaram diretamente do Esclarecimento ou da reação romântica contra o Esclarecimento, que os românticos gostavam de designar pejorativamente como *Aufklärerei* ou *Aufkläricht*.

Sessenta anos após a morte de Kant, essas idéias originalmente inglesas foram apresentadas aos ingleses como um "intelectualismo superficial e pretensioso", e o termo inglês *enlightenment*, que apareceu pela primeira vez nessa época como tradução de 'Esclarecimento' (*éclaircissement*), tem até hoje para o leitor inglês o ressaibo de uma *Aufklärerei* superficial e pretensiosa.

Kant acreditava no Esclarecimento; foi seu último grande defensor. Tenho consciência de que essa não é a visão usual. Enquanto tenho em Kant o último campeão do Esclarecimento, ele é mais freqüentemente considerado o fundador da escola que destruiu o Esclarecimento – a escola romântica do 'idealismo alemão', a escola de Fichte, Schelling e Hegel. Afirmo que essas duas concepções são inconciliáveis.

Fichte e mais tarde Hegel tentaram se aproveitar da glória de Kant; eles o fizeram passar por fundador de sua escola. Mas Kant viveu o bastante para rejeitar as reiteradas tentativas de aproximação por parte de Fichte, que se declarou o seguidor e herdeiro de Kant. Numa pública "Declaração acerca da doutrina da ciência de Fichte" (7 agosto de 1799), não muito conhecida, Kant chegou a ponto de escrever:

> Deus nos proteja de nossos amigos... pois há assim chamados amigos fraudulentos, pérfidos, tramando para nossa ruína enquanto falam a língua da boa vontade... é impossível se precaver suficientemente deles e de seus laços armados.

Mas, após a morte de Kant, quando ele já não podia se defender, esse cidadão do mundo foi usado para servir aos objetivos da escola romântica nacionalista, e com sucesso, apesar de tudo o que ele havia dito e escrito contra o espírito romântico, o entusiasmo sentimental e a *Schwärmerei*.

Mas ouçamos o que o próprio Kant diz sobre a idéia de Esclarecimento: "Esclarecimento", escreve ele, é a saída do homem de sua auto-imposta menoridade. Menoridade é a incapacidade de se servir de seu entendimento sem a direção de um outro. Ele próprio é culpado por tal menoridade se suas causas não residem na falta de entendimento, mas de resolução e coragem para usar seu próprio entendimento sem a direção de um outro. *Sapere aude!* Tem coragem de usar teu próprio entendimento! Tal é o lema do Esclarecimento.

O que Kant está dizendo aqui é, sem dúvida, uma confissão pessoal; é um sumário de sua própria história. Criado em condições de pobreza e no horizonte estreito do pietismo, ele trilhou corajosamente o caminho da auto-emancipação pelo conhecimento. Em anos posteriores, ele às vezes se lembrava horrorizado (como relata Hippel) da "escravidão da juventude", da época de sua menoridade intelectual. Poder-se-ia dizer que a idéia da auto-emancipação intelectual era a estrela-guia de sua vida, e que a luta pela realização e difusão dessa idéia preencheu sua vida.

A mecânica celeste de Newton e a cosmologia

Um papel decisivo nessa luta foi desempenhado pela física e pela mecânica celeste de Newton, que se tornara conhecido no continente europeu por meio de Voltaire. O sistema cósmico copernicano e newtoniano exerceu a mais forte influência concebível sobre o desenvolvimento intelectual de Kant. Seu primeiro livro importante, *História geral da natureza e teoria do céu*, levava o interessante subtítulo: *Ensaio sobre a constituição e a origem mecânica do universo, tratado segundo princípios newtonianos*. É, provavelmente, uma das mais formidáveis contribuições já feitas à cosmologia e à cosmogonia. Contém não só a primeira formulação clara da teoria que hoje é chamada 'hipótese Kant-Laplace da origem do sistema solar', mas também uma aplicação dessa teoria ao próprio sistema da Via Láctea (que Thomas Wright havia interpretado como um sistema estelar cinco anos antes). Com isso, Kant antecipou uma idéia de Jeans. Mas mesmo esse fato fica em segundo plano diante da interpretação kantiana das nebulosas como vias lácteas, como longínquos sistemas solares análogos ao nosso.

Como Kant explica em uma de suas cartas, foi o problema cosmológico que o levou à teoria do conhecimento e a sua *Crítica da razão pura*. O problema que ele tentou solucionar – de que nenhum cosmólogo pode se esquivar – foi o complexo problema da finitude e infinitude do universo, tanto com relação ao espaço quanto com relação ao tempo. Para o problema da finitude ou infinitude do universo no espaço, há desde Einstein uma brilhante proposta de solução, a saber, um universo que é finito, mas sem limites. Einstein, pode-se dizer, corta o nó kantiano; mas tinha a sua disposição armas bem mais poderosas do que Kant e seus contemporâneos. Para o problema da finitude ou infinitude temporal do universo, ainda não há uma proposta de solução igualmente convincente.

Nessa carta, Kant relata que encontrou o problema central da *Crítica da razão pura* quando tentou resolver se *o universo tem ou não um início no tempo*. Para seu espanto, ele descobriu que era possível fornecer duas provas aparentemente válidas para ambas as possibilidades. Ambas as provas são interessantes; contudo, é preciso atenção para segui-las. Mas não são longas nem difíceis de entender.

Para preparar a primeira prova, comecemos com uma análise do conceito de uma seqüência infinita de anos (ou dias ou quaisquer outros intervalos de tempo igualmente longos e finitos). Tal seqüência infinita de anos é uma seqüência que avança sem cessar e nunca chega a um fim. Jamais pode ser concluída: uma seqüência infinita concluída ou completada de anos é (para Kant) um absurdo, uma contradição em termos. A primeira prova de Kant se dá na seguinte argumentação: o mundo deve ter um começo no tempo, pois, do contrário, no momento presente, uma seqüência infinita de anos transcorreu e, portanto, deve estar concluída ou completada. Mas isso, como vimos, é impossível. Isso fornece a primeira prova.

Para preparar a segunda prova, comecemos com uma análise do conceito de um tempo totalmente vazio – o tempo antes do surgimento do mundo. Esse tempo vazio, em que não há absolutamente nada, deve ser necessariamente um tempo em que nenhum intervalo de tempo se diferencia de outro por suas relações temporais com coisas ou eventos; pois coisas ou eventos simplesmente não existem. Consideremos agora o último intervalo de tempo do tempo vazio – o intervalo de tempo que precedeu imediatamente o início do mundo: então se torna claro que esse intervalo de tempo se diferencia de todos os intervalos anteriores pelo fato de estar numa relação temporal estreita e imediata com um determinado evento, a saber, o início do mundo; por outro lado, como vimos, o mesmo intervalo de tempo é vazio, isto é, não pode estar em nenhuma relação com um evento. Portanto, esse último intervalo de tempo vazio é um absurdo, uma contradição em si. A segunda prova de Kant se dá pelo seguinte argumento: o mundo não pode ter um começo no tempo, pois, do contrário, deveria haver um intervalo de tempo – a saber, o intervalo imediatamente anterior ao surgimento do mundo – que tanto é vazio como é caracterizado por estar numa relação temporal estreita com um evento no mundo. Mas isso, como vimos, é impossível. Isso fornece a segunda prova. Temos aqui um conflito entre duas provas. Kant designou tal conflito como 'antinomia' e também se viu enredado em outras antinomias, por exemplo, na que se refere aos limites do universo no espaço. Mas não vou tratar aqui dessas outras antinomias.

Espaço e tempo

Kant pergunta o que podemos aprender com essas antinomias desnorteantes. Sua resposta é que nossas concepções de espaço e tempo são inaplicáveis ao mundo como um todo. As concepções de espaço e tempo são, evidentemente, aplicáveis a coisas e eventos físicos. Em contrapartida, o espaço e o tempo não são, eles mesmos, coisas e eventos. Não podem nem sequer ser observados; têm um caráter totalmente distinto. Eles, antes, representam uma espécie de moldura para coisas e eventos; seria possível compará-los com um sistema de compartimentos ou com um sistema de catálogo para ordenação de observações. O espaço e o tempo não pertencem ao mundo empírico real das coisas e eventos, mas ao nosso equipamento intelectual, ao instrumento intelectual com que apreendemos o mundo. Espaço e tempo funcionam de modo semelhante a instrumentos de observação. Quando observamos um evento, nós o localizamos, via de regra, imediata e intuitivamente numa ordem espaço-temporal. Por isso, podemos caracterizar o tempo e espaço como um sistema de ordenação que não se baseia na experiência, mas que é empregado em toda experiência e aplicável a todas as experiências. É essa a razão pela qual caímos em dificuldades quando tentamos aplicar a concepção de tempo e espaço a uma área que transcende toda experiência possível; mas é justamente isso que fizemos em nossas duas provas sobre o início do universo.

À teoria que esbocei aqui, Kant deu o feio e duplamente enganoso nome 'Idealismo transcendental'. Ele logo teve motivo para se arrepender de tal escolha, pois o nome levou muitos de seus leitores a considerá-lo um idealista e crer que Kant refuta a realidade das coisas físicas e declara serem as coisas físicas meras concepções ou idéias. Em vão ele se esforçou por esclarecer que havia apenas combatido apenas o caráter empírico e a realidade do espaço e do tempo – a saber, um caráter empírico e uma realidade do tipo que atribuímos às coisas e eventos físicos. Todo empenho para explicar sua posição foi inútil. A dificuldade de seu estilo selou seu destino; ele estava condenado a entrar na história como o autor do 'idealismo alemão'. É hora de rever esse julgamento. Kant sempre salientou que as coisas físicas são *reais* no tempo e espaço – reais, não ideais. E, no que tange às extravagantes especulações metafísicas da escola do 'idealismo alemão', o título da *Crítica da razão pura* de Kant foi escolhido na intenção de anunciar um ataque crítico a esses raciocínios especulativos. Pois o que a 'crítica' critica é justamente a razão pura: critica conclusões racionais sobre o mundo que empregam o predicado 'puro' no sentido de que elas são intocadas pela experiência sensorial e não são controladas pela observação. Kant criticou a 'razão pura' ao mostrar que argumentações especulativas *puras* sobre o mundo, não controladas por observações, devem sempre nos envolver em antinomias. Ele escreveu sua crítica sob a influência de Hume no intuito de mostrar que os limites da experiência sensorial possível e os limites da teorização racional sobre o mundo são idênticos.

Kant acreditava ter confirmado essa teoria quando descobriu que ela continha a chave para um segundo problema importante – o da validade da teoria de Newton. Como todos os físicos de sua época, Kant também estava totalmente convencido de que a teoria de Newton era verdadeira e inatacável. Ele concluiu que essa teoria não podia ser apenas o resultado de observações acumuladas. Qual poderia ser então a base de sua verdade? Kant abordou esse problema ao considerar, primeiramente, o fundamento de verdade da geometria. A geometria euclidiana, disse ele, não se fundamenta em observações, mas em nossa intuição espacial, em nossa compreensão intuitiva de relações espaciais (a 'intuição pura' do espaço): a física de Newton se encontra em posição semelhante. Embora seja confirmada por observações, ela não é o resultado de observações, mas de nossos próprios métodos de pensar: dos métodos que empregamos para ordenar nossas percepções sensoriais, colocá-las em relações umas com as outras, assimilá-las, compreendê-las. Não os dados dos sentidos, mas nosso próprio entendimento – a organização e constituição de nosso sistema de assimilação intelectual – é responsável por nossas teorias nas ciências naturais. A natureza, que conhecemos com sua ordem e suas leis, é o resultado de uma atividade ordenadora e assimiladora de nosso intelecto. A própria formulação de Kant para essa idéia é brilhante: *"O entendimento extrai suas leis [...] não a partir da natureza, mas prescreve-as à natureza"*.

A 'revolução copernicana' de Kant

Essa formulação exprime ao mesmo tempo uma idéia que o próprio Kant chamou orgulhosamente de 'revolução copernicana'. "Copérnico", escreve ele,

> ao perceber que não progredia na explicação dos movimentos celestes admitindo que todo o exército de astros girava em torno do espectador, tentou ver se não teria mais êxito fazendo o espectador girar e deixando as estrelas em repouso.

A idéia de Kant foi resolver, mediante uma revolução semelhante, o fundamento de verdade da ciência natural – a saber, o problema sobre como uma ciência exata, do tipo da física newtoniana, é possível e como ela pôde um dia ser encontrada. Devemos, diz Kant, renunciar à idéia de que somos espectadores passivos, aguardando que a natureza imponha suas regularidades sobre nós. Em vez disso, devemos adotar a visão de que, na medida em que assimilamos nossas percepções sensoriais, nós, os espectadores, impomos a elas a ordem e as leis de nosso entendimento. Nosso cosmos traz o selo de nosso intelecto.

Essa referência de Kant ao papel ativo do observador, do pesquisador e do teórico causou uma impressão indelével – não só na filosofia, mas também na física e na cosmologia. Existe algo como um clima intelectual kantiano, sem o qual a teoria de Einstein ou Bohr é impensável; e pode-se dizer que Eddington, nesse sentido, foi mais kantiano do que Kant. Até mesmo os que não podem seguir Kant a toda parte (eu próprio sou um deles) aceitará sua visão de que a razão dos pesquisadores "deve obrigar a natureza a responder a suas perguntas, mas sem se deixar conduzir por ela... como se estivesse presa a um laço". O pesquisador deve aplicar um interrogatório cruzado à natureza para vê-la à luz de suas dúvidas, conjecturas, idéias e inspirações. Isso, creio, é um achado filosófico profundo. Ele nos possibilita enxergar a ciência natural (não apenas a teórica, mas também a experimental) como uma criação genuinamente humana e tratar sua história como uma parte da história das idéias, de modo similar à história da arte e da literatura.

No entanto, pode-se atribuir à 'revolução copernicana' de Kant um outro significado – um significado que talvez nos conduza a uma ambivalência em sua atitude. Pois essa revolução soluciona um problema humano que foi criado pelo próprio Copérnico: Kant privou o homem de sua posição central no universo. A 'revolução copernicana' de Kant é uma *reparação* dessa posição. Pois Kant não apenas nos prova que nossa localização no universo é irrelevante, mas também nos mostra que, em certo sentido, nosso mundo gira em torno de nós. Pois somos nós que, ao menos em parte, produzimos a ordem que encontramos no universo. Somos nós que investigamos ativamente o mundo; e a investigação é uma arte criativa.

A revolução copernicana da ética

Do Kant cosmólogo, filósofo do conhecimento e da ciência, passemos agora ao Kant filósofo moral. Não sei ao certo se antes já se observou que a idéia fundamental da ética kantiana também repousa numa revolução copernicana que, em todos os aspectos, corresponde à que acabei de descrever. Pois Kant torna o homem legislador da moral da mesma maneira que fez dele o legislador da natureza; e lhe dá, mediante tal revolução, a posição central tanto no mundo moral quanto no físico. Kant humaniza a ética tal como humanizou a cosmologia.

A doutrina da autonomia

A revolução copernicana no âmbito da ética está contida em sua doutrina da autonomia, em que diz que não podemos obedecer cegamente ao comando de uma autoridade, que não devemos nem sequer nos submeter a uma autoridade supra-humana como um legislador moral. Quando nos confrontamos com o comando de uma autoridade, somos sempre apenas nós que, a partir de nossa própria responsabilidade, decidimos se esse comando é moral ou imoral. Uma autoridade pode ter o poder de impor seu comando, sem que possamos lhe opor resistência; mas, se fomos fisicamente capazes de escolher nosso modo de ação, então a responsabilidade permanece conosco: podemos obedecer ao comando ou não; podemos reconhecer ou rejeitar a autoridade.

Kant corajosamente empregou a mesma idéia no campo da religião. Ele escreve:

> Soa, de fato, grave, mas não é de modo nenhum reprovável dizer que cada homem *faz um Deus* para si, de acordo com conceitos morais [...] e até mesmo deve fazer tal Deus para adorar nele *aquele que o criou*. Pois seja qual for a maneira que se lhe descreva e torne conhecido um ser como Deus e [...] ainda o modo que ele possa ter aparecido a ele [...], cada homem deve [...] antes de tudo [...] julgar se está [por meio da consciência] apto a considerá-lo e adorá-lo como uma divindade.

A lei moral

A ética de Kant não se reduz à asserção de que a consciência do homem é sua única autoridade. Ele também tenta mostrar o que nossa consciência exige de nós. Fornece diversas formulações da lei moral. Uma delas é: "age de tal maneira que uses a humanidade, tanto na tua pessoa quanto na pessoa de qualquer outro, sempre e simultaneamente como fim e jamais apenas como meio". O espírito da ética kantiana pode, talvez, ser resumida nas seguintes palavras: ouse ser livre, e respeite e proteja a liberdade de todos os outros.

Sobre a base dessa ética, Kant erigiu sua importante doutrina do Estado e sua doutrina do direito internacional. Ele exigiu uma liga de nações, um 'federalismo de Estados livres' com a tarefa de proclamar a paz eterna e manter a paz eterna na Terra.

Kant e Sócrates

Tentei esboçar, em linhas gerais, a filosofia kantiana do mundo e do homem com suas duas idéias fundamentais, a cosmologia newtoniana e a ética da liberdade; são as idéias fundamentais a que o próprio Kant se refere em sua bela e quase sempre malcompreendida declaração: a respeito do céu estrelado sobre nós e da lei moral em nós.

Recuando mais no passado para atingir uma visão mais abrangente do lugar de Kant na história, podemos compará-lo com Sócrates. Ambos foram acusados de ter corrompido a religião do Estado e prejudicado a juventude. Ambos se declararam inocentes e ambos lutaram pela liberdade de pensamento. Liberdade significava para eles mais do que ausência de coerção: liberdade era para eles a única forma digna de vida humana.

O discurso de defesa e a morte de Sócrates tornaram a idéia do homem livre uma realidade viva. Sócrates era livre porque seu espírito não podia ser subjugado; era livre porque sabia que ninguém podia dizer algo contra ele. A essa idéia socrática do homem livre, que é uma herança de nosso Ocidente, Kant dá um novo significado tanto no campo do conhecimento quanto no da ética. E acrescentou-lhe ainda a idéia de uma sociedade de homens livres – uma sociedade de todos os homens. Pois Kant mostrou que todo homem é livre: *não* porque nasceu livre, mas porque nasceu com um fardo – o fardo da responsabilidade pela liberdade de sua decisão.

10. Auto-emancipação pelo conhecimento*

Há tempos que a filosofia de Immanuel Kant, o maior filósofo alemão, foi declarada superada e rejeitada como ferro-velho; e com ela sua filosofia da história. A extraordinária personalidade intelectual e moral de Kant foi um tormento para seus epígonos. Em todo caso, Fichte e, mais tarde, Hegel tentaram lidar com Kant fazendo-o passar por precursor deles. Kant, porém, não foi precursor da escola romântica, mas seu opositor. Ele foi o último grande filósofo desse movimento desde então tão vilipendiado, o 'Esclarecimento'. Num interessante ensaio sob o título "O que é Esclarecimento", Kant escreveu o seguinte:

> Esclarecimento é a saída do homem de sua auto-imposta menoridade. Menoridade é a incapacidade de se servir de seu entendimento sem a direção de um outro. Ele próprio é culpado por tal minoridade se suas causas não residem na falta de entendimento, mas de resolução e coragem para usar seu próprio entendimento sem a direção de um outro. *Sapere aude*! Tem co-

---

* Conferência proferida na Rádio da Baviera em 1961 no contexto de uma série de conferências sobre o tema "O sentido da história". Primeira publicação em *Der Sinn der Geschichte*, ed. Leonhard Reinisch, Munique, 1961, 1974.

ragem de usar teu próprio entendimento! Tal é o lema do Esclarecimento.

Assim escreveu Kant. E esse trecho do ensaio de Kant mostra claramente qual era para ele a idéia do Esclarecimento. Era a idéia da *auto-emancipação pelo conhecimento.* Embora Kant visse na auto-emancipação pelo conhecimento uma das mais importantes e dignas tarefas de sua própria vida e estivesse convencido de que todo homem se confronta com tal tarefa, exceto quando lhe falta entendimento suficiente, ele estava muito longe de identificar o sentido da vida a uma tarefa primordialmente intelectual, como é a auto-emancipação pelo conhecimento. Kant não precisou dos românticos para criticar a razão pura ou para se dar conta de que o homem não é um puro ser racional e de que o saber meramente intelectual não é o que há de melhor nem de mais sublime na vida humana. Ele foi um pluralista que lutou pela multiplicidade e pela diversidade dos objetivos humanos e, portanto, por uma ordem social pluralista ou aberta, sob o lema: "Ouse ser livre e respeite a liberdade e a diversidade nos outros, pois a dignidade humana reside na liberdade, na autonomia". No entanto, a auto-educação intelectual, a auto-emancipação pelo conhecimento, lhe pareciam uma tarefa filosoficamente necessária, que exorta cada homem aqui e agora à ação imediata; pois só pelo conhecimento podemos nos libertar *espiritualmente* – da escravidão por falsas idéias, preconceitos e ídolos. Desse modo, embora a tarefa da auto-emancipação certamente não esgote o sentido de nossa vida, o autodidatismo pode contribuir decisivamente para tornar nossa vida plena de sentido.

Acabei de empregar a expressão 'sentido da vida'; e, como meu tema é o sentido da história, gostaria de apontar uma analogia entre essas duas expressões – 'sentido da vida' e 'sentido da história'. Primeiro, uma observação sobre a ambigüidade da palavra 'sentido' na expressão 'sentido da vida'. Tal expressão é às vezes empregada como se quem a emprega pretendesse falar de um sentido interior oculto – mais ou menos como se pode falar do sentido oculto de um anagrama ou de uma epigrama ou do sentido do Chorus Mysticus no *Fausto*, de Goethe. Mas a sabedoria de vida dos poetas e filósofos nos ensinou que a expressão 'sentido da vida' deve ser entendida de outra maneira: o sentido da vida não é algo oculto que possamos encontrar ou descobrir na vida, mas algo que nós próprios podemos dar a nossa vida. Podemos conferir sentido a nossa vida por aquilo que fazemos, por nosso trabalho e nossas ações, por nossa atitude perante a vida, perante os outros e o mundo.

Isso torna a pergunta pelo sentido da vida numa pergunta ética – a pergunta "Que tarefas devo encarar para tornar minha vida plena de sentido?". Ou, nas palavras de Kant: "O que devo fazer?". Uma resposta parcial a essa pergunta se encontra nas idéias kantianas de liberdade e de autonomia e em sua idéia de um pluralismo, que, essencialmente, só é restringida pela idéia de igualdade perante a lei e pelo respeito à liberdade dos outros; idéias que, exatamente como a da auto-emancipação pelo conhecimento, podem contribuir para dar sentido a nossa vida.

O caso é semelhante com a expressão 'o sentido da história'. Aqui também muitas vezes se pensou num sentido misterioso, oculto do curso da história mundial; ou numa tendência de desenvolvimento oculta, inerente à história; ou numa meta que a história política mundial almeja. E creio que nossa resposta aqui deve ser semelhante à dada para a pergunta pelo sentido da vida: em vez de perguntar por um sentido oculto da história, devemos dar um sentido à história. Devemos tentar fornecer uma tarefa à história política – e, com isso, a nós mesmos. Em vez de perguntar por um sentido ou objetivo internos, ocultos da história política mundial, devemos nos perguntar quais objetivos da história política mundial são humanamente dignos e politicamente possíveis.

Minha primeira tese é, portanto, que devemos recusar falar no sentido da história se, com isso, nos referimos a um sentido que está oculto no drama da história, ou a tendências ou leis de desenvolvimento ocultas na história política mundial e que podem, talvez, ser descobertos nela por historiadores ou filósofos.

Minha primeira tese é, portanto, negativa. Ela afirma não haver um sentido oculto da história e que os historiadores e filósofos que crêem tê-lo descoberto estão se iludindo gravemente.

Minha segunda tese é, ao contrário, bastante positiva. Ela afirma que nós próprios podemos dar um sentido à história política, um sentido possível e digno dos seres humanos. Mas eu gostaria de afirmar mais coisas. Pois minha terceira tese é que podemos aprender com a história e que essa doação de sentido ético ou objetivos éticos não precisam ser necessariamente vãos. Pelo contrário, jamais compreenderemos a história se subestimarmos o poder histórico desses objetivos éticos. Sem dúvida, eles muitas vezes levaram a resultados terríveis; mas em muitos aspectos nos aproximamos das idéias do Esclarecimento expressos por Kant mais do que qualquer geração anterior; em especial, da idéia da auto-emancipação pelo conhecimento, da idéia de uma ordem social pluralista ou aberta e da idéia da proclamação da paz eterna como meta da história política das guerras. Quando digo que nos aproximamos desse objetivo, evidentemente não pretendo profetizar que a meta será logo, ou um dia, alcançada: com certeza, também podemos fracassar. No entanto, afirmo que pelo menos a idéia de paz, por cujo reconhecimento Erasmo de Roterdã, Immanuel Kant, Friedrich Schiller, Berta von Suttner, Friedrich Wilhelm Förster e muitos outros lutaram, é hoje em todo caso reconhecida e almejada pelos diplomatas e políticos como um objetivo consciente da política internacional; e isso é mais do que os grandes precursores da idéia da paz poderiam esperar, e também mais do que podíamos esperar até mesmo há 25 anos.

Confesso que esse sucesso extraordinário é apenas um sucesso parcial e que não foi provocado somente pelas idéias de Erasmo e Kant, porém mais ainda pela percepção da grandeza do perigo com que hoje uma guerra ameaça toda a humanidade. Isso, contudo, não muda nada no fato de que a meta é hoje aberta e geralmente reconhecida e que nossas dificuldades se devem sobretudo ao fato de os diplomatas e políticos não saberem como realizá-la. Evidentemente não posso aqui me aprofundar numa discussão desses problemas, mas uma explicação e uma discussão mais precisas de minhas três teses talvez sejam necessárias para sua compreensão.

Começo com minha primeira tese – a tese negativa de que a história política mundial não tem um sentido oculto e encontrável, e que não há nela tendências de desenvolvimento ocultas e encontráveis.

Essa tese contradiz agudamente não apenas as *teorias de progresso* do século XIX – por exemplo, as teorias de Comte, Hegel e Marx –, mas também *a teoria do declínio* de Oswald Spengler e as teorias *cíclicas* de Platão, Giovanni Battista Vico e outros.

Considero todas essas teorias totalmente errôneas, para não dizer absurdas. O que está errado é, antes de tudo, a elaboração da pergunta. Os termos 'progresso', 'retrogresso' etc. comportam juízos de valor; e as teorias de um progresso ou retrogresso históricos ou de um ciclo que consiste em progresso ou retrogresso relacionam-se necessariamente a uma escala de valores. Essa escala de valores pode ser moral, econômica ou então estético-artística; e, no âmbito do estético-artístico, pode se referir à música, à pintura, à arquitetura ou à literatura. E ela pode obviamente se referir à ciência ou à tecnologia. A escala de valores pode se basear na estatística da duração da vida ou numa estatística de doenças. Está claro que podemos, em uma ou outra dessas escalas ou orientações, fazer progressos ou atingir pontos altos, e *ao mesmo tempo* retrogredir e atingir pontos baixos em outras. Desse modo, na Alemanha da época das obras supremas de Bach, 1720-1750, não encontramos um ponto alto nem na literatura nem na pintura. No entanto, mais importante do que esse exemplo é o fato de que progressos em algumas áreas – em especial, no campo da economia ou da educação – não raro têm de ser pagos com retrogressos em outras áreas; tal como pagamos progressos na velocidade e densidade do tráfego automobilístico ao preço da segurança.

E o que vale para a realização de valores econômicos também se aplica à realização de certas exigências morais, sobretudo a fundamental exigência de liberdade e dignidade humanas. Assim, grande parte dos cidadãos dos Estados Unidos sentiu que a continuação da escravidão nos Estados sulinos era uma vergonha intolerável e inconciliável com sua consciência; mas precisaram comprar a abolição da escravatura com uma terrível guerra civil e com a destruição de uma florescente e peculiar cultura.

Semelhante é o caso do progresso da ciência – em parte, conseqüência da idéia da auto-emancipação pelo conhecimento –, que atualmente contribui para o prolongamento e enriquecimento de nossa vida; mas é discutível se contribui também para a felicidade e o contentamento das pessoas.

O fato de que podemos progredir e regredir ao mesmo tempo mostra que não apenas as teorias de progresso da história, mas também as teorias cíclicas e as de retrogresso e as profecias de declínio são insustentáveis e totalmente errôneas na maneira como elaboram as questões.

São pseudociências (como tentei demonstrar em diversos escritos[3]). Essas teorias pseudocientíficas têm, em conjunto, uma história bastante notável.

A teoria da história de Homero – tal como a teoria da história no Antigo Testamento – interpreta os eventos históricos como expressão direta de expressões da vontade errática de divindades extremamente caprichosas e semelhantes aos homens. Esse tipo de teoria da história era inconciliável com a idéia de Deus do judaísmo tardio e do cristianismo. De fato, a tese de que podemos compreender a história política mundial – a história das guerras de pilhagens, os saques, as espoliações e os meios de destruição cada vez mais numerosos – diretamente como obra de Deus é blasfêmia. Se a história é obra de um Deus misericordioso, então ela só pode sê-lo num sentido em que a vontade de Deus é insondável, incompreensível e inconcebível para nós: não é possível para nós, humanos, compreender o sentido da história quando tentamos compreendê-la como obra direta de Deus. Se, portanto, a religião pretende tornar compreensível o sentido da história, ela deve tentar entendê-la não como revelação direta da vontade divina, mas como uma luta entre forças más e boas –

---

[3] Ver especialmente "Der Zauber Platons" e "Falsche Propheten", em *Die offene Gesellschaft und ihre Feinde*, vols. 1, 2 (ed. Francke, Berna, 1957 e 1958); *The poverty of historicism*, 2ª ed., Londres, 1960; em tradução alemã: *Das Elend des Historizismus*, ed. J. C. B. Mohr (Paul Siebeck), Tübingen.

forças más e boas que atuam em nós ou por meio de nós. Foi isso que Santo Agostinho fez em seu livro sobre a Cidade de Deus. Seu precursor foi Platão, que interpreta a história como a queda político-ética, a queda de um Estado originalmente perfeito e comunista sob a influência nociva do auto-interesse mundano. Outra influência importante sobre a obra de Santo Agostinho deriva de seu período maniqueísta: a influência da heresia perso-maniqueísta, a doutrina da luta entre os princípios do bem e do mal (entre Ormuzd e Ahriman).

Sob essas influências, Agostinho descreve a história da humanidade como a luta entre o princípio bom, a Cidade de Deus, a *civitas dei*, e o princípio mau, a cidade do diabo, a *civitas diaboli*; e quase todas as outras teorias de desenvolvimento posteriores da história – com exceção talvez de algumas das mais ingênuas teorias de progresso – remontam a essa teoria maniqueísta de Santo Agostinho. As teorias de desenvolvimento modernas traduzem as categorias metafísicas ou religiosas de Agostinho numa linguagem das ciências naturais ou sociais. Assim, substituem Deus e o Diabo por raças biologicamente boas e ruins, ou classes boas e ruins – os proletários e os capitalistas. Mas isso pouco modifica o caráter original da teoria.

O certo é apenas que nossas idéias são poderes que influenciam a história. Mas é importante perceber que idéias boas e nobres podem ter às vezes uma influência muito nefasta sobre a história e que (como talvez Bernard de Mandeville tenha sido o primeiro a ver) não raro podemos encontrar algo como uma idéia, uma força histórica, que quer constantemente o mal e produz constantemente o bem.

Devemos, portanto, nos guardar de ver nossa história altamente pluralista como um desenho em preto-e-branco ou como um quadro pintado com apenas algumas poucas tintas contrastantes. E devemos nos guardar ainda mais de ler nela leis de desenvolvimento que podem ser convertidas em prognósticos cíclicos, prognósticos de declínio ou em quaisquer outras predições históricas semelhantes.

Infelizmente, contudo, o público espera desde Hegel e ainda mais desde Spengler que um homem sábio e em especial um filósofo ou filósofo da história possa predizer o futuro. Essa é uma grande desgraça, pois a demanda cria muito facilmente uma oferta. Desse modo, a demanda por profetas também teve como conseqüência uma oferta abundante. Pode-se dizer que hoje qualquer 'intelectual' que preze sua reputação se sente obrigado a arriscar a arte da profecia histórica.

"Por que eu não deveria, ao andar" – disse ele – "bem longe olhar?[2]"

A profundeza abismal de sua percepção e de sua ampla visão é quase sempre medida pela profundidade de seu pessimismo.

Penso estar na hora de pelo menos tentar relegar toda essa adivinhação ao lugar que lhe é próprio – a feira. Não quero de modo nenhum afirmar que profetas nunca dizem a verdade. Afirmo apenas que eles, na medida em que dizem algo de tangível, também dizem o falso com igual freqüência, e que não há nenhum método científico, histórico ou filosófico que possa servir de fundamento das ambiciosas predições históricas no estilo de Spengler. Pois o acerto em tal predição histórica é mera questão de sorte. A predição é arbitrária, casual e não-científica.

---

[2] Wilhelm Busch, *Plisch und Plum*.

Mas pode, evidentemente, exercer um forte efeito de propaganda. Se um número suficiente de pessoas crer no declínio do Ocidente, é certo então que o Ocidente entrará em declínio; até mesmo quando sua ascensão teria continuado sem tal propaganda. Pois idéias podem mover montanhas; até idéias falsas. Felizmente, às vezes também é possível combater idéias falsas com idéias verdadeiras.

Como pretendo, a seguir, apresentar umas reflexões bastante otimistas, gostaria de advertir que não se deve considerar esse otimismo uma predição otimista do futuro.

Não sei o que nos reserva o futuro; e não creio naqueles que acreditam saber. Meu otimismo se refere somente ao que podemos aprender com o passado e o presente; podemos aprender que muita coisa foi e é possível, tanto para o bem como para o mal; e que não temos nenhum motivo para desistir da esperança – nem do empenho por um mundo melhor.

Deixo agora o tema de minha primeira e negativa tese sobre o sentido da história para abordar minhas teses positivas mais importantes.

Minha segunda tese é que nós mesmos podemos *dar* um sentido e *estabelecer* um objetivo para a história política; um sentido e um objetivo dignos do homem.

Podemos falar sobre dar um sentido à história em dois significados bastante distintos: o mais importante e fundamental se refere a *fixar um objetivo* por meio de nossas idéias éticas. Num segundo significado, e menos fundamental, da expressão 'dar um sentido', o kantiano Theodor Lessing descreveu a história como *"Sinngebung des Sinnlosen"* ("a doação de sentido ao sem-sentido"). A tese de Lessing, que julgo correta, é a seguinte: podemos tentar ler um sentido na história, que em si é sem sentido; por exemplo, abordando o estudo da história com a pergunta sobre o que ocorreu a nossas idéias e especialmente nossas idéias éticas – digamos, a idéia da liberdade e a idéia da auto-emancipação pelo conhecimento – no curso da história. Quando nos guardamos de empregar a palavra 'progresso' no sentido de um progresso segundo leis naturais, então também é possível dizer que podemos extrair um sentido da história tradicional ao perguntar quais progressos e retrogressos realizamos e qual preço tivemos de pagar por nossos progressos. Disso também faz parte a história de nossos inúmeros erros trágicos – erros em nossos objetivos e erros na escolha dos meios.

Ninguém formulou isso com mais clareza do que o grande historiador inglês H. A. L. Fisher, que rejeitou as teorias de desenvolvimento historicistas e as pretensas leis de desenvolvimento da história, mas ao mesmo tempo ousou julgar a história do ponto de vista do progresso ético, econômico e político. Fisher escreveu[3]:

> Homens mais sábios e eruditos do que eu encontraram um sentido na história, um ritmo, um curso regular [...] eu, no entanto, vejo apenas uma crise imprevista atrás da outra; crises que se sucedem como ondas; apenas uma longa cadeia de acontecimentos, que são, todos, únicos e por isso não permitem nenhuma generalização, mas apenas *uma* regra ao historiador: que ele fará bem em não perder de vista a oposição do casual e do imprevisto.

Fisher diz, portanto, não haver nenhuma tendência de desenvolvimento interna; contudo prossegue:

---
[3] H. A. L. Fisher, *History of Europe*, 1935.

Mas não se deve considerar meu ponto de vista cínico ou pessimista; pelo contrário, afirmo que se pode ler o fato do progresso nitidamente nas páginas da história; o progresso, contudo, não é uma lei da natureza. O que uma geração ganha em terreno pode ser perdido pela geração seguinte.

Há, portanto, um progresso no seio da interação cruel e absurda das lutas e dos distúrbios políticos de poder; mas, como não há leis históricas de desenvolvimento que garantam a continuação do progresso, o destino futuro desse progresso – e, com isso, nosso destino – depende de nós mesmos.

Não citei Fisher aqui por acreditar que ele tem razão, mas sobretudo porque gostaria de mostrar como sua idéia é mais humanamente digna e sensata – a idéia de que a história depende de nós – do que a idéia de que a história tem suas leis intrínsecas, sejam mecânicas, dialéticas ou orgânicas, e de que somos apenas marionetes num teatro de marionetes da história ou bolas na disputa de forças históricas supra-humanas, como, por exemplo, as forças do bem e do mal, ou as do proletariado e do capitalismo.

Passo agora à discussão do segundo e mais importante significado da idéia de doação de sentido: a idéia que consiste em tentarmos dar uma tarefa não apenas a nossa vida individual, mas também a nossa vida política, a nossa vida como indivíduos que pensam politicamente; e, em particular, como indivíduos que consideram intolerável a tragédia absurda da história e vêem nela uma exortação para se empenharem ao máximo a fim de tornar a história futura mais provida de sentido. A tarefa é árdua; sobretudo porque a boa vontade e a boa-fé podem nos extraviar de maneira trágica. E, como defendo aqui as idéias do Esclarecimento, sinto-me especialmente comprometido a salientar em primeiro lugar que as idéias do Esclarecimento e do Racionalismo também conduziram às mais terríveis conseqüências.

Foi o terror de Robespierre que ensinou Kant – o qual havia dado boas-vindas à Revolução Francesa – que, sob o signo da liberdade, igualdade e fraternidade, podem-se cometer também os mais horrendos crimes; crimes tão horrendos quanto os perpetrados outrora na época das cruzadas, da caça às bruxas ou da Guerra dos Trinta Anos em nome do cristianismo. Mas Kant tirou uma lição da história de horror da Revolução Francesa. Essa lição, que nunca é demais reiterar, é que a crença fanática é sempre um mal e inconciliável com a meta de uma ordem social pluralista; e que é nosso dever nos opormos a toda espécie de fanatismo – mesmo quando seus objetivos são eticamente irrepreensíveis, e sobretudo também quando seus objetivos são os nossos próprios.

O perigo do fanatismo e o dever de nunca deixar de se contrapor a ele são, certamente, uma das mais importantes lições que podemos extrair da história.

Mas é possível evitar o fanatismo e seus excessos? A história não nos ensina que todos os objetivos éticos são vãos, exatamente porque só podem desempenhar um papel histórico quando são sustentados por uma crença fanática? E a história de todas as revoluções não nos ensina que a crença fanática numa idéia ética está sempre transformando tal idéia em seu contrário? Que ela abre as prisões em nome da liberdade apenas para logo em seguida encerrar nelas novas vítimas? Que ela proclama a liberdade de todos apenas para logo depois perseguir os descendentes das classes outrora privilegiadas, até a terceira e quarta gerações? Que ela proclama a fraternidade de todos, como que para tornar claro que seus assassinatos são fratricídios, embora ao mesmo tempo se apresente como a guardiã de seu irmão? A história não nos ensina que todas as idéias éticas são vãs e que as melhores idéias são, com freqüência, as mais perniciosas? E as revoluções Francesa e Russa não mostraram que as idéias iluministas de um mundo melhor são um absurdo criminoso?

Minha resposta a essas perguntas está contida em minha terceira tese. Essa tese diz que podemos aprender, com a história da Europa Ocidental e dos Estados Unidos, que dar um sentido ético ou estabelecer objetivos éticos não precisam ser esforços vãos. Isso certamente não quer dizer que nossos objetivos éticos já tenham sido plenamente realizados ou possam ser realizados. Minha tese é mais modesta. Afirmo apenas que a crítica social inspirada por princípios éticos reguladores teve sucesso em alguns lugares e que ela conseguiu eliminar os piores males da vida pública.

Essa é portanto minha terceira tese. Ela é otimista no sentido de ser uma refutação a todas as concepções pessimistas da história. Pois todas as teorias cíclicas e de declínio são evidentemente refutadas se é possível que nós próprios estabeleçamos um objetivo ético e concedamos um sentido ético para a história.

Mas essa possibilidade parece estar ligada a condições bastante precisas. A crítica social só foi coroada de êxito onde as pessoas aprenderam a estimar as opiniões alheias e ser modestas e sóbrias em suas metas políticas; onde aprenderam que a tentativa de criar o reino do céu na terra pode facilmente transformar a terra num inferno para todos.

Os países que aprenderam essa lição a tempo foram a Suíça e a Inglaterra, os primeiros países que empreenderam a tentativa utópica de estabelecer uma cidade de Deus na terra. Em ambos os países, a tentativa levou ao desencanto.

A Revolução Inglesa, a primeira das grandes revoluções da modernidade, não resultou na cidade de Deus, mas na execução de Carlos I e na ditadura de Cromwell. A lição que uma Inglaterra completamente desencantada tirou disso foi sua conversão ao legitimismo. Por causa desse legitimismo, fracassou a tentativa de Jaime II de reintroduzir à força o catolicismo na Inglaterra. Cansada das guerras civis religiosas, a Inglaterra estava disposta a ouvir a mensagem de John Locke e outros representantes do Esclarecimento que defendiam a tolerância religiosa e o princípio de que uma crença forçada é desprovida de valor; de que se pode *guiar* as pessoas à igreja, mas não se deve *arrastá*-las para a igreja (como o exprimiu Inocêncio XI).

Dificilmente é por acaso que a Suíça e a Inglaterra, que precisaram passar por essas experiências políticas desencantadoras, são países que conseguiram alcançar pela reforma democrática metas ético-políticas que não puderam ser alcançadas pela via da revolução, da violência, do fanatismo e da ditadura.

Em todo caso, pode-se aprender com a história da Suíça e das democracias escandinava e anglo-saxônica que não é impossível ter êxito na consecução de nossos objetivos – contanto que sejam pluralistas, isto é, que respeitem a liberdade e as opiniões de pessoas diferentes com objetivos diferentes –; que, portanto, não é impossível conferir um sentido a nossa história. E foi isso o que afirmei em minha terceira tese.

Esse resultado mostra que a crítica do Romantismo a Kant e ao Esclarecimento foi certamente muito mais superficial do que os tão difamados e ridicularizados *Aufklärerei* ou *Aufkläricht*, que foram 'superados' com enorme ovação. Kant e o Esclarecimento foram ridicularizados como ingênuos porque absolutizaram as idéias do liberalismo, porque acreditaram que a idéia de democracia é mais do que um fenômeno histórico passageiro. E ainda hoje ouvimos falar muito sobre o declínio dessas idéias. Mas, em vez de profetizar o declínio dessas idéias, seria melhor lutar por sua sobrevivência, pois tais idéias não apenas demonstraram sua viabilidade, mas também o caráter afirmado por Kant: uma ordem social pluralista é a moldura suficiente para qualquer objetivo, qualquer política que transcenda o presente imediato; qualquer política que tenha um sentido para a história e queira lhe dar um sentido.

Chego a minha última reflexão: tanto o Esclarecimento como o Romantismo vêem na história universal sobretudo uma história de idéias contendoras, uma história de lutas de crenças. Nisso estamos de acordo. Mas o que separa o Esclarecimento do Romantismo é a atitude perante essas idéias. O Romantismo valoriza a fé como tal, a força e a profundidade da fé, seja qual for seu conteúdo de verdade. Essa é a razão mais profunda de seu desprezo ao Esclarecimento, pois este vê a fé como tal com desconfiança – excetuando o campo ético. Embora o Esclarecimento não apenas tolere a fé como também a respeite, o que ele estima não é a fé como tal, mas a verdade. Que há algo como uma verdade absoluta e que podemos nos aproximar dessa verdade é a convicção fundamental da filosofia do Esclarecimento, em oposição ao relativismo histórico do Romantismo.

Contudo não é fácil se aproximar da verdade. Existe apenas um caminho, o caminho de nossos erros. Podemos aprender apenas com nossos erros; e só aprenderá quem estiver disposto a apreciar os erros dos outros como passos para a verdade; e quem *procura* por seus próprios erros a fim de se livrar deles.

A idéia de auto-emancipação pelo conhecimento não é, portanto, o mesmo que a idéia de domínio sobre a natureza. É, antes, a idéia de uma autolibertação *espiritual* do erro, da crença errônea. É a idéia de uma auto-emancipação espiritual mediante a crítica às idéias próprias.

Vemos aqui que o Esclarecimento não condena a fé fanática por motivos puramente utilitários; tampouco porque espera que possamos avançar melhor na política e na vida prática com uma atitude mais sóbria. A condenação da fé fanática é, antes, uma conseqüência da idéia da busca da verdade pela crítica de nossos erros. E essa autocrítica e auto-emancipação só são possíveis numa atmosfera pluralista, isto é, numa sociedade aberta que tolere nossos erros e muitos outros erros.

Desse modo, a idéia de auto-emancipação pelo conhecimento, que o Esclarecimento defendeu, continha também, desde o início, a idéia de que devemos aprender a nos distanciar de nossas próprias idéias, em vez de nos identificar com elas. O reconhecimento do poder espiritual das idéias conduziu à tarefa de nos libertamos do extremo poder espiritual das falsas idéias. No interesse da busca da verdade e da libertação do erro, devemos nos educar a ver nossas idéias tão criticamente quanto as idéias que combatemos.

Isso não significa uma concessão ao relativismo; pois a idéia do erro pressupõe a idéia da verdade. Quando admitimos que o outro tem razão e que talvez tenhamos errado, isso não significa que importa apenas o ponto de vista e que, como dizem os relativistas, cada um está certo de seu ponto de vista e errado de um outro ponto de vista. Nas democracias ocidentais muitos aprenderam que às vezes estão errados e seus adversários, certos; mas muitos deles que absorveram essa importante lição caíram no relativismo. Em nossa grande tarefa histórica de criar uma sociedade livre, pluralista – como a moldura social para uma auto-emancipação pelo conhecimento –, nada nos é mais necessário do que nos educarmos para uma atitude que nos permita ver criticamente nossas próprias idéias, sem nos tornarmos relativistas ou céticos; e sem perdermos a coragem e a determinação para lutar por nossas convicções.

11. A opinião pública à luz dos princípios do liberalismo*

As seguintes reflexões foram apresentadas em uma conferência de adeptos do liberalismo. Devem servir apenas como fundamentos para uma discussão. Como pude pressupor visões liberais entre meus ouvintes, interessei-me mais em questionar criticamente as opiniões difundidas favoráveis a essas visões do que fortalecê-las sem crítica nenhuma. Gostaria de salientar que, quando falo de liberalismo, não estou pensando em partidos, mas em princípios.

1. O mito da opinião pública

Devemos atentar para alguns mitos da 'opinião pública' que são, com freqüência, aceitos sem crítica.

Há, primeiramente, o mito clássico – *vox populi, vox dei* – que atribui à voz do povo uma espécie de autoridade e sabedoria definitivas. Seu equivalente moderno é a crença na infalibilidade (apoiada no senso comum) daquela figura mítica, do *man in the*

---

* Esta conferência foi proferida em inglês, em Veneza, em 1954; os exemplos são, em grande parte, retirados da experiência inglesa e devem ser entendidos nesse sentido. O dr. Mira Koffka se ocupou da tradução para o alemão, que foi publicada pela primeira vez em *Ordo* vol. 8 (1956).

street – do eleitor, do 'homem comum' e de seu voto/sua voz. Em ambos os casos, *evitar o plural* é uma característica. Mas, felizmente, o povo raras vezes fala com *uma só* voz; e os diferentes 'homens comuns', nas diferentes ruas, são exatamente tão diferentes quanto os diferentes liberais numa sala de conferência. E, mesmo que ocasionalmente sejam da mesma opinião, o que eles decidem com unanimidade nem sempre é sábio. Podem estar certos ou errados. 'A voz' pode se pronunciar com extrema autoconfiança em questões altamente duvidosas. (Exemplo: a exigência aceita de forma quase unânime e inconteste da 'rendição incondicional'.) E ela pode se exprimir com hesitação e incerteza em questões sobre as quais não há, na realidade, espaço para dúvida. (Exemplo: a questão se devemos nos resignar com a chantagem política e o genocídio político.) 'A voz' pode se guiar por boas intenções e ao mesmo tempo ser tola. (Exemplo: o protesto público que derrubou o plano Hoare-Laval.) Mas pode demonstrar intenções não tão boas e ser prudente, embora não sábia. (Exemplos: a aprovação da Missão Runciman e a aprovação do Acordo de Munique de 1938.)

Contudo acredito que há um grão de verdade no mito da *vox populi*. Seria possível exprimi-lo da seguinte maneira: embora não raro tenham acesso apenas limitado a fatos importantes, as pessoas simples são muitas vezes mais sábias do que os governantes, e, se não mais sábias, são freqüentemente guiadas por interesses melhores e mais generosos. (Exemplos: a disposição do povo tchecoslovaco de lutar, na véspera do Acordo de Munique; ou, novamente, o protesto contra o plano Hoare-Laval.)

Uma forma desse mito – ou talvez de seu fundo filosófico – que me parece de especial interesse e importância é a suposição de que *a verdade é manifesta*. Estou me referindo à teoria de que, embora o erro sempre necessite de uma explicação (e pode, por exemplo, ser explicado por falta de boa vontade ou por parcialidade ou preconceito), a verdade sempre se manifesta, contanto que não seja reprimida. Disso surge a crença ingênua e otimista de que a liberdade, mediante a eliminação de toda repressão e outros obstáculos, necessariamente conduz ao reino ilimitado da verdade (e da justiça).

Minha descrição desse importante mito é, evidentemente, uma simplificação consciente; ele também pode ser assim formulado: 'Se nos mostrarem a nós (ou ao povo) a verdade, é impossível que não a reconheçamos'. Sugiro chamar isso de teoria do otimismo racionalista. Essa teoria inspirou tanto o liberalismo como o socialismo; é, de fato, uma teoria característica tanto do movimento do Esclarecimento quanto da maioria de seus seguidores e seus antecessores imediatos. É, tanto quanto o mito da *vox populi*, um mito da autoridade da unanimidade – uma unanimidade da qual aprendemos a desconfiar.

Encontramos uma reação a esse mito racionalista e otimista na forma em que a teoria da *vox populi* aparece no Romantismo: refiro-me à doutrina da autoridade e unidade da vontade popular (*volonté générale*); ou do espírito do povo; ou do gênio da nação; ou do espírito coletivo; ou da voz do sangue. Eu mal preciso reiterar aqui o argumento que Kant e muitos outros – eu inclusive – lançaram contra essa doutrina da apreensão irracional da verdade; contra uma doutrina que culminou na teoria hegeliana da *astúcia da razão*: uma razão que usa nossa paixão como instrumento para a apreensão instintiva ou intuitiva da verdade. Essa teoria procura provar que é impossível que o povo esteja errado, especialmente quando ouve apenas a voz da paixão, não a da razão.

Uma variante importante e ainda hoje muito influente de nosso mito é o *mito do progresso da opinião pública*, que pode ser designado como a forma em que o liberalismo do século XIX defendeu o mito da opinião pública. Ele pode ser ilustrado por um trecho do romance político *Phineas Finn*, de Antony Trollopes, para o qual o professor E. H. Gombrich me chamou a atenção. Trollope descreve o destino de uma moção no parlamento pela reforma da lei de arrendamento na Irlanda. A moção vai a votação e é aceita: o ministério é derrotado por uma maioria de 23. "E agora", diz o sr. Monk, o parlamentar, "a triste verdade é que, apesar de tudo, não nos aproximamos nem um passo da reforma dos direitos dos arrendatários."

"Mas nos aproximamos dela."

"Num sentido, sim. Esse debate e essa maioria fazem as pessoas pensar. Mas não – 'pensar' é uma palavra muito solene. Via de regra, as pessoas não pensam. Mas isso talvez lhes faça crer que deve haver alguma coisa nessa questão. Muitos que não viam na idéia de uma legislação nessa matéria mais do que um devaneio talvez mudem para a opinião de que ela é apenas perigosa ou talvez somente difícil. E, com o tempo, essa reforma passará a ser vista entre as coisas possíveis e, em seguida, entre as coisas prováveis – até que por fim seja aceita na lista das poucas medidas que o país considera absolutamente necessárias. Essa é maneira como a opinião pública é formada."

"Não foi perda de tempo dar o primeiro grande passo para sua realização", diz Phineas.

"O primeiro grande passo foi dado há muito...", retrucou o sr. Monk. "Mas é uma grande coisa dar mais um passo que nos leve adiante."

A observação feita pelo membro do parlamento radical-liberal pode talvez ser chamada de *teoria avant-garde da opinião pública.* Segundo essa teoria, há alguns líderes ou criadores da opinião pública que, por cartas ao *Times* ou por discursos e moções no parlamento, fazem que certas idéias sejam primeiro rejeitadas, depois discutidas e finalmente aceitas. A opinião pública é concebida aqui como uma espécie de tomada de posição pública diante de idéias e esforços daqueles aristocratas do intelecto que são os criadores de novas idéias, novos conceitos e novos argumentos. Ela é pressuposta, portanto, como relativamente lenta, passiva e conservadora; mas é capaz de, no fim, reconhecer intuitivamente a verdade contida nas propostas de reforma; e isso converte a opinião pública num árbitro decisivo, autorizado, dos debates da assim chamada elite. (Sou um opositor de todas as elites e do mito da elite.) Sem dúvida, isso é, de novo, uma forma de nosso mito, embora talvez pareça à primeira vista que não se trata de um mito, mas de um quadro da realidade inglesa. Sem dúvida, as propostas de reforma muitas vezes puderam se impor dessa maneira na Inglaterra; mas apenas as reivindicações justas tiveram êxito? Sou inclinado a acreditar que, na Inglaterra, a verdade de uma afirmação ou a sabedoria de uma proposta têm menos probabilidade de ganhar o apoio da opinião pública para uma certa política do que *o sentimento de que se cometeu ou até mesmo de que talvez se continue a cometer uma injustiça que pode e deve ser reparada*. É essa característica sensibilidade moral da opinião pública na Inglaterra e a maneira como pode ser despertada que são descritas por Trollope; descreve-se como a opinião pública apreende intuitivamente uma injustiça, mas não a apreensão intuitiva de um fato, de uma verdade. Até que ponto a descrição de Trollope se pode aplicar a outros países? Poderia haver debates sobre essa questão.

2. Fundamentos do liberalismo: um conjunto de teses[1]

1. *O Estado é um mal necessário*. Seus poderes não podem ser multiplicados além da medida necessária. Esse princípio poderia ser chamado de 'navalha liberal' (em analogia com a navalha de Ockham, ou seja, o famoso princípio de que essências metafísicas não devem ser multiplicadas além do necessário).

Para mostrar a necessidade desse mal – o Estado – não vou me referir à visão de Hobbes: *Homo homini lupus*. Ao contrário, essa necessidade pode ser mostrada até mesmo se assumimos a visão *Homo homini felis* ou mesmo *Homo homini angelus* – em outras palavras, a visão de que, por pura brandura ou talvez por pura bondade angelical, ninguém fará mal a ninguém. Pois num mundo assim ainda haveria homens mais fracos e mais fortes, e os mais fracos não teriam *nenhum direito* de ser tolerados pelos mais fortes; eles lhes seriam gratos por sua bondade de tolerá-los. Aqueles (fortes ou fracos) que consideram essa situação insatisfatória e crêem que todos devem ter um *direito* de viver e uma *reivindicação* de ser protegidos contra o poder dos fortes também reconhecerão a necessidade de um Estado que proteja o direito de todos.

Contudo, não é difícil mostrar que o Estado é um perigo constante e nesse sentido um mal, ainda que necessário. Pois, para que o Estado cumpra sua função, ele deve ter mais poder do que qualquer cidadão individual ou qualquer grupo de cidadãos. Mesmo que concebamos instituições que restrinjam o peri-

---

[1] Compare esse e o próximo parágrafo com meu livro *The open society and its enemies* (Londres, 1945; edições revistas, Princenton e Londres, 1984). Uma edição alemã, *Die Offene Gesellschaft und ihre Feinde*, foi publicada pela editora A. Francke (Berna): vol. 1, *Der Zauber Platons*, e vol. 2, *Falsche Propheten: Hegel, Marx und die Folgen*. Essa edição ainda não contém as revisões.

go do abuso desse poder, nunca podemos eliminar por completo esse perigo. Ao contrário, parece que sempre devemos pagar um preço pela proteção do direito do Estado, não apenas na forma de impostos, mas até mesmo na forma de humilhação, com que devemos nos conformar. (A 'arrogância dos cargos públicos'.) Mas tudo isso é uma questão de grau: o que importa é não pagar um preço exorbitante por ela.

2. A diferença entre uma democracia e um despotismo é que, numa democracia, *é possível livrar-se do governo sem derramamento de sangue; num despotismo, não.*

3. A democracia não pode (nem deveria) prestar nenhum benefício aos cidadãos. De fato, 'a democracia' não pode, ela mesma, fazer nada – só os cidadãos de um Estado democrático podem agir (incluindo evidentemente o governo). A democracia não é nada senão uma moldura dentro da qual os cidadãos podem agir.

4. *Não somos democratas porque a maioria sempre está certa, mas porque as instituições democráticas, se estão enraizadas em tradições democráticas, são de longe as menos nocivas que conhecemos.* Se a maioria (a 'opinião pública') decide em favor de um despotismo, nem por isso um democrata precisa renunciar a suas convicções; mas ele se dará conta de que em seu país a tradição democrática não era forte o suficiente.

5. *Meras instituições nunca são suficientes se não se enraízam em tradições.* Instituições são sempre 'ambivalentes' no sentido de que – sem auxílio de uma tradição forte – podem atuar segundo um propósito oposto ao que deveriam. Por exemplo, a oposição no parlamento deve, *grosso modo,* impedir que a maioria roube o dinheiro do contribuinte. Mas me lembro de um pequeno escândalo num país no Sudeste da Europa que ilustra a ambivalência

dessa instituição. Foi um caso em que uma grande soma derivada de corrupção foi dividida entre a maioria e a oposição.

Tradições são necessárias para criar uma espécie de vínculo entre instituições e as intenções e os conceitos de valor dos indivíduos.

6. Uma 'utopia' liberal – ou seja, um Estado planejado de forma racionalista sobre uma *tabula rasa* sem tradição – é uma impossibilidade. Pois o princípio do liberalismo exige que *as restrições da liberdade individual, que se tornam inevitáveis pela convivência social, sejam uniformemente distribuídas* (Kant) e reduzidas o máximo possível. Mas como aplicar na prática um tal princípio *a priori*? Devemos impedir que um pianista se exercite ou que seu vizinho desfrute uma tarde tranqüila? Todos os problemas desse tipo podem ser solucionados por um recurso a tradições e costumes existentes – recurso a um sentimento tradicional de justiça, ao direito comum, como se diz na Inglaterra – e ao que um juiz imparcial reconhece como apropriado. *Como todas as leis podem estabelecer apenas princípios universais, elas devem ser interpretadas para ser aplicadas; mas uma interpretação, por sua vez, precisa de certos princípios da prática cotidiana que só uma tradição viva pode desenvolver. Tudo isso se aplica muito especialmente aos princípios altamente abstratos e universais do liberalismo.*

7. *Os princípios do liberalismo podem ser descritos como princípios com cujo auxílio as instituições existentes podem ser julgadas e, se possível, restringidas ou modificadas. Eles não são capazes de substituir instituições existentes.* Em outras palavras, o liberalismo é antes uma convicção evolucionária do que revolucionária (exceto se confrontado com um despotismo).

8. *Entre as tradições, devemos contar como as mais importantes as que formam a 'moldura moral' (em correspondência com a moldura legal institucional) de uma sociedade e que incorporam seu tradicional*

senso de justiça e decoro, como também o grau de sensibilidade moral que a sociedade alcançou. Essa moldura moral serve como fundamento sobre o qual é possível atingir uma comparação justa e igualitária entre interesses conflitantes onde isso é necessário. Essa moldura moral evidentemente não é imutável, mas se modifica de forma relativamente lenta. *Nada é mais perigoso do que a destruição dessa moldura, dessa tradição.* (Essa destruição foi conscientemente almejada pelo nazismo.) Ela acaba levando a um niilismo cínico – à desconsideração e dissolução de todos os valores humanos.

3. A livre discussão na teoria do liberalismo

Liberdade de pensamento e livre discussão são valores últimos do liberalismo, que não precisam de mais justificação. Mas podem ser explicados por referência ao papel que desempenham na busca da verdade. *A verdade não é manifesta*, tampouco é fácil de encontrar. A busca pela verdade requer pelo menos

a) fantasia

b) tentativa e erro (*trial and error*)

c) a descoberta gradual de nossos próprios preconceitos com auxílio de a), b) e da *discussão crítica*.

A tradição ocidental do racionalismo, derivada dos gregos, é a tradição da discussão crítica – a tradição do exame e do teste de sugestões ou teorias pela tentativa de refutá-las (*elenchos*). Esse método da crítica racional não pode ser confundido com um método de prova, ou seja, um método que almeje finalmente estabelecer a verdade (*epagogē*). Não existe tal método; tampouco existe um método em condições de sempre resultar num acordo. O valor da discussão crítica consiste, antes, no fato de que todos os participantes da discussão alterem em certa medida suas opiniões e depois se separem como pessoas mais sábias. Freqüentemente se afirma que as discussões só são possíveis entre pessoas que cultivam visões fundamentais comuns. *Considero isso falso*. Só uma coisa é necessária: a disposição de aprender com o parceiro na discussão, disposição que inclui o desejo sincero de entender o que ele diz. Se essa disposição está presente, uma discussão será tanto mais produtiva quanto mais diverso for o meio intelectual do qual provêm os diferentes participantes: o valor de uma discussão depende amplamente da variedade das visões e opiniões que se enfrentam. Se não houvesse uma Babel, seria preciso inventá-la. O liberalismo põe sua esperança não num consenso de convicções, mas na fertilização mútua das opiniões e em seu conseqüente desenvolvimento. Mesmo que tenhamos êxito em solucionar um problema para satisfação geral, criamos, justamente pela solução, novos problemas, que devem resultar em novas diferenças de opinião, o que entretanto não é motivo para lamentar.

A busca da verdade, por meio da discussão livre, racional, é um assunto público, mas a 'opinião pública', o que quer que seja isso, não é o resultado de tais discussões. A opinião pública pode talvez ser influenciada pela ciência e tomar posição em relação a ela, mas não é o resultado de uma discussão científica.

Mas o respeito tradicional pela discussão racional conduz, no campo da política, ao respeito tradicional pelo método do *governo mediante discussão* (como é chamado o governo parlamentar na Inglaterra). E, com isso, ele desenvolve o senso de justiça; o hábito de fazer valer outros pontos de vista; e, além disso, a disposição para o acordo.

O que os partidários dos princípios do liberalismo podem esperar é que as tradições que se modificam e se desenvolvem sob a influência da discussão crítica possam substituir muito do que é chamado 'opinião pública' e que, com o tempo, assumam as funções que freqüentemente se atribuem à opinião pública.

4. As formas da opinião pública

Há duas formas principais de opinião pública: uma que se ancora em instituições e outra que não se ancora em instituições.

Exemplos de instituições que servem à opinião pública ou a influenciam são: a imprensa (incluindo cartas ao editor), partidos políticos, sociedades, comércio de livros, radiodifusão, universidades, teatro, cinema, televisão.

Exemplos de formação de opinião pública sem tais equipamentos especiais: o que as pessoas no trem ou em lugares públicos falam sobre os mais recentes acontecimentos ou sobre os estrangeiros ou as 'pessoas de cor'; além disso, o que elas, em especial na Inglaterra, falam umas sobre as outras à mesa do jantar – na Áustria, no café; na Baviera, na cervejaria. (Essas ocasiões podem até se tornar sólidas instituições.)

5. Os perigos da opinião pública

A opinião pública, seja o que ela for, é muito poderosa. Pode derrubar governos, até mesmo governos não democráticos. O liberalismo deve olhar com suspeita tal poder.

Por causa de seu anonimato, a opinião pública é um *poder sem responsabilidade* e, por isso, especialmente perigosa do ponto de vista do liberalismo. (Exemplo: exclusão das pessoas de cor, e outras questões de 'raça'.) O remédio em *uma* direção é óbvia: a redução do poder do Estado pode diminuir o perigo causado pela influência da opinião pública sobre o Estado. Mas isso está longe de assegurar a liberdade de ação e pensamento do indivíduo. A opinião pública pode, até mesmo em suas formas não ancoradas em instituições, tornar-se um poder despótico. Isso gera novamente a necessidade de proteção do indivíduo pelo Estado e a necessidade de uma tradição liberal em desenvolvimento e crescimento.

A afirmação de que a opinião pública não é irresponsável, mas 'responsável para consigo mesma' – no sentido de que as más conseqüências de seus julgamentos errôneos recaem sobre quem defendeu a opinião equivocada –, é mais uma forma do mito da coletividade da opinião pública; pois a falsa propaganda de um grupo de cidadãos pode facilmente prejudicar um grupo totalmente diferente.

6. Alguns problemas práticos: censura e monopólio da publicidade ('mídia')

(Observação: A seguir, nenhuma tese é formulada; apenas se levantam problemas.)

Até que ponto um posicionamento racional contra a censura depende da tradição de uma autocensura voluntária?

Até que ponto o monopólio editorial produz uma forma de censura? Até que ponto pensadores podem publicar suas idéias livremente? Pode e deve haver uma liberdade absoluta de publicar tudo?

A influência e a responsabilidade dos intelectuais: a) sobre a difusão de idéias (exemplo: o socialismo), b) sobre a aceitação de tendências e modas muitas vezes despóticas (exemplo: arte abstrata).

A liberdade das universidades: a) interferência estatal, b) interferência privada, c) interferência em nome da opinião pública.

Elaboração, encenação e 'planejamento' da opinião pública.

O problema do gosto: normatização e nivelamento ('padronização').

O problema: propaganda e anúncios de um lado, difusão de notícias de outro.

O problema da *propaganda para crueldade* em jornais (especialmente nos 'quadrinhos'), cinema, televisão etc.

Um problema ainda maior é a moda intelectual do pessimismo.

Essa moda resulta na propaganda para a tese de que vivemos numa ordem social ruim – e até mesmo num mundo ruim.

7. Uma breve lista de exemplos políticos

A seguinte lista contém casos que merecem uma cuidadosa análise, pois foram julgados erroneamente não só pela 'opinião pública', mas também por muitos adeptos importantes do liberalismo.

1. O plano Hoare-Laval (uma tentativa de dissociar Mussolini de Hitler).

2. A abdicação de Eduardo VIII.

3. O êxito de popularidade de Neville Chamberlain depois de Munique (1938).

4. Rendição incondicional.

5. O caso 'Critchel-Down'[2].

6. O hábito inglês de aceitar incômodos, necessários e desnecessários, sem resmungar.

7. O movimento 'sem-mim' ('ohne-mich Bewegung') na Alemanha.

---

[2] Um caso bastante célebre de abuso de autoridade na Inglaterra.

8. Resumo

Gostaria de apresentar aqui um resumo. Essa entidade vaga, mal compreendida, chamada 'opinião pública', é, com freqüência, mais esclarecida e sábia do que os governos; mas, sem as rédeas de uma forte tradição liberal, representa um perigo para a liberdade. A opinião pública jamais pode ser reconhecida como *vox dei*, como árbitro da verdade e da falsidade, mas às vezes é um juiz iluminado em questões de justiça e outros valores morais. (A libertação dos escravos nas colônias britânicas[3].) É perigosa em questões de gosto. Infelizmente pode ser 'elaborada', 'posta em cena' e 'planejada'. Podemos combater esses perigos apenas pelo fortalecimento das tradições do liberalismo; e qualquer um pode participar desse projeto.

É preciso distinguir a opinião pública das discussões livres, críticas e públicas que ocorrem na ciência (ou deveriam ocorrer), incluindo a discussão sobre questões de justiça e outros temas morais. Por certo, a opinião pública é influenciada por tais discussões, mas não é um resultado delas, nem é controlada por elas.

---

[3] Esse caso exerceu, com razão, profunda influência em Schopenhauer. Cf. *Die beiden Grundprobleme der Ethik, II*, "Über das Fundament der Moral" [Os dois problemas fundamentais da Ética, II, 'Sobre o fundamento da moral'], § 18 (penúltimo parágrafo).

12. Uma teoria objetiva da compreensão histórica*

As diversas filosofias ocidentais são quase inteiramente variações sobre o tema do dualismo corpo-alma. Os desvios desse tema dualista foram, na maioria, tentativas de introduzir um monismo. A meu ver, essas tentativas não tiveram êxito. Estamos sempre descobrindo que, sob o véu dos protestos monistas, se esconde um dualismo corpo-alma.

O pluralismo e o mundo 3

Mas não há apenas desvios monistas da linha geral, há também pluralistas. Isso pode ser claramente visto no politeísmo e até mesmo em suas variantes monoteístas e ateístas. No entanto, pode-se duvidar se as diferentes interpretações religiosas do mundo são capazes de fornecer uma alternativa ao dualismo de corpo e espírito. Pois os deuses, não importa quantos, são ou espíritos em corpos imortais ou espíritos puros, em contraposição aos homens.

---

* Versão ampliada de uma conferência proferida em 3 de setembro de 1968, na sessão plenária do XIV Congresso Internacional de Filosofia em Viena (ver também meu ensaio "On the theory of the objective mind" no primeiro volume das Atas do Congresso). Primeira publicação em *Schweizer Monatshefte*, ano 50, 1970.

Alguns filósofos, entretanto, defenderam um pluralismo genuíno: afirmaram a existência de um *terceiro mundo* além do corpo e da alma, de objetos físicos e processos conscientes. Platão, os estóicos e alguns pensadores modernos como Leibniz, Bolzano e Frege estão entre tais filósofos (mas não Hegel, que tinha fortes tendências monistas).

O mundo das formas ou idéias de Platão não era um mundo da consciência e de conteúdos da consciência, mas um mundo de conteúdos lógicos objetivo, autônomo. Ele existia ao lado do mundo físico e do mundo da consciência como um terceiro mundo objetivo e autônomo. Pretendo defender essa filosofia pluralista do mundo 3, embora eu não seja nem platônico nem hegeliano.

De acordo com essa filosofia, nosso mundo consiste em, pelo menos, três partes; ou, como também se pode dizer, existem três mundos. O primeiro é o mundo físico ou o mundo dos estados físicos; o segundo é o mundo da consciência ou o mundo dos estados espirituais; e o terceiro é o mundo das idéias no sentido objetivo. É o mundo das teorias em si e de suas relações lógicas, o mundo das argumentações em si, dos problemas em si e das situações de problemas em si; seguindo um conselho de sir John Eccles, chamei os três mundos de 'mundo 1', 'mundo 2' e 'mundo 3'.

Uma das questões fundamentais dessa filosofia pluralista diz respeito às relações entre esses três mundos.

Os três mundos estão vinculados pelo fato de que o mundo 1 e o mundo 2 podem interagir, assim como o mundo 2 e o mundo 3. Isso significa que o mundo 2, o mundo das experiências subjetivas e pessoais, pode entrar em interação com qualquer um dos outros dois mundos. O mundo 1 e o mundo 3 não podem, como parece, interagir diretamente, mas pela mediação do mundo 2, o mundo das vivências subjetivas ou pessoais. Parece-me importante que as relações dos três mundos possam ser descritas dessa maneira, isto é, com o mundo 2 no papel de um mediador entre o mundo 1 e o mundo 3.

Os estóicos foram os primeiros a fazer a importante distinção entre o *conteúdo lógico* objetivo (do mundo 3) do que estamos dizendo e os objetos sobre os quais falamos. Esses objetos podem, por sua vez, pertencer a qualquer um dos três mundos.

Podemos falar em primeiro lugar sobre o mundo físico – sobre objetos físicos ou também sobre processos físicos; em segundo lugar, sobre processos psicológicos, incluindo nossa compreensão de teorias; e em terceiro lugar sobre o conteúdo lógico de teorias – por exemplo, de proposições aritméticas – e especialmente sobre sua verdade e falsidade.

É importante que os estóicos tenham estendido a teoria do mundo 3 das idéias platônicas para as teorias e proposições. Mas eles também introduziram outros objetos lingüísticos do mundo 3, como problemas, argumentos, investigações; além disso, distinguiram objetos como comandos, admonições, pedidos, tratados e narrativas. Também distinguiram claramente entre um estado pessoal de sinceridade ou verdade e a verdade objetiva de teorias ou de proposições – isto é, teorias ou proposições que se enquadram no predicado 'objetivamente verdadeiro' do mundo 3.

Quero agora fazer uma distinção entre dois grupos de filósofos. O primeiro consiste naqueles que, como Platão, aceitaram um mundo 3 autônomo e o consideraram supra-humano e, por conseguinte, divino e eterno.

O segundo grupo consiste naqueles que, como Locke ou Mill ou Dilthey, indicaram que a *linguagem* e o que ela 'exprime' ou 'comunica' são obra humana. Por isso eles vêem a linguagem e tudo o que é lingüístico como parte dos dois primeiros mundos e rejeitam a suposição de um mundo 3. É muito interessante que a maioria dos estudiosos das ciências humanas e especialmente os historiadores da cultura pertençam ao grupo dos que rejeitam o mundo 3.

O primeiro grupo, o dos platônicos, apóia-se no fato de que há verdades eternas: uma proposição inequivocamente formulada é verdadeira ou falsa; e o é num sentido intemporal. Esse fato parece ser decisivo: verdades eternas devem ter sido verdadeiras antes que existissem os homens; elas não podem, portanto, derivar de nós.

Os filósofos do segundo grupo concordam que essas verdades eternas não podem derivar de nós; mas concluem disso que não há verdades eternas.

Creio ser possível adotar uma posição que se desvia desses dois grupos. Sugiro aceitar a realidade e especialmente a autonomia do mundo 3 – isto é, sua independência da arbitrariedade humana –, mas ao mesmo admitir que o mundo 3 se originou como um produto da atividade humana. Pode-se admitir que o mundo 3 é obra humana e é, ao mesmo tempo, num sentido absolutamente claro, supra-humano.

Que o mundo 3 não é uma ficção, mas existe 'realmente', torna-se claro quando consideramos quão grande é seu efeito – por mediação do mundo 2 – sobre o mundo 1. Basta pensar no efeito da teoria da transmissão da força elétrica ou da teoria atômica sobre nosso entorno físico inorgânico e orgânico, ou no efeito de teorias econômicas sobre decisões como construir um navio ou um campo de aviação.

A posição que estou sugerindo diz que o mundo 3, exatamente como a linguagem humana, é um produto dos homens, assim como o mel é um produto das abelhas. Tal como a linguagem (e, supostamente, como o mel), o mundo 3 também é um subproduto *não-intencional e não-planejado* das ações humanas (ou animais).

Consideremos, por exemplo, a teoria dos números. Diferentemente de Kronecker, vejo a série dos números inteiros como uma obra humana. Ela é um produto da linguagem e do pensamento humanos. No entanto, existe uma infinidade de números inteiros e, portanto, mais – infinitamente muito mais – do que pode ser pronunciado pelos homens ou usado por um computador. E há uma infinidade de equações verdadeiras entre tais números, e de equações falsas, mais do que podemos designar como 'verdadeiro' ou 'falso'. Eles todos são habitantes, objetos, do mundo 3.

Todavia, o que é mais importante é que problemas novos e inesperados aparecem como subprodutos não-intencionais na seqüência dos números naturais; por exemplo, os problemas não-solucionados da teoria dos números primos (como, por exemplo, a conjectura de Goldbach). Esses problemas são nitidamente *autônomos*. São independentes de nós, são *descobertos* por nós. Eles existem, não-descobertos, antes que os descubramos. Também há entre esses problemas não-solucionados aqueles que são insolúveis.

Em nosso empenho para solucionar esse ou aquele problema, construímos novas teorias. Essas teorias são obra nossa: são resultado de nosso pensamento crítico e criativo. Mas se essas teorias são (por exemplo, a conjectura de Goldbach) verdadeiras ou falsas não depende de nós. E cada nova teoria cria novos problemas, não-intencionais e insuspeitados – problemas autônomos, que podem ser descobertos por nós.

Isso explica como é possível que o mundo 3 seja geneticamente obra nossa, embora em outro sentido seja, ao menos em parte, autônomo. Explica como é possível que possamos atuar sobre ele, que possamos fornecer uma contribuição para ele, que possamos influenciar seu desenvolvimento, embora não haja pessoa capaz de ter uma visão espiritual total nem do mais ínfimo canto desse mundo. Todos contribuímos para o crescimento do mundo 3, embora seja minúscula a contribuição de cada indivíduo. Todos tentamos compreender o mundo 3, e não podemos viver sem interagir com ele, pois todos fazemos uso da linguagem.

O mundo 3 não cresceu além apenas da compreensão de cada indivíduo, mas até mesmo além da compreensão de todos os homens, num sentido nitidamente compreensível[1]. Sua influência sobre nosso crescimento espiritual e, com isso, sobre seu próprio crescimento é ainda maior e mais importante do que nossa muito importante influência criativa sobre ele. Pois quase todo crescimento espiritual do ser humano é o resultado de um mecanismo de *feedback*: tanto nosso próprio crescimento intelectual como também o crescimento do mundo 3 provêm do fato de que problemas não-solucionados nos desafiam a tentativas de solução; e, como muitos problemas permanecerão para sempre não-solucionados e não-descobertos, sempre haverá oportunidade para a ação crítica e criativa, embora – ou justamente porque – o mundo 3 seja autônomo.

---

[1] Pois é possível mostrar (A. Tarski, A. Mostowski, R. M. Robinson, *Undecidable theories*, Amsterdã, 1953, ver especialmente nota 13, pp. 60ss.) que o sistema (completo) de todas as proposições verdadeiras da aritmética dos números inteiros não é axiomatizável e é (essencialmente) indecidível. Segue-se daí que na aritmética sempre haverá infinitamente muitos problemas não-solucionados. É interessante podermos fazer tais descobertas insuspeitadas e totalmente independentes de nossa consciência sobre o mundo 3. (Esse resultado remete a um trabalho pioneiro de Kurt Gödel.)

O problema da compreensão, especialmente na história

Precisei mencionar aqui alguns fundamentos que explicam e apóiam a tese da existência de um mundo 3 autônomo na intenção de aplicar tudo no assim chamado problema da compreensão. Esse problema é visto há muito pelos estudiosos de ciências humanas como um de seus problemas centrais.

Quero aqui defender, de modo breve, a tese de que a principal tarefa das ciências humanas é a compreensão de coisas que pertencem ao mundo 3. Parece-me que essa tese está em aguda contraposição com um dogma que é aceito como fundamental por quase todos os estudiosos de ciências humanas e em particular pela maioria dos historiadores, e sobretudo por aqueles que se interessam pela compreensão. O dogma a que me refiro diz que os objetos da compreensão pertencem ao mundo 2 como produtos da ação humana e que, portanto, devem ser compreendidos e explicados principalmente com os recursos da psicologia (incluindo a psicologia social).

Admito de bom grado que o ato ou processo de compreender contém um elemento subjetivo ou pessoal ou psicológico. Mas devemos diferenciar o *ato* de seu *resultado* mais ou menos bem-sucedido: do resultado talvez apenas provisório, da compreensão almejada, da *interpretação* com que trabalhamos tentativamente e que podemos melhorar. A interpretação pode, por sua vez, ser vista como um produto do mundo 3 de um ato do mundo 2, mas também como um ato subjetivo. No entanto, mesmo que a vejamos como ato subjetivo, a esse ato também corresponde, em todo caso, um objeto do mundo 3. Afirmo que isso é de decisiva importância. Vista como objeto do mundo 3, a interpretação é sempre uma teoria. Consideremos, por exemplo, uma interpretação histórica, uma explicação histórica. Ela pode ser apoiada por uma cadeia de argumentos, tais como documentos, inscrições e outros indícios históricos. Desse modo, a interpretação prova ser uma teoria e, como qualquer teoria, prova estar ancorada em outras teorias, e em outros objetos do mundo 3. Ademais, surge um problema do mundo 3: o problema do valor epistemológico de uma interpretação e de seu valor para a compreensão.

Mas até mesmo o ato subjetivo de compreensão pode, por sua vez, apenas ser compreendido em suas relações com os objetos do mundo 3. Pois afirmo o seguinte a respeito desse ato subjetivo de compreensão:

1. todo ato desse tipo está ancorado no mundo 3;

2. quase todas as observações mais importantes que possamos fazer sobre tal ato consistem em apontarmos relações com os objetos do mundo 3; e

3. tal ato consiste em nada mais do que em operarmos com objetos do mundo 3 de modo bastante semelhante ao modo como operamos com coisas físicas.

Um exemplo de compreensão histórica no sentido objetivo

Tudo isso é válido especialmente para a compreensão histórica. O objetivo principal da compreensão histórica é a reconstrução hipotética de uma *situação de problema* histórica.

Quero ilustrar essa tese com o auxílio de algumas (necessariamente breves) observações históricas sobre a teoria das marés de Galileu. Essa teoria revelou ser 'equivocada' (pois nega a influência da Lua sobre as marés), e Galileu foi pessoalmente atacado até mesmo em nossa época (por Arthur Köstler), por ter insistido tão obstinadamente numa falsa teoria.

Em breves linhas, a teoria de Galileu explica as marés como conseqüência de acelerações que, por sua vez, são conseqüência do movimento da Terra. Pois, quando a Terra, em rotação uniforme, gira em torno do Sol, a velocidade de um ponto na superfície que se encontra no lado oposto ao Sol é maior do que a velocidade do mesmo ponto quando se encontra no lado voltado para o Sol. (Pois, se a velocidade orbital da Terra é O e a velocidade rotacional de um ponto no Equador é R, então a velocidade desse ponto é O + R à meia-noite e O − R ao meio-dia.) Essas mudanças de velocidade significam que devem surgir retardamentos e acelerações periódicos. Mas retardamentos e acelerações periódicos de uma bacia de água resultam, segundo Galileu, em fenômenos como as marés. (A teoria de Galileu é plausível, mas incorreta nessa forma: à parte as acelerações constantes de rotação – isto é, acelerações centrípetas – que também surgem quando O é igual a zero, não surgem outras acelerações; especialmente, portanto, nenhuma aceleração periódica.[2])

---

[2] Poder-se-ia dizer que a teoria cinemática de Galileu contradiz o assim chamado princípio de relatividade galileano. Mas essa crítica seria histórica e teoricamente falsa, pois esse princípio não se refere a movimentos rotacionais. A intuição física de Galileu – de que a rotação terrestre tem conseqüências mecânicas não-relativistas – estava correta; e, embora essas conseqüências (movimento giroscópico, pêndulo de Foucault etc.) não expliquem as marés, pelo menos a força de Coriolis não deixa de exercer influência sobre elas. Além disso, obtemos acelerações cinemáticas periódicas tão logo incluímos a curvatura da órbita terrestre.

O que fazer para aprofundar nossa compreensão histórica dessa teoria tão freqüentemente mal interpretada? Afirmo que o primeiro passo, decisivamente importante, é perguntar: qual foi o *problema* do mundo 3 que Galileu tentou solucionar com sua teoria? E qual foi a situação em que o problema apareceu, a *situação de problema* lógica?

O problema foi simplesmente explicar as marés. Mas a situação de problema não é tão simples assim.

Está claro que Galileu não estava diretamente interessado no que acabei de chamar de seu problema. Pois foi por um problema totalmente diferente que ele chegou ao problema das marés: o problema do movimento da Terra, o problema da verdade ou falsidade da teoria copernicana. O que Galileu esperava era encontrar numa bem-sucedida teoria das marés um argumento decisivo em favor do movimento da Terra da teoria copernicana.

O que denomino *situação de problema* revela ser, portanto, um complexo: a situação de problema contém o problema das marés, mas no papel específico de uma pedra de toque da teoria copernicana. Mas isso também ainda não basta para uma compreensão da situação de problema de Galileu.

Como cosmólogo e teórico, Galileu foi de início atraído pela autêntica audácia e simplicidade da idéia principal copernicana de que a Terra, assim como os outros planetas, é, em certa medida, uma lua do Sol.

O poder explanatório dessa ousada idéia era grande; e, quando Galileu descobriu em seu telescópio as luas de Júpiter e reconheceu nelas um modelo em miniatura para o Sistema Solar copernicano, ele encontrou aí uma confirmação empírica dessa idéia arrojada e quase apriorística. Ele também conseguiu pôr à prova uma predição. Pois a teoria copernicana predizia que os planetas interiores devem mostrar fases, correspondentes às fases da Lua; e Galileu descobriu as fases de Vênus.

A teoria copernicana era essencialmente um modelo geométrico-cosmológico construído com meios geométricos (e cinemáticos). Galileu, no entanto, era um físico. Sabia que se tratava, em última análise, de uma explicação mecânico-física; e descobriu alguns elementos importantes dessa explicação, em especial a lei da inércia e o correspondente princípio de conservação para os movimentos circulares (rotacionais).

Galileu esperava ter êxito com essas duas leis (que ele provavelmente considerava *uma só* lei), embora estivesse totalmente consciente da incompletude de seu conhecimento físico. Nesse sentido, ele estava, do ponto de vista metodológico, totalmente certo; pois só quando tentamos explorar nossas teorias falhas até o limite de sua capacidade podemos aprender com suas fraquezas.

Isso explica por que Galileu, apesar de saber a respeito dos escritos de Kepler, se aferrou à *hipótese do movimento circular*; e ele estava justificado ao proceder assim. Diz-se com freqüência que ele encobriu as dificuldades dos ciclos copernicanos e simplificou ilicitamente a teoria copernicana; e que também deveria ter aceito a leis de Kepler. Mas tudo isso são erros da compreensão histórica, erro na análise da situação de problema do mundo 3. Galileu estava com total razão quando trabalhou com ousadas supersimplificações: as elipses de Kepler também são simplificações igualmente ousadas; só que Kepler teve a sorte de suas supersimplificações serem mais tarde empregadas por Newton como pedra de toque de sua teoria dos dois corpos, e, com isso, serem explicadas.

Mas por que Galileu rejeitou a influência da Lua em sua teoria das marés? Essa pergunta leva a um componente sumamente importante da situação de problema. Em primeiro lugar, Galileu era um oponente da astrologia, que interpretava os planetas como deuses; nesse sentido, ele era um iluminista e um opositor da astrologia de Kepler, embora admirasse Kepler[3]. Em segundo, ele trabalhou com um princípio de conservação mecânica do movimento rotacional, e isso parecia excluir influências interplanetárias. Em termos de método, ele estava totalmente certo em sua séria tentativa de explicar as marés nessa base estreita, pois sem essa tentativa ele jamais teria sabido que a base explanatória era muito estreita e que outra idéia, a idéia da força de atração e do efeito de longa distância, teve de ser introduzida – uma idéia que tinha um caráter quase astrológico e era considerada sobrenatural pelos defensores do Esclarecimento e pelos esclarecidos (e pelo próprio Newton).

Desse modo, a análise da situação de problema de Galileu conduz a uma explicação racional do procedimento de Galileu em vários pontos em que ele foi atacado por diversos historiadores, e com isso a uma melhor compreensão de Galileu. Motivos explanatórios psicológicos como ambição, ciúme, desejo de causar sensação, agressividade e 'possessão' de um idéia fixa tornam-se supérfluos.

De modo semelhante, torna-se supérfluo criticar como 'dogmática' a insistência de Galileu no movimento circular ou introduzir o 'movimento circular misterioso' (Dilthey) como uma idéia arquetípica ou psicologizá-lo. Pois Galileu revelou um procedimento totalmente correto quando tentou ir tão longe quanto possível com o princípio da conservação do movimento rotacional. (Ainda não havia dinâmica.)

---

[3] Ver meu livro *Conjectures and refutations* (alemão: *Vermutungen und Widerlegungen*), em que mostro que a teoria gravitacional de Newton – a teoria da 'influência' dos planetas uns sobre os outros e da Lua sobre a Terra – foi tirada da astrologia.

Generalização

Portanto, no lugar de princípios explanatórios psicológicos entram reflexões do mundo 3 e principalmente lógicas, e nisso se mostra que nossa compreensão histórica cresceu.

Esse método de compreensão e explicação históricas – do mundo 3 – pode se aplicar a todos os problemas históricos; eu o denominei 'método de análise situacional' (ou 'de lógica situacional'[4]). É um método que, onde quer que seja possível, substitui explicações psicologizantes por relações do mundo 3 e na maior parte lógicas como fundamento da compreensão e explicação históricas, incluindo as teorias ou hipóteses que foram pressupostas pelas pessoas agentes.

Gostaria de resumir a tese que apresentei aqui do seguinte modo: a teoria da compreensão deve abandonar seus métodos psicologizantes e ser construída sobre uma teoria do mundo 3[5].

---

[4] Ver meus livros *Das Elend des Historizismus* e *Die offene Gesellschaft und ihre Feinde*.

[5] Isso torna a assim chamada 'hermenêutica' supérflua, ou a simplifica radicalmente.

Terceira Parte

Von den Neuesten...
Zusammengestohlen
Aus Verschiedenem,
Diesem und Jenen*

---

* Esse título é roubado. Vem de uma observação que Beethoven escreveu no manuscrito de um quarteto de cordas: "viertes Quartett, von den Neuesten, für 2 Violinen, Bratsche und Violoncell. Zusammengestohlen aus Verschiedenem, Diesem und Jenen" ("Quarto quarteto, das coisas mais recentes, para dois violinos, viola e violoncelo. Surrupiados de materiais diversos, disso e daquilo").

13. Como vejo a filosofia*
(Roubado de Fritz Waismann e de um dos primeiros astronautas que foram à Lua)

I

Um célebre e espirituoso ensaio de meu amigo Friedrich Waismann, morto em 1959, leva o título 'Como vejo a filosofia'[1]. Admiro muita coisa nesse ensaio e concordo em muitos pontos com ele, embora eu tenha uma posição totalmente diferente da dele.

Fritz Waismann e muitos de seus colegas consideram ponto pacífico que os filósofos são um tipo especial de pessoas e que se deve ver a filosofia como sua atividade especial. O que ele procura demonstrar com exemplos em seu ensaio é o caráter especial do filósofo e o caráter especial da filosofia, em comparação com outras disciplinas acadêmicas, como matemática ou física. Assim, ele tenta oferecer uma descrição dos interesses e das atividades de filósofos acadêmicos contemporâneos e explicar por que se pode dizer que eles dão prosseguimento ao que ocupava os grandes filósofos do passado.

---
* Publicado em Georg Lührs, Thilo Sarrazin, Frithjof Spreer e Manfred Tietzel (eds.), *Theorie und Politik aus kritisch-rationaler Sicht* [Teoria e política como visão crítico-racional], Berlim/Bonn, 1978. Tradução do inglês ('How I see Philosophy') de Willy Hochkeppel.
[1] F. Waismann, em H. D. Lewis (ed.), *Contemporary British Philosophy*, 3ª série, 2ª ed., Londres, George & Unwin Ltd., 1961, pp. 447-90.

Isso tudo é extremamente interessante; e além disso Waismann mostra que simpatiza com essa atividade acadêmica; de fato, que tem até mesmo um forte envolvimento pessoal nela. Evidentemente, ele próprio é um filósofo de corpo e alma, no sentido desse grupo seleto de filósofos, e evidentemente quer nos contagiar com o entusiasmo que move os melhores membros dessa comunidade exclusiva.

II

Vejo a filosofia de modo totalmente diferente. Creio que todos os homens são filósofos, embora uns sejam mais do que outros. Concordo, sem dúvida, que há algo como um grupo especial e exclusivo de filósofos acadêmicos, mas de modo nenhum compartilho o entusiasmo de Waismann pela atividade e pelas visões desses filósofos. Ao contrário, penso que muita coisa fala em favor das pessoas (que, em minha opinião, também são uma espécie de filósofos) que desconfiam da filosofia acadêmica. Em todo o caso, sou opositor ferrenho de uma teoria que, de forma tácita e não examinada, está na base do brilhante ensaio de Waismann. Estou me referindo à teoria da existência de uma *elite* intelectual e filosófica[2].

É claro, admito que houve alguns poucos filósofos realmente grandes e também um pequeno número de filósofos que foram admiráveis, embora não realmente grandes. No entanto, mesmo que o que eles produziram tenha sido significativo para filósofos acadêmicos, a filosofia não é obra sua no sentido em que a pintura é a obra dos grandes pintores ou a música é a obra dos grandes

---

[2] Essa idéia fica clara nas observações de Waismann, por exemplo: "De fato, o filósofo é uma pessoa que percebe as fissuras na construção de nossos conceitos, onde os outros vêem diante de si apenas os caminhos trilhados da banalidade" (ibid., p. 448).

compositores. Além disso, a grande filosofia, como, por exemplo, a dos pré-socráticos gregos, antecipa quase toda a filosofia acadêmica e profissional.

III

Em minha visão, a filosofia profissional tem certos pesos na consciência. Uma *apologia pro vita sua*, uma justificação de sua existência, é urgentemente necessária. Penso até que o fato de eu próprio ser um filósofo profissional depõe seriamente contra mim: sinto isso como uma acusação. Declaro-me culpado; mas, como Sócrates, ofereço uma defesa.

Refiro-me aqui à *Apologia de Sócrates*, de Platão, porque entre as obras da filosofia é a que eu mais admiro. Minha suposição é de que a *Apologia* é historicamente autêntica: de que, de modo geral, é um relato fiel do que Sócrates disse perante o tribunal ateniense. Eu a admiro: nela fala um homem com modéstia, auto-ironia, sem temor. E sua defesa é muito simples: ele salienta que está consciente de seus limites intelectuais; que não é sábio, a não ser talvez em saber quão pouco sabe; que é autocrítico, e um crítico de todo jargão altissonante; mas sobretudo um amigo de seus semelhantes e um cidadão leal do Estado ateniense. Isso não é apenas uma defesa de Sócrates; é também, a meu ver, uma impressionante defesa da filosofia.

IV

Mas qual é a acusação contra a filosofia? Muitos filósofos, entre eles alguns dos maiores, têm, a meu ver, algo de muito pesado na consciência. Quero citar aqui quatro dos maiores: Platão, Hume, Espinosa e Kant.

Platão, o maior, mais profundo e genial de todos os filósofos, tinha uma concepção da vida humana que acho repulsiva e realmente terrível. Contudo, não foi apenas um grande filósofo e o fundador da mais significativa escola profissional de filosofia, mas também um poeta inspirado, que entre outras obras formidáveis escreveu *A apologia de Sócrates*.

Sua fraqueza foi, como a de tantos filósofos profissionais depois dele, ter acreditado na teoria da elite, em total contraposição a Sócrates. Enquanto Sócrates exigia sabedoria por parte de um estadista, querendo dizer com isso que ele devia estar cônscio de quão pouco sabia, Platão exigia que o filósofo sábio, erudito, devia ser um estadista, um governante absoluto. (Desde Platão, a megalomania é a doença profissional mais difundida entre os filósofos.) No livro x das *Leis*, ele chega a introduzir uma instituição que se tornou um modelo da Inquisição e do campo de concentração. E nele recomendou campos de concentração com cela individual como um meio para curar os que nutriam pensamento diferente – os dissidentes.

David Hume, que não foi filósofo profissional e, ao lado de Sócrates, foi talvez o mais franco e equilibrado entre os grandes filósofos e um homem modesto, racional e bastante desapaixonado, foi levado por uma teoria psicológica infeliz e errônea (e por uma teoria do conhecimento que o ensinou a desconfiar de seu próprio notável poder intelectual) a defender esta assustadora teoria, que encontrou muitos adeptos:

> A razão é, e deve ser apenas, a escrava das paixões, e nunca poderá aspirar a qualquer outro cargo senão servir e obedecer a elas[3].

---

[3] David Hume, *A treatise on human nature* [Um tratado sobre a natureza humana], 1739-1740; ed. de L. A. Selby-Bigge, Oxford, Clarendon Press, 1888 (e muitas outras reimpressões posteriores), livro II, parte III, parágrafo III, p. 415.

Estou totalmente disposto a admitir que sem paixão nunca se atinge nada de grandioso; mas creio no exato oposto da afirmação de Hume. A domesticação das paixões pela limitada racionalidade de que nós, humanos irracionais, somos capazes é, a meu ver, a única esperança para a humanidade.

Espinosa, o santo entre os grandes filósofos e, tal como Sócrates e Hume, filósofo não profissional, ensinou quase exatamente o contrário de Hume, mas de uma maneira que não só considero falsa, mas também eticamente inaceitável. Ele era, a exemplo de Hume, um determinista: não acreditava no livre-arbítrio do homem e considerava a intuição da liberdade da vontade uma ilusão. E ensinou que a liberdade humana pode consistir apenas em termos uma compreensão clara, distinta e apropriada das causas coercivas, inevitáveis de nossas ações:

> Um afeto (isto é, portanto, uma paixão) cessa de ser uma paixão tão logo formamos uma concepção clara e distinta dele[4].

Enquanto algo é paixão, permanecemos, segundo Espinosa, em suas garras e não somos livres; tão logo formamos uma concepção clara e distinta dele, continuamos determinados por ele, mas o transformamos em uma parte de nossa razão. E apenas isso é liberdade, ensina Espinosa.

Considero essa doutrina uma forma insustentável e perigosa de racionalismo, embora eu próprio seja uma espécie de racionalista. Em primeiro lugar, não creio no determinismo, tampouco creio que Espinosa ou qualquer outra pessoa tenha apresentado argumentos sérios em favor do determinismo, ou argumen-

---

[4] Benedictus de Espinosa, *Ética*, livro v, proposição III.

tos que conciliem o determinismo com a liberdade humana (e, assim, com o senso comum). Parece-me que o determinismo de Espinosa é um típico mal-entendido de filósofo, embora seja evidentemente verdadeiro que *muito* do que fazemos (*mas não tudo*) é determinado e até mesmo predizível. Em segundo, embora possa ser verdadeiro que uma explosão de sentimento, que Espinosa chama de 'paixão', nos faça não-livres, nós, segundo sua fórmula citada anteriormente, não seremos responsáveis por nossa ação enquanto não pudermos formar uma concepção racional clara, distinta e apropriada dos motivos de nossa ação. Eu, contudo, afirmo que jamais o podemos; e, embora deixar que a razão reine em nossas ações e no trato com nossos semelhantes seja, como creio (e como certamente Espinosa pensa), um objetivo de especial importância, não é um objetivo que alguém um dia possa dizer que alcançou.

Kant, um dos poucos pensadores admiráveis e altamente originais entre os filósofos profissionais, tentou solucionar o problema da escravidão da razão e o problema do determinismo de Espinosa, mas fracassou em ambas as tentativas.

Esses são, portanto, alguns dos maiores filósofos; filósofos que tenho em alta estima. Agora irá ficar claro por que creio que a filosofia precisa ser defendida.

V

Jamais fui membro do 'Círculo de Viena' dos positivistas lógicos como meus amigos Fritz Waismann, Herbert Feigl e Viktor Kraft, embora Otto Neurath tenha me chamado de "oposição oficial". Nunca fui convidado para uma reunião do Círculo, talvez por causa de minha bem conhecida oposição ao positivismo. (Eu teria aceito com prazer um convite, não só porque alguns membros eram meus amigos, mas também porque tinha a maior admiração por alguns outros membros.) Sob a influência do *Tractatus logico-philosophicus*, de Wittgenstein, o Círculo de Viena tinha se tornado não apenas antimetafísico, mas também antifilosófico.

Moritz Schlick, o líder do Círculo[5], formulou isso pela profecia de que a filosofia, por nunca dizer palavras providas de sentido mas apenas "palavras vazias de significado", logo desaparecerá, porque os filósofos descobrirão que "os espectadores" não estão mais presentes, mas "se retiraram pouco a pouco".

Durante muitos anos, Waismann foi da mesma opinião de Wittgenstein e Schlick. Creio que seu entusiasmo pela filosofia é o entusiasmo do convertido.

Sempre defendi a filosofia e até mesmo a metafísica contra o Círculo de Viena, embora devesse confessar que os filósofos não eram realmente bem-sucedidos. Pois acreditava que muitas pessoas, eu entre elas, têm problemas filosóficos autênticos; problemas de diferentes níveis de seriedade e dificuldade. E acreditava que muitos desses problemas podiam ser solucionáveis.

De fato, a existência de problemas filosóficos urgentes e sérios e a necessidade de discuti-los criticamente é, em minha opinião, a única desculpa para o que se pode chamar de filosofia acadêmica ou filosofia profissional.

Wittgenstein e o 'Círculo de Viena' negavam a existência de problemas filosóficos sérios. No final do *Tractatus*, lemos que

---

[5] O Círculo de Viena era o seminário privado de Schlick, e os membros eram convidados pessoalmente por ele. (As palavras citadas são dos dois últimos parágrafos, pp. 10ss., de Moritz Schlick, "Die Wende der Philosophie", *Erkenntnis*, 1, pp. 4-11.)

os problemas da filosofia, incluindo os do próprio *Tractatus*, são pseudoproblemas, que surgem por não darmos sentido a nossas palavras. Essa teoria pode ter sido estimulada pela solução de Russell para os paradoxos lógicos como pseudoproposições; como proposições que não são verdadeiras nem falsas, mas sem sentido. Isso resultou na técnica filosófica moderna de rechaçar proposições e problemas incômodos como 'desprovidos de sentido'. Wittgenstein negou que houvesse problemas autênticos ou enigmas autênticos (*riddles*); e mais tarde ele passou a falar de *puzzles*, ou seja, de embaraços ou mal-entendidos causados pelo mau uso filosófico da linguagem. Quanto a isso, só posso dizer que para mim não haveria nenhuma desculpa para ser filósofo se eu não tivesse problemas filosóficos sérios e nenhuma esperança de solucioná-los: em minha opinião, tampouco haveria uma desculpa para a existência da filosofia.

VI

Quero agora listar novas concepções da filosofia e de atividades que freqüentemente são consideradas características da filosofia, mas que são, a meu ver, insatisfatórias. Para esta seção, eu gostaria de escolher o título 'Como eu *não* vejo a filosofia'.

Em primeiro lugar: a tarefa da filosofia não é a solução de mal-entendidos, embora tais soluções possam às vezes ser trabalhos preliminares necessários.

Em segundo: não considero a filosofia uma galeria de obras de arte, de visões de mundo estupendas e originais ou de descrições do mundo inteligentes e incomuns. Creio que fazemos grande injustiça aos filósofos se entendemos a filosofia desse modo.

Os grandes filósofos não seguiram objetivos puramente estéticos. Não pretenderam ser arquitetos de sistemas sagazes. Foram, antes de tudo, buscadores da verdade, tal como os grandes cientistas. Buscaram soluções para problemas genuínos. Vejo a história dos grandes filósofos essencialmente como uma parte da história da busca da verdade, e rejeito sua apreciação puramente estética, embora admita que a beleza na filosofia como na ciência é de grande importância.

Sou pela ousadia intelectual. Não podemos ao mesmo tempo ser covardes intelectuais e buscar a verdade. Quem busca a verdade deve ousar ser sábio: *Sapere aude*! Deve ousar ser um revolucionário no campo do pensamento

Em terceiro: não considero a história dos sistemas filosóficos uma história de edifícios intelectuais em que todas as idéias possíveis são testadas e em que a verdade talvez apareça como subproduto. Creio que fazemos injustiça aos filósofos verdadeiramente grandes do passado se duvidamos por um momento que cada um deles renunciaria a seu sistema se estivesse convencido de que este talvez fosse brilhante, mas não representava nenhum passo na direção da verdade. (Esse é, aliás, o motivo pelo qual não considero Fichte ou Hegel grandes filósofos: desconfio de seu amor à verdade.)

Em quarto: não vejo a filosofia como uma tentativa de análise ou de 'explicação' de conceitos, palavras ou linguagens.

Conceitos ou palavras são meros instrumentos para a formulação de enunciados, conjecturas ou teorias. Conceitos e palavras como tais não podem ser verdadeiros ou falsos. Servem apenas à linguagem humana descritiva e argumentativa. Nosso objetivo não deve ser analisar *significados*, mas buscar *verdades significativas* e interessantes; isto é, *teorias verdadeiras*.

Em quinto: não considero a filosofia um meio para mostrar como se é inteligente.

Em sexto: não considero a filosofia uma terapia intelectual (como Wittgenstein), uma atividade pela qual as pessoas se libertam de suas confusões filosóficas. A meu ver, Wittgenstein – em sua obra mais tardia – não mostrou à mosca a saída da garrafa (como ele esperava). Pelo contrário, considero a mosca que não é capaz de sair da garrafa um auto-retrato adequado de Wittgenstein. (Wittgenstein foi evidentemente um caso wittgensteiniano, assim como Freud foi um caso freudiano, e Adler, um caso adleriano.)

Em sétimo: não vejo a filosofia como um esforço para se expressar de maneira mais precisa ou exata. Precisão e exatidão não são valores intelectuais em si, e jamais devemos tentar ser mais precisos e exatos do que o exige o problema em questão.

Em oitavo: por conseguinte, não considero a filosofia um esforço para produzir os fundamentos ou a moldura conceitual para a solução de problemas que possam surgir no futuro mais próximo ou mais distante. Foi isso que fez John Locke; ele queria escrever um ensaio sobre ética e para tanto achou necessário fornecer as preliminares conceituais. Seu *Ensaio* consiste nessas preliminares; e desde então a filosofia inglesa ficou estacionada nessas preliminares – com poucas exceções: por exemplo, alguns dos ensaios políticos de Locke e Hume.

Em nono: também não compreendo a filosofia como expressão do espírito da época. Essa é uma idéia hegeliana, que não resiste à crítica. Há modas na filosofia, como na ciência. Mas quem busca seriamente a verdade não seguirá a moda; vai desconfiar da moda e até mesmo combatê-la.

VII

Todos os homens são filósofos. Mesmo que não estejam conscientes de ter problemas filosóficos, eles, em todo caso, têm preconceitos filosóficos. A maioria são teorias que aceitam como auto-evidentes: eles as assimilaram de seu meio intelectual ou da tradição.

Como poucas dessas teorias são totalmente conscientes, elas são preconceitos no sentido de que são defendidas sem exame crítico, embora possam ser de grande importância para a ação prática e para a vida toda das pessoas.

É uma defesa à existência da filosofia profissional ou acadêmica a necessidade de examinar e verificar criticamente essas teorias difundidas e influentes.

Tais teorias são os pontos de partida de toda ciência e toda filosofia. São pontos de partida *incertos*. Toda filosofia deve começar com as visões incertas e muitas vezes nocivas do senso comum não-crítico. O objetivo é alcançar o senso comum esclarecido, crítico; alcançar um ponto de vista que esteja mais próximo da verdade e que tenha uma influência menos danosa.

VIII

Eu gostaria de mencionar aqui alguns exemplos de preconceitos filosóficos difundidos e perigosos.

Há uma concepção filosófica da vida que é muito influente e segundo a qual alguém tem de ser responsável quando algo ruim (ou algo extremamente indesejável) acontece neste mundo: alguém deve tê-lo feito, e intencionalmente. Essa concepção é bastante antiga. Em Homero, o ciúme e a ira dos deuses são os responsáveis pela maioria dos eventos terríveis que ocorreram no campo antes de Tróia e na própria cidade; e Posídon foi o responsável pelos errores de Odisseu. Mais tarde, no pensamento cristão, o Diabo é responsável pelo mal. E no marxismo vulgar é a conspiração de capitalistas gananciosos que impede a chegada do socialismo e o estabelecimento do reino dos céus na terra.

A teoria de que a guerra, a pobreza e o desemprego são as conseqüências de más intenções e planos sinistros é parte do senso comum, mas é não-crítica. A essa teoria não-crítica do senso comum dei o nome de teoria da conspiração da sociedade. (Também se poderia falar de teoria da conspiração do mundo: basta pensar no Zeus lançador de raios.) A teoria é muito difundida e, como busca por um bode expiatório, provocou perseguições e sofrimentos horríveis.

Um traço importante da teoria da conspiração da sociedade é que ela instiga conspirações reais. Mas um exame crítico mostra que conspirações dificilmente chegam a atingir seu objetivo. Lênin, que defendia a teoria da conspiração, foi um conspirador; como também Mussolini e Hitler. Mas os objetivos de Lênin não foram realizados na Rússia; tampouco os de Mussolini ou Hitler foram realizados na Itália ou na Alemanha.

Todos foram conspiradores porque acreditaram acriticamente numa teoria de conspiração da sociedade.

É uma contribuição modesta, mas talvez não de todo insignificante para a filosofia, chamar a atenção para os erros da teoria da conspiração da sociedade. Além disso, essa contribuição leva à descoberta do grande significado de conseqüências não-intencionais das ações humanas para a sociedade, como também à proposta de ver a tarefa das ciências sociais teóricas na explicação de fenômenos sociais como conseqüências não-intencionais de nossas ações.

Consideremos o problema da guerra. Até mesmo um filósofo crítico da categoria de Bertrand Russell acreditava que guerras devem ser explicadas por motivos psicológicos – pela agressividade humana. Não nego a existência da agressividade, mas me causa surpresa que Russell tenha ignorado que a maioria das guerras nos tempos modernos irrompe antes pelo *temor da agressão* do que pela agressividade em si. Ou foram guerras ideológicas por temor de uma conspiração ou guerras que ninguém desejava e que irromperam simplesmente como resultado de tal temor numa determinada situação. Um exemplo disso é o temor mútuo de agressão que leva à corrida armamentista e, em seguida, à guerra; talvez a uma guerra preventiva, como Russell, um opositor da guerra e da agressão, recomendou durante algum tempo por temer (com razão) que a Rússia em breve possuiria uma bomba de hidrogênio. (Ninguém no Ocidente *queria* a bomba; o temor de que Hitler pudesse ser o primeiro a tê-la levou a sua construção.)

Outro exemplo de preconceito filosófico é o preconceito segundo o qual as opiniões de uma pessoa são sempre determinadas por seus interesses. O indivíduo, via de regra, não aplica essa teoria (que se pode diagnosticar como uma forma degenerada da doutrina de Hume de que a razão é e deve ser escrava das paixões) a si mesmo (como o fez Hume, que ensinava modéstia e ceticismo com relação a nossa razão, incluindo a sua própria); ao contrário, ela é de hábito aplicada apenas aos outros, em especial aos que têm uma opinião diferente da nossa. Isso nos impede, porém, de escutar com paciência e levar a sério novas opiniões, pois podemos descartá-las pela explicação baseada nos 'interesses' dos outros.

Mas isso torna impossível uma discussão racional. Nossa sede natural de conhecimento, nosso interesse na verdade sobre as coisas se deterioram. No lugar da importante pergunta 'Onde está a verdade nessa questão?' impõe-se a outra, bem menos importante: 'Qual é seu interesse, quais motivos influenciam sua opinião?'. Isso nos impede de aprender com as pessoas que têm opinião diferente da nossa. A unidade supranacional da razão humana é destruída, a unidade que repousa em nossa racionalidade comum.

Um preconceito filosófico semelhante é a tese hoje extremamente influente de que uma discussão racional só é possível entre pessoas que concordam quanto aos fundamentos. Essa doutrina perniciosa diz que uma discussão racional ou crítica sobre fundamentos é impossível. Ela leva a conseqüências tão indesejadas e niilistas quanto as das teorias discutidas antes[6]. Essas teorias são defendidas por muitas pessoas. Sua crítica pertence a uma área de competência da filosofia que representa um dos terrenos principais de muitos filósofos profissionais: a teoria do conhecimento.

IX

Os problemas da teoria do conhecimento constituem, a meu ver, a parte central da filosofia, tanto da filosofia popular não-crítica do senso comum como da filosofia acadêmica. São até mesmo decisivos para a teoria da ética (Jacques Monod recentemente nos fez lembrar isso)[7].

Em termos simples, o problema principal aqui e em outras áreas da filosofia consiste no conflito entre o 'otimismo epistemológico' e o 'pessimismo epistemológico'. Somos capazes de obter conhecimento? O que podemos conhecer? Enquanto o otimismo epistemológico crê na possibilidade do conhecimento humano, o

---

[6] Ver também meu artigo 'The myth of the framework', em *The abdication of Philosophy*, Essays in Honour of Paul Arthur Schlipp (ed. E. Freeman), Illinois, Open Court, La Salle, 1976.

[7] Jacques Monod, *Le hasard et la nécessité*, Paris, Éditions du Seuil, 1970; *Zufall und Notwendigkeit* [Acaso e necessidade], Munique, Piper, 1971.

pessimismo acha que o conhecimento real está além da faculdade humana.

Sou um admirador do senso comum, mas não dele todo; afirmo que o senso comum é para nós o único ponto de partida possível. Contudo, não devemos tentar erguer um edifício de conhecimento seguro sobre ele. Devemos, antes, criticá-lo e com isso melhorá-lo. Vendo desse modo, eu sou, no sentido do senso comum, um realista; creio na realidade da matéria (que considero exemplar para o que se compreende com a palavra 'real'). Por essa razão, eu poderia me denominar um 'materialista', se essa expressão não designasse também aquele credo que a) concebe a matéria como fundamentalmente não mais explicável e b) contesta a realidade de campos de força imateriais e obviamente também c) nega a realidade do espírito ou da consciência e, em geral, a realidade de tudo o que não é material. Sigo o senso comum na suposição de que há tanto matéria ('mundo 1') como também espírito ('mundo 2'), e suponho haver também outras coisas, sobretudo os *produtos do espírito humano*, aos quais pertencem nossos projetos científicos, teorias e problemas ('mundo 3'). Em outras palavras, sou um pluralista. Estou inteiramente disposto a ter essa posição criticada e substituída por outra; mas todos os contra-argumentos que conheço são, em minha opinião, inválidos. (De resto, considero o pluralismo aqui descrito também necessário para a ética[8].)

Todos os argumentos que foram apresentados contra um realismo pluralista baseiam-se, em última instância, na aceitação não-crítica da teoria do conhecimento do senso comum. Todavia, considero essa teoria do conhecimento sua maior fraqueza.

---

[8] Ver, por exemplo, K. R. Popper, *Objective knowledge: an evolutionary approach*, Oxford, Clarendon Press, 1972; [7]1983 (especialmente Cap. 2); ed. alemã: *Objektive Erkenntnis*, Hamburgo, Hoffmann und Campe, 1973; [4]1984 (especialmente Cap. 2).

A teoria do conhecimento do senso comum é altamente otimista na medida em que iguala o *conhecimento* ao *conhecimento certo*; tudo o que se apóia em conjecturas, hipóteses, afirma ele, não é 'conhecimento' real. Rejeito esse argumento como meramente verbal. Admito de bom grado que o termo 'conhecimento' possui em todas as línguas que conheço a conotação de certeza. Mas a ciência é hipotética. E o programa do senso comum de começar pelo que é supremamente certo ou pelo que parece fundamental (conhecimento básico, conhecimento observacional) e, então, erguer sobre esse fundamento seguro um edifício de conhecimento certo, esse programa ingênuo do senso comum e do positivismo não resiste à crítica.

Ele conduz, diga-se de passagem, a duas concepções filosóficas da realidade que contradizem o senso comum e estão em direta oposição mútua.

Primeira: imaterialismo (Berkeley, Hume, Mach).

Segunda: materialismo behaviorista (Watson, Skinner).

A primeira nega a realidade da matéria, pois o único fundamento certo e seguro de nosso conhecimento consiste nas experiências de nossas percepções; estas são sempre imateriais.

A segunda, o materialismo behaviorista, contesta a existência do espírito (e, com isso, a da liberdade humana), pois tudo o que podemos observar é comportamento humano exterior, que, em todos os aspectos, corresponde ao comportamento animal (com exceção de um amplo e importante campo, o 'comportamento lingüístico').

Ambas as teorias se baseiam na insustentável teoria do conhecimento do senso comum que leva à crítica tradicional, mas inválida, da teoria da realidade do senso comum. Ambas as teorias não são eticamente neutras: são perigosas. Se quero consolar uma criança que chora, não quero cessar percepções desagradáveis para mim; tampouco quero modificar o comportamento da criança ou impedir que gotas de água corram por suas bochechas. Não, meu motivo é outro – indemonstrável, inderivável, mas *humano*.

O imaterialismo deve sua origem à tese de Descartes – que obviamente não era imaterialista – de que devemos partir de uma base indubitável, como o conhecimento sobre nossa própria existência. O imaterialismo atinge seu ápice na virada do século com Ernst Mach, mas hoje perdeu grande parte de sua influência. Não é mais moderno.

O behaviorismo – a negação da existência da consciência, do espírito – é atualmente bastante moderno. Embora exalte a observação, ele não só insulta as experiências humanas como também pretende extrair de suas teorias uma horrível teoria ética: a teoria do condicionamento, do *conditioned reflex*, que explica *todo* comportamento por adestramento positivo ou negativo[9]. Ele não vê que, de fato, é impossível derivar uma teoria ética da natureza humana. (Jacques Monod salientou, com razão, esse ponto[10]; cf. também meu livro *Die offene Gesellschaft und ihre Feinde*[11].) É de

---

[9] O sonho de onipotência do reflexólogo behaviorista pode ser encontrado em J. B. Watson, *Behaviorism*, e também nos trabalhos de B. F. Skinner (por exemplo, *Walden two*, Nova York, Macmillan, 1948, ou *Beyond freedom and dignity*, Nova York, Alfred Knopf, 1971). Cito Watson: "Dêem-me uma dúzia de crianças saudáveis [...] e garanto selecionar uma ao acaso e treiná-la para se tornar qualquer tipo de especialista que eu escolher – médico, advogado, artista... [ou] ladrão" (J. B. Watson, *Behaviorism*, 2. ed., Londres, Routledge & Kegan Paul, 1931, p. 104). Assim, tudo dependerá da moral do reflexólogo behaviorista onipotente. (Mas, pelo que afirmam os reflexólogos, essa moral não é nada senão o produto de situações de estímulos condicionantes positivos e negativos.)
[10] Ver nota 2, p. 170.
[11] K. R. Popper, *The open society and its enemies*, Routledge and Kegan Paul, 1945, 1984[14]; ed. alemã: *Die offene Gesellschaft und ihre Feinde*, vols. I e II, Francke, Berna e Munique.

esperar que essa moda, apoiada numa aceitação não-crítica da teoria do conhecimento do senso comum, cuja insustentabilidade tentei mostrar[12], um dia perca sua influência.

X

Do modo como vejo a filosofia, ela jamais deve – nem pode – ser separada das ciências. Historicamente, a ciência ocidental é descendente da especulação filosófica dos gregos sobre o cosmos, sobre a ordem do mundo. Os ancestrais comuns de todos os cientistas e de todos os filósofos são Homero, Hesíodo e os pré-socráticos. Para estes o tema central era a investigação da estrutura do universo e de nosso lugar no universo; dele surgiu o problema do conhecimento do universo (um problema que, em minha visão, segue sendo o problema decisivo de toda filosofia). E é a investigação crítica das ciências, de suas descobertas e métodos que continua sendo uma característica da investigação filosófica, mesmo depois que as ciências se desligaram da filosofia.

A meu ver, *Princípios matemáticos da filosofia natural*, de Newton, é o maior evento intelectual, a maior revolução cultural em toda a história espiritual da humanidade. Ele é a realização de um sonho de mais de dois mil anos e assinala a maturidade da ciência e de seu desligamento da filosofia. No entanto, Newton, como todos os grandes cientistas, permaneceu um filósofo; e permaneceu um pensador crítico, um explorador, cético em relação a suas próprias teorias. Assim, ele escreveu numa carta a Bentley em 25 de fevereiro de 1693 sobre a teoria gravitacional, que era uma teoria da ação a distância (itálicos meus):

---

[12] Ver a indicação na nota 1, p. 171: *Objective knowledge: an evolutionary approach*, Cap. 2; ed. alemã: *Objektive Erkenntnis*.

Que a gravidade é uma propriedade inata, inerente e essencial da matéria, *de modo que um corpo pode agir [diretamente] sobre outro a distância*, [...] parece-me um absurdo tão grande que não creio que alguém relativamente competente em questões filosóficas possa cair nele.

Foi sua própria teoria da gravitação que o conduziu tanto ao ceticismo quanto ao misticismo. Ele argumentava que, se coisas materiais em regiões do espaço distantes entre si podem interagir instantânea e diretamente, isso se deve explicar pela onipresença do único e mesmo ser não-material em todas as partes do espaço – pela onipresença de Deus. Assim, a tentativa de solucionar o problema da ação a distância levou Newton a uma teoria mística segundo a qual o espaço é o *sensorium* de Deus – uma teoria em que ele transcendeu a ciência e vinculou a física e a filosofia críticas e especulativas à teologia especulativa. Sabemos que Einstein, não raro, nutriu pensamentos semelhantes.

XI

Admito que há na filosofia alguns problemas muitos sutis e ao mesmo tempo extremamente importantes que têm seu lugar natural e único na filosofia acadêmica – por exemplo, os problemas da lógica matemática e, de modo mais geral, os da filosofia da matemática. Estou imensamente impressionado pelos espantosos progressos feitos nessas áreas em nosso século.

Mas, no que diz respeito à filosofia acadêmica, causa-me inquietação a influência daqueles que Berkeley costumava chamar de "filósofos minuciosos" (*minute philosophers*). Por certo, o posicionamento crítico é o sangue vital da filosofia. Mas devemos nos guardar do excesso de minúcias.

Uma crítica minuciosa de questões minuciosas, sem compreensão dos grandes problemas da cosmologia, do conhecimento humano, da ética e da filosofia política e sem o empenho sério, devotado em solucioná-los, parece-me fatídica. Quase parece como se todo parágrafo impresso que com algum esforço possa ser mal compreendido ou mal interpretado justificasse mais um ensaio crítico-filosófico. Escolástica, no pior sentido da palavra, existe aos montes. Grandes idéias são sepultadas sob uma torrente de palavras. E uma certa arrogância e grosseria – outrora uma raridade na literatura filosófica – parece ser considerada um sinal de ousadia e originalidade pelos editores de muitos periódicos.

Creio que é dever de todo intelectual estar consciente de sua posição privilegiada. Ele tem o dever de escrever de modo simples e claro e da maneira mais civilizada possível; e não esquecer nem os problemas que afligem a humanidade e exigem uma reflexão nova, ousada e paciente, nem a modéstia socrática – a visão daquele que sabe quão pouco sabe. Contrariamente aos filósofos minuciosos com seus minuciosos problemas, penso que a tarefa primordial da filosofia é refletir criticamente sobre o universo e nosso lugar nele, como também sobre o perigoso poder de nosso conhecimento e nossa força para o bem e para o mal.

XII

Gostaria de terminar com um pouco de filosofia decididamente não-acadêmica:

Atribui-se a um dos primeiros astronautas que participaram da primeira alunissagem uma observação simples e inteligente que ele teria feito após seu retorno (cito de memória): "Também vi outros planetas em minha vida, mas a Terra é o melhor". Creio que isso não é apenas sabedoria, mas sabedoria filosófica. Não sabemos como se deve explicar ou se é que se pode explicar que vivamos neste pequeno planeta maravilhoso, ou por que há algo como a vida que torna nosso planeta tão belo. Mas aqui estamos nós e temos toda razão para nos maravilhar com ele e ser gratos por ele. É, de fato, um milagre. Por tudo o que a ciência nos pode dizer, o universo é quase vazio: muito espaço vazio e pouca matéria; e, onde há matéria, ela está em quase toda parte em turbulência caótica e é inabitável. Pode haver muitos outros planetas que abriguem vida. Mas, se escolhermos ao acaso um lugar no universo, a probabilidade (calculada com base em nossa cosmologia atual) de encontrar um corpo que seja portador de vida é quase zero. Portanto, a vida, em todo caso, tem valor de raridade: é preciosa. Tendemos a esquecer isso e a subestimar a vida, talvez por distração; ou talvez porque nossa bela Terra esteja um pouco superpovoada.

Todos os homens são filósofos, pois assumem uma ou outra posição ou atitude perante a vida e a morte. Há aqueles que consideram a vida algo sem valor porque ela tem um fim. Não percebem que o argumento contrário pode ser igualmente alegado: se não houvesse um fim, a vida não teria nenhum valor. Não percebem que, em parte, é o perigo sempre presente de perder a vida que nos ajuda a apreender seu valor.

14. Tolerância e responsabilidade intelectual*

(Roubado de Xenófanes e Voltaire)

Minha conferência em Tübingen foi dedicada ao tema "Tolerância e responsabilidade intelectual". Foi realizada em memória de Leopold Lucas, um estudioso, um historiador, um homem que em sua tolerância e sua humanidade tornou-se vítima da intolerância e da desumanidade.

Aos setenta anos de idade, o dr. Leopold Lucas, em dezembro de 1942, foi levado com sua esposa para o campo de concentração em Theresienstadt, onde trabalhou como conselheiro espiritual: uma tarefa infinitamente árdua. Lá ele morreu dez meses depois. Sua mulher, Dora Lucas, ainda permaneceu mais 13 meses em Theresienstadt, onde trabalhou como enfermeira. Em outubro de 1944, juntamente com outros 18 mil prisioneiros, foi deportada para a Polônia. Lá foram assassinados.

Foi um destino terrível. Foi o destino de inúmeras pessoas, personalidades; pessoas que amavam outras pessoas, que procuravam ajudar os outros; que eram amadas por outras pessoas e às quais outras pessoas tentavam dar ajuda. Famílias que foram dilaceradas, destruídas, aniquiladas.

---

* Conferência proferida em 26 de maio de 1981 na Universidade de Tübingen; repetida em 16 de março de 1982 no colóquio sobre tolerância na Universidade Antiga de Viena. A reprodução corresponde à versão vienense. Publicada pela primeira vez em *Offene Gesellschaft – offenes Universum. Franz Kreuzer im Gespräch mit Karl R. Popper*, Viena ³1983, pp. 103-17.

Não é minha intenção falar aqui desses eventos horríveis. O que quer que se possa dizer – ou mesmo pensar – sempre parece uma tentativa de envernizar esses fatos pavorosos.

I

Mas o horror continua. Os refugiados do Vietnã; as vítimas de Pol Pot no Camboja; as vítimas da revolução no Irã; os refugiados do Afeganistão: sem cessar, crianças, mulheres e homens se tornam vítimas de fanáticos transidos de poder.

O que podemos fazer para impedir esses eventos indescritíveis? Podemos fazer alguma coisa? Podemos impedir alguma coisa?

Minha resposta a essas perguntas é: sim. Creio que nós podemos fazer muito.

Quando digo 'nós', estou me referindo aos intelectuais; portanto, às pessoas que se interessam por idéias; portanto, especialmente àquelas que lêem e talvez também escrevam.

Por que penso que nós, os intelectuais, podemos ajudar?

Simplesmente porque os intelectuais, há séculos, têm causado os mais horrendos danos. O assassínio em massa em nome de uma idéia, de uma doutrina, de uma teoria – isso é obra nossa, invenção nossa: a invenção de intelectuais. Se ao menos parássemos de incitar as pessoas umas contras as outras – não raro, com as melhores intenções –, já se ganharia muito com isso. Ninguém pode dizer que isso seja impossível para nós.

O mais importante dos Dez Mandamentos diz: não matarás! Ele contém quase a totalidade da ética. O modo, por exemplo, como Schopenhauer formula a ética é apenas uma extensão desse, que é o mais importante mandamento. A ética de Schopenhauer é simples, direta, clara. Ele diz: *Não faças mal a ninguém, mas ajuda a todos, da melhor forma que puderes.* Mas o que aconteceu quando Moisés desceu pela primeira vez do Monte Sinai com as tábuas de pedra, ainda antes que pudesse anunciar o decálogo? Ele descobriu uma heresia digna de morte, a heresia do bezerro de ouro. Então ele esqueceu o mandamento 'Não matarás!' e bradou (Êxodo 32,26-28):

> Quem é do Senhor, venha até mim [...] Assim diz o Senhor, Deus de Israel: cada um cinja a espada a seu lado [...] e cada qual mate seu irmão, amigo e vizinho [...] e caíram do povo nesse dia uns três mil homens.

Isso, talvez, tenha sido o início. Mas o certo é que as coisas prosseguiram assim, na Terra Santa como também mais tarde aqui no Ocidente; e aqui, sobretudo, depois que o cristianismo se tornou a religião oficial. É uma história assustadora de perseguições religiosas, perseguições em nome da ortodoxia. Mais tarde – principalmente nos séculos XVII e XVIII – acrescentaram-se outros motivos ideológicos para justificar a perseguição, a crueldade e o terror: nacionalidade, raça, ortodoxia política, outras religiões.

Na idéia da ortodoxia e da heresia se escondem os vícios mais tacanhos; vícios a que os intelectuais são especialmente propensos: arrogância, obstinação em suas próprias opiniões, soberba de saber mais que todos, vaidade intelectual. Esses são vícios tacanhos – não vícios grandes, como a crueldade.

II

O título de minha conferência, "Tolerância e responsabilidade intelectual", alude a um argumento de Voltaire, o pai do Esclarecimento; a um argumento em favor da tolerância. "O que é tolerância?", pergunta Voltaire. E ele responde (traduzo livremente):

> Tolerância é a conseqüência necessária da percepção de que somos pessoas falíveis: errar é humano, e estamos o tempo todo cometendo erros. *Perdoemos, então, as loucuras uns dos outros.* Esse é o fundamento do direito natural.

Voltaire está apelando aqui a nossa honestidade intelectual: devemos admitir nossos erros, nossa falibilidade, nossa ignorância. Voltaire sabe bem que há fanáticos totalmente convictos. Mas sua convicção é, de fato, totalmente honesta? Eles examinaram honestamente a si mesmos, a suas convicções e aos motivos para tais convicções? O auto-exame crítico não é uma parte de toda honestidade intelectual? O fanatismo não é freqüentemente uma tentativa de afogar nossa própria descrença inconfessa, que reprimimos e que, por isso, nos é apenas parcialmente consciente?

O apelo de Voltaire a nossa modéstia intelectual e sobretudo seu apelo a nossa honestidade intelectual exerceram, em sua época, enorme influência sobre os intelectuais. Eu gostaria de renovar esse apelo aqui.

O fundamento de Voltaire para a tolerância é que perdoemos uns aos outros nossas loucuras. Mas Voltaire, com razão, acha difícil tolerar uma loucura muito difundida, a da *in*tolerância. De fato, a tolerância encontra aqui seus limites. Se concedemos à intolerância o direito de ser tolerada, destruímos a tolerância e o Estado de direito. Esse foi o destino da República de Weimar.

Mas, além da intolerância, há outras loucuras que não devemos tolerar; sobretudo a loucura que leva os intelectuais a seguir a última moda; e que levou muitos a escrever num estilo obscuro, impressionante, no estilo oracular que Goethe submete a uma crítica devastadora na tabuada da bruxa e em outras passagens do *Fausto*. Esse estilo, o estilo das palavras grandes, obscuras, impressionantes e incompreensíveis, esse modo de escrever não deveria continuar sendo admirado, nem mesmo tolerado pelos intelectuais. É um estilo intelectualmente irresponsável. Destrói o senso comum, a razão. Torna possível aquela atitude que foi descrita como *relativismo*. Essa atitude leva à tese de que *todas* as teses são mais ou menos intelectualmente defensáveis. Tudo é permitido. Daí, a tese do relativismo leva à anarquia, à ausência de direitos; e assim ao domínio da violência.

Meu tema, tolerância e responsabilidade intelectual, conduz-me, portanto, à questão do relativismo.

Gostaria aqui de contrapor ao relativismo uma posição que quase sempre é confundida com o relativismo, mas que é totalmente diferente dele. Muitas vezes descrevi tal posição como *pluralismo*; mas isso levou justamente a esses mal-entendidos. Por isso, vou caracterizá-la aqui como um *pluralismo crítico*. Enquanto o relativismo, oriundo de uma tolerância frouxa, leva ao domínio da violência, o pluralismo crítico pode contribuir para a domesticação da violência.

A idéia de *verdade* é de importância decisiva para a contraposição entre relativismo e pluralismo crítico.

O relativismo é a posição de que se pode afirmar tudo, ou quase tudo, e portanto nada. Tudo é verdadeiro, ou nada. A verdade é, pois, sem significado.

O pluralismo crítico é a posição de que, no interesse da busca da verdade, toda teoria – quanto mais teorias, melhor – deve ser aceita na competição entre as teorias. Essa competição consiste na discussão racional das teorias e em sua eliminação crítica. A discussão é racional; isto é, trata-se da verdade das teorias competidoras: a teoria que parece se aproximar mais da verdade na discussão crítica é a melhor; e a melhor teoria desaloja as teorias piores. Trata-se, portanto, da verdade.

III

A idéia da verdade objetiva e a idéia da busca da verdade são, aqui, de decisiva importância.

O primeiro homem a desenvolver uma teoria da verdade, a qual ligava a idéia de verdade objetiva à idéia de nossa falibilidade humana fundamental, foi o pré-socrático Xenófanes. Supõe-se que tenha nascido em 571 a.C. na Jônia, Ásia Menor. Foi o primeiro grego a escrever crítica literária; o primeiro filósofo moral; o primeiro crítico do conhecimento; e o primeiro monoteísta especulativo.

Xenófanes foi o fundador de uma tradição, de um modo de pensar a que pertenceram, entre outros, Sócrates, Montaigne, Erasmo, Voltaire, Hume, Lessing e Kant.

Essa tradição é às vezes descrita como a tradição da escola cética. Mas essa designação pode levar facilmente a mal-entendidos. O dicionário alemão *Duden* explica 'ceticismo' como 'dúvida, descrença' e 'cético' como 'pessoa desconfiada', e esse é obviamente o significado da palavra, e, com efeito, o significado moderno. Mas o verbo grego de que derivam cético, ceticismo significa, originalmente, não 'duvidar', mas 'examinar, ponderar, inquirir, buscar, investigar'.

Entre os céticos, no sentido original do termo, também houve por certo muitas pessoas duvidantes e talvez também pessoas desconfiadas, mas a equiparação fatal entre 'ceticismo' e 'dúvida' foi, provavelmente, uma hábil jogada da escola estóica, que pretendia caricaturar seus concorrentes. Em todo caso, os céticos Xenófanes, Sócrates, Erasmo, Montaigne, Locke, Voltaire e Lessing foram todos teístas ou deístas. O que todos os membros dessa tradição cética têm em comum – também Nicolau de Cusa, que foi cardeal, e Erasmo de Roterdã – e também o que eu tenho em comum com essa tradição é que enfatizamos nossa *ignorância* humana. Disso tiramos importantes conseqüências éticas: *tolerância*, mas *nenhuma* tolerância à intolerância, à violência e à crueldade.

Xenófanes era rapsodo por profissão. Instruído em Homero e Hesíodo, ele criticou ambos. Sua crítica era ética e pedagógica. Contrapunha-se à idéia de que os deuses roubam, mentem, cometem adultério, como narram Homero e Hesíodo. Isso o levou a submeter a doutrina homérica dos deuses a uma crítica. O resultado importante da crítica foi a descoberta do que hoje designamos como antropomorfismo: a descoberta de que as histórias gregas dos deuses não devem ser levadas a sério, porque representam os deuses como homens.

Posso talvez aqui citar alguns dos argumentos de Xenófanes em forma de verso, em minha tradução quase literal:

> De nariz chato e negros: assim os etíopes vêem seus deuses.
> Enquanto os trácios vêem seus deuses de olhos azuis e loiros.
> Mas se bois, ou cavalos ou leões tivessem mãos,
> Mãos para, como os homens, desenhar, pintar, esculpir,
> Então os cavalos pintariam os deuses como cavalos, e os bois como bois
> E criariam suas figuras, as formas dos corpos divinos
> Conforme sua própria imagem: cada um segundo a sua.

Com isso, Xenófanes lança seu problema: como devemos pensar os deuses, *após* essa crítica ao antropomorfismo? Temos quatro fragmentos que contêm uma parte importante de sua resposta. A resposta é monoteísta, embora Xenófanes, tal como Lutero em sua tradução do primeiro mandamento, recorra a 'deuses' no plural na formulação de seu monoteísmo. Xenófanes escreve:

> Um deus apenas, entre todos os deuses e homens, é o maior;
> Não se assemelha aos mortais nem na forma nem em seus pensamentos.
> Persevera sempre na mesma posição, sem se mover,
> Tampouco lhe convém vagar de um lado para o outro.

Sem esforço rege o universo, apenas com seu saber e sua vontade.
É todo ver; todo pensar e todo planejar; e todo ouvir.

Esses são os quatro fragmentos que nos informam sobre a teologia especulativa de Xenófanes[4].

---

[4] Minha tradução *rege* (para *kradainai*, em D-K. B 25) substitui minha tradução anterior *schwingt* ('vibra'), que remetia a Hermann Diels (1903) como também a Wilhelm Nestle (1908). Ela foi claramente rejeitada por Karl Reinhardt (*Parmênides*, 1916, p. 112), com uma referência a Homero (*Ilíada* I, 530); ele sugere traduzir como 'sem esforço ele faz o universo *tremer*'. A sugestão de Reinhard foi adotada por Walter Kranz (e muitos outros), que corrigiu Diels (D-K 25): "Sem esforço, ele *estremece* tudo". Mas, contrariamente à revolução do firmamento, não se pode extrair muito sentido de um tremor universal; e a expressão 'sem esforço' não é compatível com a situação em *Ilíada* I, 530. Aí, Zeus *estremece* o Olimpo, contudo sem intenção, portanto evidentemente nem sem esforço, nem com esforço. Mas ele bem poderia *vibrar* uma lança sem esforço (como em *Ilíada* VII, 213; XIII, 583; *Odisséia* XIX, 438) ou talvez também o firmamento. Seja qual for a interpretação do fragmento, este, juntamente com D-KB 26, contradiz a interpretação panteísta (sugerida por Aristóteles em *Metafísica*, 989 b 24) do monoteísmo de Xenófanes. Minha tradução atual por 'rege' baseia-se em que tanto *kradaínō* como *kraaínō* (uma das variantes de *kraínō*, 'governar') podem significar 'vibrar ameaçadoramente (um bastão)', por exemplo uma lança ou também um cetro (*Édipo em Colônia*, 449).

Depois que W. K. C. Guthrie (no primeiro volume de sua *History of Greek Philosophy*, 1962, pp. 385ss.) esclareceu por completo a aparente contradição entre os fragmentos B 27, 29 e 33, apenas o B 28 permanece problemático entre os fragmentos literalmente transmitidos. O problema reside na falsa suposição (Aristóteles, *De caelo*, 294 b 21) de que Xenófanes poderia ter ensinado que a Terra vai para baixo até o infinito (ou "até o incomensurável", como D-K traduz B 28): o problema desaparece quando se faz a seguinte tradução (cf. também Felix M. Cleve, *The giants of pre-sophistic Greek Philosophy*, 2. ed., 1969, pp. 11ss.):

A nossos pés vemos como o limite superior da Terra
Confina com o ar; mas a inferior alcança o Apeiron.

O Apeiron é aqui evidentemente o elemento de Anaximandro que preenche o espaço. É claro, Xenófanes polemiza aqui contra Anaxímenes e em favor de Anaximandro; portanto, contra a idéia de que a Terra é sustentada pelo *ar* e em favor da idéia de que ela paira livremente no *Apeiron*, sem que tenha necessidade de um apoio. (Cf. as indicações na nota 1, p. 381, em Guthrie, *op. cit.*) O fragmento B 28 de Xenófanes parece ainda adotar a forma da Terra de Anaximandro: o cepo de uma coluna. Mas justamente isso não tornaria improvável que Xenófanes mais tarde, animado por sua própria teologia (talvez ao mesmo tempo com Pitágoras ou Amínias ou também animado por seu discípulo Parmênides), passasse para a teoria da forma esférica da Terra.

Está claro que essa teoria completamente nova foi para Xenófanes a solução de um difícil problema. De fato, ela veio até ele como solução do maior de todos os problemas, o problema do universo. Ninguém que saiba algo sobre psicologia do conhecimento pode duvidar que essa nova percepção deve ter parecido uma revelação a seu criador.

Apesar disso, ele disse clara e honestamente que sua teoria não passava de uma conjectura. Isso foi uma vitória autocrítica sem precedente, uma vitória de sua honestidade intelectual e de sua modéstia.

Xenófanes generalizou essa autocrítica de uma maneira que lhe era bastante característica: ficou claro para ele que o que tinha descoberto sobre sua própria teoria – que ela, apesar de seu poder persuasivo intuitivo, não era mais que uma conjectura – devia valer para todas as teorias humanas: tudo é apenas conjectura. Isso me parece revelar que não lhe fora muito fácil ver sua própria teoria como conjectura.

Xenófanes formula essa teoria crítica do conhecimento em quatro belos versos:

> Verdade segura jamais homem algum conheceu ou conhecerá
> Sobre os deuses e todas as coisas de que falo.
> Se alguém alguma vez proclamasse a mais perfeita verdade
> Não o poderia saber: está tudo entretecido de conjectura.

Esses quatro versos contêm mais do que uma teoria da incerteza do conhecimento humano. Contêm *uma teoria da verdade objetiva*. Pois Xenófanes ensina aqui que algo que digo pode ser verdadeiro sem que eu nem ninguém mais *saibamos* que é verdadeiro. Mas isso significa que a verdade é *objetiva*: a verdade é a correspondência entre o que digo e os fatos; *quer eu saiba quer não* que a correspondência existe.

Além disso, essas quatro linhas contêm outra teoria importantíssima. Contêm uma indicação da diferença entre a *verdade* objetiva e a *certeza* subjetiva do conhecimento. As quatro linhas dizem que eu, mesmo que proclame a mais perfeita verdade, nunca posso conhecer essa verdade *com certeza*. Pois não há um critério infalível de verdade: nunca, ou quase nunca, podemos estar totalmente certos de que não nos enganamos.

Mas Xenófanes não era um pessimista epistemológico. Era um buscador; e conseguiu, em sua longa vida, melhorar criticamente muitas de suas conjecturas, em especial também suas teorias científicas. Ele formula isso da seguinte maneira:

> Os deuses não revelaram tudo aos mortais desde o início.
> Mas no correr do tempo encontramos, procurando, o melhor.

Xenófanes também explica o que quer dizer aqui com 'o melhor'. Ele está se referindo à aproximação da verdade objetiva: a proximidade da verdade, a semelhança à verdade. Pois ele diz a respeito de uma de suas conjecturas:

> Essa conjectura é, assim parece, bem semelhante à verdade.

É possível que nesse fragmento as palavras 'essa conjectura' aludam a sua teoria monoteísta da divindade.

A teoria de Xenófanes sobre o conhecimento humano contém, portanto, os seguintes pontos:

1. Nosso conhecimento consiste em enunciados.
2. Enunciados podem ser verdadeiros ou falsos.

3. A verdade é objetiva. É a correspondência entre o conteúdo de um enunciado e os fatos.
4. Mesmo que expressemos a mais perfeita verdade, não podemos sabê-lo; isto é, não podemos sabê-lo com certeza.
5. Como 'conhecimento' no sentido pleno da palavra é 'conhecimento certo', então não há conhecimento, mas apenas *conhecimento conjectural*: 'entretecido de conjectura'.
6. Mas há em nosso conhecimento conjectural um progresso para o melhor.
7. O conhecimento melhor é uma melhor aproximação da verdade.
8. Mas ele sempre permanece conhecimento conjectural – entretecido de conjectura.

Para compreender a teoria da verdade de Xenófanes é importante salientar que Xenófanes diferencia nitidamente a *verdade* objetiva da *certeza* subjetiva. A verdade objetiva é a correspondência entre um enunciado e os fatos, quer o saibamos – saibamos com certeza –, quer não. *A verdade não pode, portanto, ser confundida com certeza* ou com conhecimento certo. Quem conhece algo com certeza conhece a verdade. Mas muitas vezes acontece que alguém conjectura alguma coisa sem conhecê-la com certeza; e que sua conjectura é, de fato, verdadeira. Xenófanes insinua muito corretamente que há verdades – e verdades importantes – que ninguém conhece com certeza; de fato, que ninguém pode conhecer, embora sejam conjecturadas por algumas pessoas. E insinua também que há verdades que ninguém nem sequer conjectura.

Com efeito, na linguagem em que podemos falar sobre os infinitamente muitos números naturais, há uma quantidade infinita de proposições claras e inequívocas (por exemplo, $17^2 = 627 + 2$). Cada uma dessas proposições é ou verdadeira ou falsa; se é falsa, sua negação é verdadeira. Há, portanto, infinitamente muitas verdades. E disso também se segue que há infinitamente muitas verdades que jamais poderemos conhecer. Há infinitamente muitas verdades desconhecíveis a nós.

Mesmo nos dias de hoje há muitos filósofos que pensam que a verdade só pode ser de importância para nós se a possuímos; portanto, se a conhecemos com certeza. No entanto, justamente o conhecimento sobre o fato de que há conhecimento conjectural é de grande importância. Há verdades das quais podemos nos aproximar apenas mediante busca árdua. Nosso caminho passa quase sempre pelo erro; e sem verdade não pode haver erro. (E sem erro não há falibilidade.)

IV

Algumas das visões que acabei de descrever eram-me relativamente claras antes que eu tivesse lido os fragmentos de Xenófanes. Talvez sem isso eu não os tivesse entendido. Que nosso melhor conhecimento é entretecido de conjectura e incerto foi algo que me ficou claro por meio de Einstein. Pois ele mostrou que a teoria da gravitação de Newton, a despeito de seu enorme sucesso, é conhecimento conjectural, tal como a própria teoria gravitacional de Einstein; e, tal como aquela, esta teoria parece ser apenas uma aproximação da verdade.

Não creio que o significado do conhecimento conjectural teria se tornado claro para mim sem Newton e Einstein; então me perguntei como pôde ter se tornado claro para Xenófanes há 2500 anos. Talvez a resposta a essa pergunta seja a seguinte:

Xenófanes acreditava inicialmente na concepção de mundo de Homero, assim como eu na de Newton. Essa crença foi abalada para ele assim como foi para mim: para ele, por sua própria crítica a Homero; para mim, pela crítica de Einstein a Newton. Tanto Xenófanes como Einstein substituíram a concepção de mundo criticada por uma nova; e ambos estavam cônscios de que sua nova concepção de mundo era apenas uma conjectura.

A percepção de que Xenófanes antecipou minha teoria do conhecimento conjectural há 2500 anos ensinou-me a ser modesto. Mas também a idéia da modéstia intelectual foi antecipada há quase o mesmo lapso de tempo. Ela provém de Sócrates.

Sócrates foi o segundo, e muito mais influente, fundador da tradição cética. Ele ensinava: só é sábio aquele que sabe que *não* o é.

Sócrates e, quase na mesma época, Demócrito fizeram a mesma descoberta ética de modo independente um do outro. Ambos disseram, quase com as mesmas palavras: "É melhor sofrer injustiça do que cometer injustiça".

Pode-se dizer que essa visão – em todo caso, combinada com a visão de quão pouco sabemos – leva à tolerância, tal como Voltaire ensinou mais tarde.

V

Passo agora a discutir o significado atual dessa filosofia autocrítica do conhecimento.

Inicialmente, é de interesse aqui a seguinte objeção. É verdade, alguém dirá, que Xenófanes, Demócrito e Sócrates nada sabiam; e era de fato sabedoria que eles reconhecessem a própria ignorância; e talvez sabedoria ainda maior que eles tenham assumido a atitude de buscadores. Nós – ou, mais corretamente, nossos cientistas naturais – continuamos buscadores, investigadores. Mas hoje os cientistas naturais não apenas buscam, como também encontram. E eles sabem muita coisa; tanta coisa que a mera quantidade de nosso conhecimento científico tornou-se um problema. Podemos hoje, portanto, seguir seriamente construindo nossa filosofia do conhecimento sobre a tese socrática da ignorância?

A objeção é correta. Mas apenas se fizermos quatro acréscimos de suma importância.

Primeiro: quando se diz aqui que a ciência sabe muita coisa, isso sem dúvida está correto, mas o termo 'saber' é empregado aqui, aparentemente de forma inconsciente, num sentido totalmente diferente do sentido pensado por Xenófanes e Sócrates, e também do sentido que o termo 'saber' tem na linguagem coloquial atual. Pois com 'saber' estamos sempre nos referindo ao 'saber *certo*'. Se alguém diz "Eu *sei* que hoje é terça-feira, mas *não estou certo* se hoje é terça-feira", tal pessoa está se contradizendo a si mesma, ou retirando na segunda parte de sua sentença o que disse na primeira.

Mas o conhecimento científico *não* é conhecimento certo. É passível de revisão. Ele consiste em *conjecturas* testáveis – no melhor dos casos, em conjecturas testadas de maneira incomumente rigorosas, mas ainda assim apenas em *conjecturas*. É um conhecimento hipotético, um *conhecimento conjectural*. Esse é o primeiro acréscimo, e só ele já é uma completa justificação da ignorância socrática e da observação de Xenófanes de que, até mesmo quando enunciamos a verdade perfeita, jamais podemos *saber* se o que dissemos é verdadeiro.

O segundo acréscimo que devo fazer à objeção de que hoje sabemos tanta coisa é o seguinte: com quase toda nova conquista científica, com toda solução hipotética de um problema científico, crescem o número e a dificuldade dos problemas abertos, e numa rapidez bem maior do que as soluções. Podemos dizer que, enquanto nosso conhecimento hipotético é finito, nossa ignorância é infinita. Mas não apenas isso: para o cientista autêntico, que tem um senso para problemas abertos, o mundo se torna, num sentido bastante concreto, cada vez mais enigmático.

Meu terceiro acréscimo é o seguinte: quando dizemos que hoje conhecemos *mais* do que Xenófanes ou Sócrates, isso é provavelmente incorreto caso interpretemos 'conhecer' no sentido subjetivo. Supostamente, cada um de nós não conhece *mais*, mas sim conhece *outras* coisas. Nós trocamos certas teorias, certas hipóteses, certas conjecturas por outras, muitas vezes por outras melhores: melhores no sentido de aproximação da verdade.

O conteúdo dessas teorias, hipóteses, conjecturas pode ser designado como *conhecimento no sentido objetivo*, em oposição ao conhecimento subjetivo ou pessoal. Por exemplo, o que está contido num manual de física de vários volumes é conhecimento impessoal ou objetivo – e obviamente hipotético –: ele excede bastante o que até mesmo o físico mais erudito possa conhecer. O que um físico conhece – ou, mais exatamente, conjectura – pode ser designado como seu conhecimento pessoal ou subjetivo. Ambos – o conhecimento impessoal e o pessoal – são, na maior parte, hipotéticos e passíveis de melhoramento. Mas não só o conhecimento impessoal vai atualmente muito além do que qualquer indivíduo pode conhecer pessoalmente, como também o progresso do conhecimento impessoal, objetivo, é tão rápido que o conhecimento pessoal só pode acompanhá-lo por breves períodos e em pequenas áreas: ele é ultrapassado.

Aqui temos mais um quarto motivo para dar razão a Sócrates. Pois esse conhecimento ultrapassado consiste em teorias que provaram ser falsas. Portanto, conhecimento ultrapassado decididamente não é conhecimento, pelo menos não no sentido da linguagem coloquial.

VI

Temos, portanto, quatro motivos que mostram que mesmo hoje a visão socrática "Sei que nada sei, e mal sei isso" é bastante atual – talvez mais atual do que na época de Sócrates. E temos motivo para, em defesa da tolerância, extrair dessa visão as conseqüências éticas que foram extraídas por Erasmo, Montaigne, Voltaire e mais tarde por Lessing. E ainda outras conseqüências.

Os princípios que formam a base de toda discussão racional, isto é, de toda discussão a serviço da busca da verdade, são realmente princípios *éticos*. Gostaria de citar aqui três princípios dessa espécie.

1. O princípio da falibilidade: talvez eu esteja errado e talvez você esteja certo. Mas nós dois também podemos estar errados.

2. O princípio da discussão racional: podemos tentar ponderar, da maneira mais impessoal possível, nossos motivos em favor de e contra uma determinada teoria criticável.

3. O princípio da aproximação da verdade. Mediante uma discussão objetiva, aproximamo-nos cada vez mais da verdade – e alcançamos uma compreensão melhor – mesmo que não cheguemos a um acordo.

Vale notar que todos os três princípios são epistemológicos e ao mesmo tempo éticos. Pois eles implicam, entre outras coisas, tolerância: se eu posso aprender com você e quero aprender no interesse da verdade, então devo não apenas tolerá-lo, mas também reconhecê-lo como alguém potencialmente detentor de direitos iguais; a potencial unidade e a potencial igualdade de direitos de todos os homens são um pressuposto de nossa disposição a uma discussão racional. É também importante o princípio de que podemos aprender muito com uma discussão; mesmo que ela não conduza a um acordo. Pois a discussão pode nos ensinar a compreender algumas fraquezas de nossa posição.

Portanto, princípios éticos formam a base da ciência. A idéia da verdade como o princípio regulador fundamental é um tal princípio ético.

A busca da verdade e a idéia da aproximação da verdade são também princípios éticos; como o são a idéia da honestidade intelectual e a da falibilidade, que nos conduz à atitude autocrítica e à tolerância.

Outro ponto bastante importante é que podemos *aprender* no campo da ética.

VII

Eu gostaria de demonstrar isso no exemplo da ética para os intelectuais, em especial para as profissões intelectuais: a ética para os cientistas, os médicos, os juristas, os engenheiros, os arquitetos; para os funcionários públicos e, de modo muito importante, para os políticos.

Gostaria de apresentar alguns princípios para *uma nova ética profissional*, princípios estreitamente ligados às idéias da tolerância e da honestidade intelectual.

Para tanto, vou primeiro caracterizar a antiga ética profissional e talvez caricaturá-la um pouco, para então compará-la com a nova ética profissional que estou sugerindo.

Ambas, a *antiga* e a *nova* éticas profissionais, têm como base, como se deve admitir, as idéias da verdade, da racionalidade e da responsabilidade intelectual. Mas a antiga ética foi baseada na idéia de conhecimento pessoal e de conhecimento certo e, com isso, sobre a idéia de *autoridade*; ao passo que a nova ética se baseia na idéia do conhecimento objetivo e do conhecimento incerto. Isso modifica fundamentalmente o modo de pensar subjacente e assim também o *papel* das idéias de verdade, de racionalidade e de honestidade e responsabilidade intelectuais.

O velho ideal era *possuir* a verdade e a certeza, e, se possível, *assegurar* a verdade mediante uma prova lógica.

A esse ideal ainda hoje bastante aceito corresponde o ideal pessoal do sábio – evidentemente não no sentido socrático; mas no do ideal platônico do sábio que é uma autoridade; do filósofo que é ao mesmo tempo um governante régio.

O velho imperativo para os intelectuais diz: Seja uma autoridade! Saiba tudo em sua área!

Tão logo você é reconhecido como autoridade, sua autoridade passa a ser protegida por seus colegas, e você, é claro, deve proteger a autoridade deles.

A antiga ética que estou descrevendo proíbe cometer erros. Um erro é absolutamente não permitido. Por isso, erros não podem ser confessados. Não preciso salientar que essa velha ética profissional é intolerante. E também sempre foi intelectualmente desonesta: ela conduz ao encobrimento dos erros em benefício da autoridade; especialmente também na medicina.

VII

Sugiro portanto uma *nova* ética profissional; sobretudo, mas não apenas, para os cientistas. Sugiro baseá-la nos seguintes doze princípios, com que concluo minha conferência.

1. Nosso conhecimento conjectural objetivo excede, cada vez mais, o que *uma* pessoa pode dominar. *Portanto, não há autoridade.* Isso também se aplica a disciplinas especializadas.

2. É impossível evitar todos os erros ou até mesmo todos os erros que são, em si, evitáveis. Todos os cientistas estão o tempo todo cometendo erros. A antiga idéia de que alguém pode evitar erros e tem, portanto, o dever de evitá-los deve ser revista: ela própria é errônea.

3. *Evidentemente continua sendo nossa tarefa evitar erros o máximo possível.* Mas, justamente para evitá-los, devemos estar sobretudo conscientes de como é difícil evitá-los e de que ninguém consegue isso totalmente. Nem mesmo os cientistas criativos o conseguem, os cientistas que são guiados por sua intuição: a intuição também pode nos extraviar.

4. Os erros também podem se ocultar em nossas teorias que são as mais bem corroboradas; e é tarefa específica do cientista buscar tais erros. A constatação de que uma teoria bem corroborada ou um procedimento prático bastante empregado são defeituosos pode ser uma importante descoberta.

5. *Devemos, portanto, modificar nossa atitude em relação a nossos erros.* É aqui que nossa reforma ética prática deve começar. Pois a atitude da antiga ética profissional leva-nos a encobrir nossos erros, a mantê-los secretos e a esquecê-los tão rápido quanto possível.

6. O novo princípio básico é que, para aprendermos a evitar erros o máximo possível, devemos *justamente aprender com nossos erros.* Encobrir erros é, pois, o maior pecado intelectual.

7. Devemos, portanto, espreitar constantemente nossos erros. Quando os encontramos, devemos gravá-los na memória; analisá-los de todos os lados, para ir ao fundo deles.

8. A atitude autocrítica e a sinceridade tornam-se, com isso, um dever.

9. Visto que devemos aprender com nossos erros, devemos também aprender a aceitar, realmente aceitar *com gratidão*, quando outras pessoas nos chamam a atenção para nossos erros. Quando chamamos a atenção dos outros para seus erros, devemos sempre lembrar que nós próprios cometemos erros semelhantes. E devemos lembrar que os maiores cientistas cometeram erros. Por certo, não quero dizer que nossos erros são habitualmente perdoáveis: não devemos relaxar nossa vigilância. Mas é humanamente inevitável continuar a cometer erros.

10. Devemos nos dar conta *de que precisamos de outras pessoas para a descoberta e correção de erros (e elas de nós)*; sobretudo pessoas que cresceram com outras idéias em outra atmosfera. Isso também conduz à tolerância.

11. Devemos aprender que a autocrítica é a melhor crítica; mas que *a crítica pelos outros é uma necessidade*. Ela é quase tão boa quanto a autocrítica.

12. A crítica racional deve ser sempre específica: deve fornecer motivos específicos por que asserções específicas, hipóteses específicas parecem ser falsas ou argumentos específicos parecem ser inválidos. Deve ser guiada pela idéia de aproximação da verdade objetiva. Deve, nesse sentido, ser impessoal.

Peço-lhes que considerem minhas formulações como sugestões. Elas têm o intuito de mostrar que, também no campo ético, é possível fazer sugestões passíveis de discussão e de melhoramento.

15. Em que acredita o Ocidente?*
(Roubado do autor de *Offene Gesellschaft*)

Infelizmente, tenho de começar com uma desculpa: uma desculpa pelo título de minha conferência. O título é 'Em que acredita o Ocidente?' (*'Woran glaubt der Westen?'*). Se penso na história da expressão 'o Ocidente', eu me pergunto se não deveria tê-lo evitado. Pois a expressão *der Westen* ('o Ocidente') é uma tradução da expressão inglesa *the west*, e essa expressão se tornou corrente na Inglaterra especialmente pela tradução de *Untergang des Abendlandes* [O declínio do Ocidente], de Spengler, cujo título em inglês é *The decline of the West*. Mas evidentemente não quero ter coisa alguma a ver com Spengler. Pois não só o considero um falso profeta de um pretenso declínio, mas também um sintoma de um declínio real, embora não do Ocidente: o que suas profecias ilustram é o declínio da consciência intelectual de muitos pensadores ocidentais. Ilustram a vitória da imodéstia intelectual, da tentativa de ludibriar com palavras bombásticas um público sedento de saber, em suma, a vitória do hegelianismo e do historicismo he-

---

* Conferência proferida em Zurique, em 1958, a convite de Albert Hunold. Publicada pela primeira vez em *Erziehung zur Freiheit. Sozialwissenschaftliche Studien für das Schweizerische Institut für Auslandsforschung* [Educação para a liberdade. Estudos de ciências sociais para o Instituto Suíço de Pesquisa Estrangeira], ed. Albert Hunold, vol. 7, Erlenbach-Zurique/Stuttgart 1959.

Em que acredita o Ocidente? 263

gelizante, que Schopenhauer há mais de cem anos desmascarou e combateu como peste intelectual da Alemanha.

Pela escolha de meu título e por causa dos ecos hegelianos que ele pode despertar, sou obrigado a começar minha conferência distanciando-me claramente da filosofia hegeliana, da profecia do declínio como também da profecia do progresso.

Portanto, eu gostaria antes de tudo de me apresentar como um filósofo antiquado – como um adepto daquele movimento há muito superado e desaparecido que Kant chamou de Esclarecimento (*Aufklärung*), e outros de *Aufklärerei* ou também *Aufkläricht*. Isso, no entanto, significa que sou um racionalista e creio na verdade e na razão. Um racionalista não é de modo algum, como nossos oponentes anti-racionalistas afirmaram, alguém que gostaria de ser um ser puramente racional e de tornar outras pessoas seres puramente racionais. Isso seria extremamente irracional.

Toda pessoa racional e também portanto – espero – um racionalista sabem muito bem que a razão pode desempenhar na vida humana apenas um papel muito modesto. É o papel da reflexão crítica, da discussão crítica. O que penso quando falo de razão ou de racionalismo não é nada mais que a convicção de que podemos aprender pela crítica – pela discussão com outros e pela autocrítica. Um racionalista é, portanto, uma pessoa disposta a aprender com os outros, não por simplesmente aceitar qualquer lição, mas por deixar que os outros critiquem suas idéias e por criticar as idéias deles. A ênfase recai aqui sobre as palavras 'discussão crítica': o verdadeiro racionalista não acredita que ele próprio, ou alguma outra pessoa, seja dono da sabedoria. Ele sabe que precisamos continuamente de novas idéias e que a crítica não nos ajuda a conseguir novas idéias. Mas pode nos ajudar a separar o joio do trigo. Também sabe que a aceitação ou a rejeição de uma idéia jamais podem ser um assunto puramente racional. No entanto, apenas a discussão crítica pode nos ajudar a ver uma questão de cada vez mais lados e a julgá-la corretamente. Um racionalista evidentemente não afirmará que todas as relações humanas podem ser esgotadas pela discussão crítica. Isso também seria extremamente irracional. Mas um racionalista pode talvez indicar que a atitude do *give and take*, do dar e receber, que forma a base da discussão crítica, é também de grande importância em termos puramente humanos. Pois um racionalista será facilmente capaz de perceber que deve sua razão a outras pessoas. Perceberá facilmente que a atitude crítica só pode ser o resultado da crítica dos outros e que só podemos ser autocríticos mediante a crítica dos outros. Talvez a melhor forma de exprimir a atitude racional seja dizendo: Talvez você esteja certo, e talvez eu esteja errado; e se talvez, em nossa discussão crítica, não decidirmos definitivamente quem está certo, podemos ainda esperar ver as coisas com mais clareza depois de tal discussão. Podemos aprender um com o outro, conquanto não esqueçamos que o importante não é saber quem está correto, mas aproximar-se da verdade objetiva. Pois nosso interesse está sobretudo na verdade objetiva.

Isso é, em suma, o que penso quando me declaro um racionalista. Mas, quando me declaro um puro adepto do Esclarecimento, estou me referindo a algo mais. Penso na esperança de uma auto-emancipação pelo conhecimento, que inspirou Pestalozzi, e no desejo de nos despertarmos de nosso sono dogmático, como Kant o chamou. E penso num dever de todo intelectual que infelizmente foi esquecido pela maioria dos intelectuais, em especial desde os filósofos Fichte, Schelling e Hegel. Trata-se do *dever de não posar de profeta*.

Contra esse dever os pensadores da Alemanha em particular pecaram seriamente; sem dúvida, porque se *esperou* deles que aparecessem como profetas – como fundadores de religião, como reveladores dos segredos do mundo e da vida. Aqui, como em toda parte, a demanda constante produz infelizmente uma oferta. Profetas e líderes foram buscados. Não é de admirar que profetas e líderes tenham sido encontrados. O que se encontrou nessa área, sobretudo na língua alemã, beira o inacreditável. Na Inglaterra, essas coisas felizmente são menos desejadas. Quando comparo a situação nesses dois campos lingüísticos, minha admiração pela Inglaterra cresce ilimitadamente. É preciso lembrar nesse contexto que o Esclarecimento começou com *Cartas de Londres sobre os ingleses*, de Voltaire: com a tentativa de introduzir no continente o clima intelectual da Inglaterra, aquela secura que contrasta tão notavelmente com seu clima físico. Essa secura, essa sobriedade, é simplesmente um produto do respeito pelo próximo, ao qual não se quer convencer de nada nem tentar mostrar coisa alguma.

No território de língua alemã, a situação infelizmente é outra. Aqui, todo intelectual quer ser um consabedor dos últimos segredos, das últimas coisas. Aqui não apenas os filósofos, mas também cientistas, médicos e especialmente psicólogos se tornam fundadores de religiões.

Qual é a característica exterior dessas duas atitudes – a do seguidor do Esclarecimento e a do autodenominado profeta? É a linguagem. O adepto do Esclarecimento fala da maneira mais simples possível. Quer ser compreendido. Nesse aspecto, Bertrand Russell, entre os filósofos, é nosso mestre imbatível: mesmo quando não se concorda com ele, é preciso admirá-lo. Ele fala sempre de modo claro, simples e direto.

Por que nós, adeptos do Esclarecimento, damos tanto valor à simplicidade de linguagem? Porque o verdadeiro seguidor do Esclarecimento, o verdadeiro racionalista, jamais quer persuadir. Na realidade, ele nem sequer pretende convencer: ele sempre permanece cônscio de que também pode errar. Ele estima demais a autonomia, a independência intelectual do outro para querer convencê-lo em matérias importantes; ele quer, antes, exortar sua objeção, sua crítica. A livre formação de opinião é valiosa para ele. Valiosa não só porque assim nos aproximamos da verdade, mas porque ele respeita a livre formação de opinião como tal. Ele a respeita mesmo quando percebe tratar-se de uma opinião absolutamente falsa.

Um dos motivos pelos quais o seguidor do Esclarecimento não quer persuadir nem convencer é o seguinte. Ele sabe que, fora do estreito campo da lógica e talvez da matemática, não há provas. Em poucas palavras, *não se pode provar nada*. Podem-se apresentar argumentos e podem-se investigar visões criticamente. Mas, fora da matemática, nossa argumentação *jamais* é perfeita. Devemos sempre pesar as razões; devemos sempre decidir quais razões têm mais peso: as razões que falam em favor de uma visão, ou as que falam contra ela. Assim, a busca da verdade e a formação da opinião contêm sempre um elemento de livre decisão. E é a livre decisão que torna uma opinião humanamente preciosa.

Foi da obra de John Locke que o Esclarecimento adotou e desenvolveu esse alto apreço à opinião livre, pessoal. Ele é sem dúvida o resultado direto das lutas religiosas inglesas e continentais. Essas lutas produziram, por fim, a idéia da tolerância religiosa. E essa idéia da tolerância religiosa não é de modo nenhum uma idéia meramente negativa, como é afirmado com tanta freqüência (por exemplo, por Arnold Toynbee). Não é apenas a expressão da fadiga da luta e da percepção de que é inútil querer forçar conformidade religiosa por meio do terror. Ao contrário, a tolerância religiosa nasce do reconhecimento positivo de que uma concordância religiosa forçada não tem valor nenhum: de que apenas a crença religiosa livremente aceita pode ser valiosa. E essa percepção também nos leva a respeitar toda crença honesta, e com isso a respeitar o indivíduo e sua opinião. Leva, nas palavras de Immanuel Kant (o último grande filósofo do Esclarecimento), ao reconhecimento da dignidade da pessoa humana.

O princípio da dignidade da pessoa significa, na compreensão de Kant, respeitar todas as pessoas e suas convicções. Kant vinculou essa regra estreitamente ao princípio que os ingleses chamam, com razão, de regra de ouro e que se pode traduzir banalmente como 'Não faças aos outros o que não queres que te façam!'. Além disso, ele associou esse princípio à idéia de liberdade: a liberdade de pensamento que o Marquês de Posa, de Schiller, exigia de Philipp; a liberdade de pensamento que o determinista Espinosa queria fundamentar no fato de ser ela uma liberdade inalienável, que o tirano tenta nos arrancar, mas jamais o consegue.

Creio que nesse ponto não podemos seguir concordando com Espinosa. Talvez seja verdade que a liberdade de pensamento jamais pode ser totalmente reprimida. Mas ela ao menos pode ser amplamente reprimida. Pois sem o livre intercâmbio de pensamento não pode haver uma liberdade real de pensamento. Precisamos de outras pessoas com quem testar nossos pensamentos; para descobrir se eles são válidos. A discussão crítica é o fundamento do livre pensar do indivíduo. Isso significa, no entanto, que a total liberdade de pensamento é impossível sem liberdade política. E a liberdade política se torna com isso o pré-requisito do uso total, livre da razão por parte do indivíduo.

Mas a liberdade política, por sua vez, só pode ser assegurada pela *tradição*, pela prontidão tradicional a defendê-la, a lutar por ela, a fazer sacrifício por ela.

Afirmou-se com freqüência que o racionalismo se contrapõe a toda tradição; e é verdade que o racionalismo reserva-se o direito de discutir criticamente qualquer tradição. Mas, no fim das contas, o racionalismo repousa, ele mesmo, na tradição; na tradição do pensamento crítico, da livre discussão, da linguagem simples, clara, e da liberdade política.

Tentei aqui explicar o que entendo por racionalismo e Esclarecimento; pois, como queria me distanciar de Spengler e de outros hegelianos, eu precisei me declarar como racionalista e seguidor do Esclarecimento, como um dos últimos retardatários de um movimento há muito em desuso e totalmente não-moderno.

Mas, vocês poderão me perguntar, isso não é uma introdução demasiado longa? O que isso tudo tem a ver com nosso tema? Vocês vieram até aqui para ouvir alguma coisa sobre o Ocidente, e em que o Ocidente acredita. E em vez disso começo a falar de mim mesmo e daquilo em que creio. Com razão, vocês poderão perguntar até quando vou abusar de sua paciência.

Senhoras e senhores, gostaria de lhes pedir que não interpretassem como imodéstia se eu lhes confessasse que já estou no meio de nosso tema. Sei muito bem que meu racionalismo e meu Esclarecimento são idéias bastante anacrônicas e que seria ridículo afirmar que o Ocidente, consciente ou inconscientemente, acredita nelas. Mas, embora tais idéias sejam hoje tratadas com desprezo por quase todos os intelectuais, ao menos o racionalismo é uma idéia sem a qual o Ocidente nem poderia existir. Pois nada é mais característico de nossa civilização ocidental do que o fato de que ela é uma civilização zelosa da ciência. É a única civilização que produziu uma ciência da natureza e na qual essa ciência desempenha um papel realmente decisivo. Essa ciência da natureza é, no entanto, o produto direto do racionalismo; é o produto do racionalismo da filosofia antiga grega: dos pré-socráticos.

Por favor, não me entendam mal. Não é minha tese aqui a de que o Ocidente acredita no racionalismo, quer consciente quer inconscientemente. Falarei mais tarde sobre a crença do Ocidente. Gostaria aqui apenas de registrar, como muitos o fizeram antes de mim, que nossa civilização ocidental, em termos históricos, é amplamente um produto do modo de pensar racionalista que nossa civilização herdou dos gregos. Parece-me relativamente claro que, quando falamos de Ocidente ou – como Spengler – de *Abendland*, estamos justamente nos referindo a essa civilização de influência racionalista. Se, portanto, tentei explicar aqui o racionalismo, meu motivo não foi apenas o desejo de me distanciar de certas correntes anti-racionalistas; mas também o de fazer a tentativa de lhes apresentar a tão caluniada tradição racionalista: a tradição que influenciou decisivamente nossa civilização ocidental – tanto que seria possível caracterizar a civilização ocidental como a única em que a tradição racionalista desempenha um papel dominante.

Em outras palavras, precisei falar do racionalismo para explicar a que estou me referindo quando falo do Ocidente. E precisei, ao mesmo tempo, defender um pouco o racionalismo, já que ele é com enorme freqüência representado de forma caricatural.

Com isso, eu talvez tenha explicado o que quero dizer quando falo do Ocidente. Mas tenho de acrescentar que, quando falo de Ocidente, penso em primeiro lugar na Inglaterra, até mesmo antes da Suíça. E isso talvez apenas porque vivo na Inglaterra; mas creio haver outras razões. A Inglaterra é o país que não capitulou quando sozinho se contrapôs a Hitler. E, se agora me volto para a pergunta 'Em que acredita o Ocidente?', vou principalmente pensar em que acreditam meus amigos e outras pessoas na Inglaterra. Em que eles acreditam? Por certo não no racionalismo. Por certo não na ciência tal como foi criada pelo racionalismo grego. Ao contrário, hoje o racionalismo é, em geral, visto como obsoleto. E, no que diz respeito à ciência, nas últimas décadas ela se tornou para a maioria de nós, ocidentais, primeiramente estranha e incompreensível, e mais tarde, após a bomba atômica, monstruosa e desumana. Em que, então, acreditamos hoje? Em que acredita o Ocidente?

Se levantamos seriamente essa pergunta e se tentamos respondê-la com honestidade, a maioria de nós provavelmente confessará que não sabe ao certo em que deve acreditar. A maioria de nós já se deu conta de que acreditou nesses ou naqueles falsos profetas e, por intermédio deles, também nesses ou naqueles falsos deuses. Todos nós já vimos nossa crença abalada; e mesmo os poucos cuja crença saiu incólume após tantos abalos terão de admitir que hoje não é fácil saber em que nós, no Ocidente, acreditamos.

Minha observação de que não é fácil saber em que o Ocidente acredita talvez soe bastante negativa. Conheço muitas pessoas boas que consideram uma fraqueza do Ocidente o fato de não termos, no Ocidente, uma idéia unificada, sustentadora; uma crença unificada que possamos contrapor com orgulho à religião comunista do Oriente.

Essa visão bastante difundida é muito compreensível. Mas eu a considero inteiramente falsa. Nosso orgulho deveria ser o fato de não termos *uma só* idéia, mas *muitas* idéias, boas e ruins;

Em que acredita o Ocidente? 271

de não termos *uma só* crença, *uma só* religião, mas muitas, boas e ruins. O fato de podermos lidar com isso é um sinal da força extraordinária do Ocidente. O acordo do Ocidente *numa só* idéia, *numa só* crença, *numa só* religião seria o fim do Ocidente, nossa capitulação, nossa rendição incondicional à idéia totalitária.

Não faz muito tempo, Harold Macmillan, agora primeiro-ministro britânico, mas na época ainda ministro do Exterior, deu à pergunta do sr. Khrushchev sobre em que nós, no Ocidente, realmente acreditamos a seguinte resposta: no cristianismo. E, do ponto de vista histórico, não se pode dizer que ele estivesse errado. À parte o racionalismo grego, nada exerceu uma influência tão grande sobre a história das idéias do Ocidente como o cristianismo e as longas querelas e lutas em seu seio.

No entanto, considero errônea a resposta de Macmillan. Por certo, há bons cristãos entre nós. Mas há algum país, algum governo, alguma política que poderíamos chamar de honestos e sinceramente de cristãos? Pode existir tal política? Não são talvez a longa luta entre o poder eclesiástico e o secular, e a derrota da pretensão da Igreja ao poder secular, um daqueles fatos históricos que influenciaram profundamente a tradição do Ocidente? E o cristianismo é um conceito unificado? Não há muitas interpretações inconciliáveis desse conceito?

No entanto, mais importante do que essas importantes perguntas é uma resposta que Khrushchev, como todo marxista desde Karl Marx, devia ter pronta. "Mas vocês não são cristãos coisa nenhuma", respondem os comunistas. "Vocês apenas se chamam de cristãos. Os verdadeiros cristãos somos nós, que não nos chamamos de cristãos, mas de comunistas. Pois vocês adoram Mammon, enquanto nós lutamos pelos oprimidos, pelos cansados e sobrecarregados."

Não por acaso, respostas desse tipo sempre causaram grande impressão em cristãos genuínos; tampouco é por acaso que sempre tenha havido e continue havendo comunistas cristãos no Ocidente. Não duvido da honesta convicção do bispo de Bradford, quando em 1942 designou nossa sociedade ocidental como obra de Satã e exortou todos os servos crentes da religião cristã a trabalhar pela destruição de nossa sociedade e pela vitória do comunismo. Desde então, o satanismo de Stalin e de seus torturadores foi admitido pelos próprios comunistas; de fato, essa tese do satanismo de Stalin foi, por um breve tempo, uma parte integrante da linha geral do Partido Comunista. No entanto, há cristãos genuínos que ainda pensam como o antigo bispo de Bradford.

Não podemos, portanto, como Harold Macmillan, apelar ao cristianismo. Nossa sociedade não é uma sociedade cristã – assim como não é uma sociedade racionalista.

E isso é compreensível. A religião cristã exige de nós uma pureza de ação e de pensamento que só pode ser alcançada pelos santos. Por essa razão, sempre falharam as inúmeras tentativas de construir uma ordem social totalmente imbuída do espírito do cristianismo. Elas sempre e necessariamente resultaram em intolerância, em fanatismo. Não apenas Roma e Espanha têm algo a contar sobre isso, mas também Genebra e Zurique e vários experimentos cristão-comunistas americanos. O comunismo marxista é apenas o exemplo mais terrível dessa tentativa de realizar o céu na terra: é um experimento que nos ensina como é fácil que os que se arrogam realizar o céu na terra possam realizar o inferno.

Obviamente não é a idéia do cristianismo que leva ao terror e à desumanidade. É, antes, a idéia da idéia única, unificada, da crença numa crença única, unificada e exclusiva. E, visto que me designei como racionalista, é meu dever apontar que o terror do racionalismo, da religião da razão, foi, se possível, pior do que o terror do fanatismo cristão, ou maometano ou judaico. Uma ordem social genuinamente racionalista é tão impossível quanto uma genuinamente cristã; e a tentativa de realizar o impossível deve, aqui, conduzir ao menos às mesmas monstruosidades. O melhor que se pode dizer sobre o Terror de Robespierre é que durou relativamente pouco.

Aqueles entusiastas bem-intencionados que têm o desejo e a necessidade de unificar o Ocidente sob a liderança de uma idéia fascinante não sabem o que estão fazendo. Não sabem que estão brincando com fogo – que é a idéia totalitária que os atrai.

Não, não é a unidade de uma idéia, mas a multiplicidade das idéias, o pluralismo, que devem causar orgulho ao Ocidente. E à pergunta 'Em que acredita o Ocidente?' podemos dar agora uma primeira resposta provisória. Podemos dizer com orgulho que nós, no Ocidente, acreditamos em muitas e diferentes coisas, em muita coisa que é verdadeira e em muita coisa que é falsa; em coisas boas e em coisas ruins.

Minha primeira e provisória resposta é, portanto, uma indicação de um fato quase trivial: acreditamos numa grande variedade de coisas. Mas esse fato trivial tem enorme significado.

Evidentemente há muitas pessoas que negaram a tolerância ocidental das opiniões. Bernard Shaw, por exemplo, afirmou várias vezes que nossa época e nossa civilização são tão intolerantes como todas as demais. Ele tentou provar que apenas o *conteúdo* de nosso dogmatismo supersticioso mudou; que no lugar do dogma religioso entrou o dogma científico; e que quem hoje ousasse se contrapor ao dogma científico seria queimado como o foi outrora Giordano Bruno. Mas, embora tenha feito tudo para chocar os outros com suas opiniões, Bernard Shaw não teve sucesso. Tampouco é verdade que ele, como um bobo da corte, podia dizer o que quisesse porque não era levado a sério. Muito pelo contrário. Talvez ele tenha sido esquecido, mas ainda hoje essas idéias são levadas a sério por muitas pessoas; e especialmente sua teoria sobre a intolerância ocidental exerceu uma influência enorme sobre seus contemporâneos. Não duvido que sua influência tenha sido maior do que a de Giordano Bruno; mas ele morreu, com mais de noventa anos, não na fogueira, mas em decorrência de uma fratura óssea.

Sugiro portanto aceitar minha primeira resposta preliminar à nossa pergunta e voltarmo-nos para as muitas coisas diferentes em que as diferentes pessoas acreditam no Ocidente.

Há coisas boas e coisas ruins, ao menos elas assim me parecem. E, como naturalmente quero tratar das coisas boas com mais detalhes, vou falar primeiro das ruins para tirá-las do caminho.

Há entre nós, no Ocidente, muitos falsos profetas e muitos falsos deuses. Há pessoas que crêem no poder e na escravização dos outros. Há pessoas que crêem numa necessidade histórica, numa lei da história, que podemos adivinhar e que nos permitem prever o futuro e passar no tempo certo para o lado dos futuros detentores do poder. Há profetas do progresso e profetas do retrogresso, e todos eles encontram discípulos fiéis, apesar de tudo. E há profetas e fiéis das divindades *Sucesso, Efficiency,* do aumento da produção a qualquer preço, do milagre econômico e do poder do homem sobre a natureza. Mas são os *profetas choramingas do pessimismo* que têm a maior influência entre os intelectuais.

Atualmente, parece que todos os pensadores contemporâneos – para os quais sua boa reputação vale pouco mais de um vintém – concordam em que vivemos numa época bastante miserável; numa época realmente criminosa, talvez até mesmo nas piores de todas as épocas. Caminhamos à beira do precipício; e é nossa perversidade moral, talvez até nosso pecado original, que nos levou tão longe. Somos – assim diz Bertrand Russell, a quem tanto admiro – inteligentes; talvez inteligentes demais; mas do ponto de vista da ética não somos bons o suficiente. Nossa infelicidade é que nossa inteligência se desenvolveu mais rápido do que nossos dons morais. Sucedeu então que fomos espertos o suficiente para construir bombas atômicas e bombas de hidrogênio; mas fomos moralmente imaturos para construir um Estado global, que é o único que pode nos proteger de uma guerra capaz de aniquilar tudo.

Senhoras e senhores, devo confessar que considero inteiramente falsa essa visão pessimista de nossa época. Eu a considero uma moda perigosa. Certamente não gostaria de falar nada contra o Estado global ou contra a federação global. Mas me parece totalmente errôneo remeter o fracasso das Nações Unidas a um fracasso moral dos cidadãos, dos membros dessas nações. Pelo contrário: estou firmemente convencido de que quase todos nós, no Ocidente, estaríamos dispostos a fazer qualquer sacrifício possível para assegurar a paz no mundo se ao menos pudéssemos ver como fazer tal sacrifício de modo que não fosse em vão. Pessoalmente não conheço ninguém de quem eu duvide que estaria disposto a dar a vida se pudesse com isso garantir a paz para a humanidade. Não quero negar que talvez haja pessoas que não se disporiam a isso, mas gostaria de afirmar que são raras. Queremos, portanto, a paz. Mas isso não significa que queremos a *paz a qualquer preço*.

Minhas senhoras e meus senhores, não tive nem tenho a intenção de dedicar esta conferência ao problema das armas atômicas. Na Inglaterra, fala-se muito pouco sobre essas questões; e, embora Bertrand Russell seja de modo geral venerado e amado, ele teve pouco sucesso em trazer essas coisas à discussão. Meus alunos, por exemplo, o convidaram para dar uma palestra sobre esse tema, e ele foi recebido com ovação. Eles ficaram entusiasmados com o homem, ouviram-no com o maior interesse, falaram também durante a discussão, mas depois, até onde sei, desistiram do tema. Em meu seminário, em que todos os problemas políticos e filosóficos eram discutidos do modo mais livre possível, de filosofia da natureza a ética política, nenhum estudante jamais tocou no problema de Russell. Mas todos sabemos o que pensamos sobre isso. Estou cônscio de que aqui no continente a situação é totalmente outra. Talvez lhes interesse saber que ouvi os argumentos de Russell pela primeira vez há oito anos [portanto, em 1950], de um físico atômico que provavelmente mais do que qualquer outra pessoa contribuiu para impor a decisão de fabricar a bomba atômica. Seu ponto de vista era que a capitulação era preferível à guerra atômica. Dizia que depois a humanidade viveria seus piores dias; mas um dia a liberdade seria reconquistada. A guerra nuclear, em contrapartida, seria o fim.

Em outra formulação da mesma idéia, é melhor e até mesmo mais honrado viver sob o domínio dos russos do que ser morto por bombas atômicas. Respeito essa opinião, mas penso que a alternativa teve uma formulação errônea. É errônea porque desconsidera a possibilidade de evitar a guerra nuclear por outro meio que não seja a capitulação. Nós afinal *não sabemos* se a guerra atômica é inevitável, e absolutamente não podemos saber. E não sabemos se a capitulação não produziria a guerra atômica. A verdadeira alternativa a nossa frente é: devemos capitular para diminuir a possibilidade ou a probabilidade de uma guerra atômica, ou devemos, *se necessário*, nos defender com todos os meios? Até mesmo essa alternativa significa uma decisão difícil. Mas não se trata da decisão entre um partido da paz e um partido da guerra. Trata-se, antes, da decisão entre um partido que acredita poder avaliar com suficiente precisão o *grau de probabilidade* de uma guerra atômica e que considera o risco bastante alto – tão alto que prefere a capitulação – e um partido que quer igualmente a paz, mas que acredita na *tradição da liberdade* e se lembra de que a liberdade jamais pode ser defendida sem risco; de que Churchill não capitulou perante Hitler, quando sua posição era quase desesperada, e de que ninguém pensava em capitulação quando Hitler anunciou suas bombas V, embora os iniciados tivessem motivo para acreditar que ele já tivesse bombas atômicas à disposição. A Suíça também já esteve mais de uma vez em situação quase desesperada, por último perante Hitler; e muitos quiseram capitular. Mas ela conseguiu manter sua liberdade e sua neutralidade armada.

O que pretendo apontar aqui é, portanto, que ambos os partidos são opositores da guerra. Além disso, ambos concordam que não são opositores *incondicionais* da guerra. E, por fim, ambos crêem não só na paz, mas também na liberdade.

Ambos os partidos têm tudo isso em comum. A oposição se revela com a pergunta: devemos e podemos aqui calcular graus de probabilidade, ou devemos seguir a tradição?

Há nesse caso, portanto, uma oposição entre o racionalismo e a tradição. O racionalismo está, assim parece, em favor da capitulação; a tradição da liberdade, contra.

Eu me apresentei a vocês como um racionalista e um admirador de Bertrand Russell. Mas nesse conflito escolho não o racionalismo, mas a tradição. Não creio que possamos estimar graus de probabilidade em tais questões. Não somos oniscientes; sabemos apenas um pouco, e não devemos posar de Providência. Justamente como racionalista, creio que o racionalismo tem seus limites e que ele é impossível sem tradição.

Minhas senhoras e meus senhores, eu gostaria de evitar polêmica, que já resultou em muitas palavras amargas. Certamente não pude evitar mostrar minhas posições. Contudo, não acho que minha tarefa consiste em defender meu ponto de vista, mas em analisar as diferenças de opinião e o que os partidos têm em comum. Pois aqui podemos aprender em que o Ocidente acredita.

Se retornamos então à pergunta 'Em que acredita o Ocidente?', podemos talvez dizer que, das diversas respostas corretas que poderíamos dar, uma das mais importantes é: odiamos arbitrariedade, opressão e violência; e todos nós acreditamos em nossa tarefa de combater essas coisas. Somos contra guerra e todo tipo de chantagem, sobretudo chantagem por ameaças de guerra. Consideramos a invenção da bomba atômica uma desgraça. Queremos a paz e acreditamos em sua possibilidade. Todos nós acreditamos na liberdade e que apenas a liberdade torna a vida digna de viver. Nossos caminhos se bifurcam quando se pergunta se é correto ceder à chantagem e tentar comprar a paz com a liberdade.

O fato de que nós, no Ocidente, queremos a paz e a liberdade e estamos todos dispostos a fazer os maiores sacrifícios por ambas parece-me mais importante do que a discórdia entre os dois partidos que descrevi. E creio que esse fato justifica pintar um quadro bastante otimista de nossa época. Todavia, eu mal me atrevo a lhes apresentar minha tese otimista. Temo perder totalmente sua confiança. Pois minha tese é: afirmo que nossa época, apesar de tudo, é a melhor de todas as épocas de que temos conhecimento histórico; e que a forma de sociedade em que vivemos no Ocidente é, apesar de muitas deficiências, a melhor de que temos conhecimento.

Aqui, não estou de modo nenhum pensando primordialmente no bem-estar material, embora seja bastante significativo que no curto tempo desde a Segunda Guerra Mundial a pobreza tenha quase desaparecido na Europa setentrional e ocidental – enquanto em minha juventude e ainda entre as duas guerras mundiais a pobreza (em especial como conseqüência do desemprego) era considerada *o* problema social. O desaparecimento da pobreza, infelizmente apenas no Ocidente, tem várias causas, das quais a mais importante é o crescimento da produção. Mas eu gostaria aqui de apontar em particular três causas, que são importantes no contexto de nosso tema: elas mostram claramente em que nós, no Ocidente, acreditamos.

Em primeiro lugar, nossa época estabeleceu um princípio de fé moral que de fato foi alçado a uma obviedade moral. Refiro ao princípio de que ninguém pode passar fome enquanto houver comida suficiente entre nós. E ela também tomou a decisão de não *deixar ao acaso a luta contra a pobreza*, mas considerá-la um dever elementar de todos – especialmente daqueles que têm prosperidade material.

Em segundo lugar, nossa época crê no princípio de dar a todos a melhor oportunidade possível na vida (*equality of opportunity*); ou, em outras palavras, ela acredita, com o Esclarecimento, na auto-emancipação pelo conhecimento e, com Pestalozzi, no combate da miséria pelo conhecimento; e portanto acredita, justificadamente, que a educação superior deve se tornar acessível a todos que tenham o talento necessário.

Em terceiro, nossa época despertou nas massas necessidades e ambição de posse. É óbvio que isso é um desenvolvimento perigoso, mas sem ele a miséria das massas é inevitável: isso foi reconhecido pelos reformadores dos séculos XVIII e XIX. Eles viram que o problema da pobreza era insolúvel sem a colaboração dos pobres e que o desejo e a vontade de melhorar de vida deviam ser despertados, antes que se pudesse obter tal colaboração. Essa visão foi claramente formulada por George Berkeley, o bispo de Cloyne. (Essa é uma daquelas verdades que o marxismo retomou e desfigurou com exageros até deixá-la irreconhecível.)

Esses três princípios de fé – luta pública contra a pobreza, educação para todos, aumento das necessidades – levaram a desenvolvimentos bastante questionáveis.

A luta contra a pobreza produziu em muitos países um Estado de bem-estar social com uma monstruosa burocracia e com uma quase grotesca burocratização dos hospitais e da profissão médica, com o óbvio resultado de que apenas frações da quantia gasta para o bem-estar social realmente beneficiaram os que precisavam dela. Mas, quando criticamos o Estado de bem-estar social – e devemos criticá-lo –, jamais podemos esquecer que ele se origina de um princípio de fé altamente humano e admiravelmente moral, e que uma sociedade disposta a fazer pesados sacrifícios materiais (e até mesmo sacrifícios supérfluos) na luta contra a pobreza provou, com isso, que leva a sério esse princípio de fé moral. E uma sociedade disposta a fazer tais sacrifícios por sua convicção moral também tem o direito de realizar suas idéias. Nossa crítica do Estado de bem-estar social deve, portanto, mostrar como essas idéias poderiam ser *mais bem* realizadas.

A idéia de oportunidades iguais (*equal opportunity*) e do acesso eqüitativo à educação superior teve em alguns países conseqüências lamentáveis semelhantes. Para os estudantes sem recursos de minha própria geração, a luta pelo conhecimento era uma aventura que exigia grande sacrifício, que dava ao conhecimento adquirido um valor único. Temo que essa atitude está em vias de desaparecer. Ao novo direito à educação corresponde uma nova atitude que reivindica esse direito como garantido; e o que pode ser reivindicado como nosso direito sem sacrifício é pouco valorizado. Na medida em que a sociedade presenteia esses estudantes com o direito à educação, ela lhes rouba uma experiência insubstituível.

Como vocês podem ver de minhas observações sobre esses dois pontos, meu otimismo não consiste no fato de eu admirar todas as soluções que encontramos, mas no fato de admirar os motivos que nos levaram a tentar essas soluções. Esses motivos, como é moda hoje em dia, são evidentemente desmascarados, por todos os pessimistas, como hipócritas e fundamentalmente egoístas. Eles, no entanto, esquecem que até mesmo o hipócrita moral atesta, justamente por seu ato de hipocrisia, que acredita na superioridade moral dos valores que ele finge apreciar por eles mesmos. Até mesmo nossos grandes ditadores foram obrigados a falar como se acreditassem na liberdade, na paz e na justiça. Sua hipocrisia era um reconhecimento inconsciente e indesejado desses valores e um elogio inconsciente e indesejado às massas que acreditavam nesses valores.

Chego agora ao meu terceiro ponto, o aumento das necessidades. Aqui, o dano é evidente, pois essas idéias entram em conflito direto com um outro ideal de liberdade – o ideal grego e cristão do desapego material e da auto-emancipação pela ascese.

Assim, o aumento das necessidades levou a inúmeros fenômenos desagradáveis: por exemplo, a ambição de alcançar e superar os outros, em vez de desfrutar a situação de vida alcançada; ao descontentamento em vez do contentamento.

Aqui não se deve esquecer que estamos no início de um novo desenvolvimento e que precisamos de tempo para aprender. A nova e recém-difundida ambição econômica das massas talvez não seja muito boa, e certamente não é muito bonita; mas é, em última análise, a única maneira de vencer a pobreza a partir do indivíduo. E, com isso, a nova ambição econômica das massas é também o meio mais promissor para superar o que parece tão questionável no Estado de bem-estar social: a burocratização e a tutelagem do indivíduo. Pois apenas a ambição econômica do indivíduo pode fazer com que a pobreza seja tão rara que por fim deverá parecer absurdo considerar a luta contra a pobreza a principal tarefa do Estado. Apenas a realização de uma alta condição de vida para as massas é capaz de solucionar o velho problema da pobreza, ao torná-la um fenômeno raro que pode ser então remediado por uma assistência correspondente, sem que a burocracia incumbida disso possa aumentar em demasia.

Sob essa luz, a eficiência de nosso sistema econômico ocidental parece-me de grande importância. Se não conseguirmos tornar a pobreza uma raridade, poderemos facilmente perder nossa liberdade para a burocracia do Estado de bem-estar social.

Mas eu gostaria aqui de discordar de uma visão que sempre se ouve de diferentes maneiras; a visão de que a decisão entre as formas de economia ocidental e oriental depende, em última análise, da superioridade econômica de uma dessas duas formas. Pessoalmente, acredito na superioridade econômica de uma economia de mercado livre e na inferioridade da assim chamada economia planificada. Mas considero totalmente errôneo lançar mão de argumentos econômicos para fundamentar, ou até mesmo fortalecer, nossa rejeição da tirania. Mesmo se fosse verdade que a economia estatal, com um planejamento centralizado, é superior à economia de mercado livre, eu seria contra a economia planificada; simplesmente porque ela amplia o poder do Estado até a tirania. Não é a ineficiência econômica do comunismo que combatemos: é sua falta de liberdade e de humanidade. Não estamos dispostos a vender nossa liberdade por um prato de lentilhas – tampouco pela máxima produtividade, nem pela maior riqueza, nem pela máxima segurança econômica –, caso fosse possível comprar tais coisas com a falta de liberdade.

Empreguei aqui várias vezes a palavra 'massa', sobretudo para mostrar que o aumento das necessidades e a ambição econômica das massas são coisas novas. Justamente por isso acho importante distanciar-me daqueles que usam a palavra 'massificação' e caracterizam nossa forma social como uma sociedade de massa (*mass society*). A palavra 'massificação' tornou-se um slogan popular, assim como a expressão 'rebelião das massas', que realmente parece ter fascinado massas de intelectuais e semi-intelectuais.

Não creio que esses slogans tenham algo a ver, o mínimo que seja, com nossa realidade social. Nossos filósofos sociais viram e representaram essa realidade de maneira errônea, porque a viram com as lentes da teoria social platônico-marxista[1].

Platão foi o teórico de uma forma de governo absolutista-aristocrática. Ele põe como *problema fundamental da teoria do Estado* a seguinte pergunta: "Quem deve governar? Quem deve reger o Estado? Os muitos, a multidão, a massa, ou os poucos, os eleitos, a elite?".

---

[1] Para o que vem a seguir, cf. meus livros *The poverty of historicism*, 1957, e *The open society and its enemies*, 1945, 1984; ed. alemã: *Die offene Gesellschaft und ihre Feinde* (vol. I, "Der Zauber Platons", especialmente Cap. 8; vol. II, "Falsche Propheten: Hegel, Marx und die Folgen"), Berna, Francke.

Quando se aceita a pergunta "Quem deve governar?" como fundamental, então há evidentemente apenas uma resposta racional: não os que não sabem, mas os que sabem, os sábios; não a multidão, mas os poucos melhores. Essa é a teoria platônica do governo dos melhores – da aristocracia.

É digno de nota que os grandes opositores dessa teoria platônica – os grandes teóricos da democracia como, por exemplo, Rousseau – tenham aceitado a formulação da questão de Platão, em vez de rejeitá-la como inadequada. Pois está claro que a pergunta fundamental da teoria do Estado é totalmente diferente da suposta por Platão. Não é "Quem deve governar?" ou "Quem deve ter o poder?", mas "Quanto poder se deve conceder ao governo?", ou talvez de modo mais preciso: "Como podemos construir nossas instituições políticas de tal modo que até mesmo governantes incompetentes e desonestos não tenham como causar grande dano?".

Em outras palavras, o problema fundamental da teoria do Estado é o problema da domesticação do poder político – da arbitrariedade e do abuso do poder – por instituições pelas quais o poder seja dividido e controlado.

Não tenho dúvidas de que a democracia em que o Ocidente acredita seja apenas uma forma de Estado em que o poder é, nesse sentido, limitado e controlado. Pois a democracia em que cremos não é um Estado ideal. Sabemos muito bem que acontece muita coisa que não deveria acontecer. Sabemos que é infantil aspirar a ideais na política, e qualquer pessoa medianamente madura no Ocidente sabe que *toda política consiste na escolha do mal menor* (como disse uma vez o poeta vienense Karl Kraus). Para nós, existem apenas duas formas de governo: aquela que permite aos governados se livrar de seus governantes sem derramamento de sangue, e aquela que não lhes permite isso, ou apenas com derramamento de sangue. A primeira é chamada habitualmente de democracia; a segunda, de tirania ou ditadura. Mas aqui não importam nomes, mas apenas os fatos.

Nós, no Ocidente, acreditamos na democracia apenas nesse sentido sóbrio – como *uma forma de Estado do menor dos males*. Foi assim também que a descreveu o homem que salvou a democracia e o Ocidente. "A democracia é a pior de todas as formas de governo", disse uma vez Winston Churchill, "com exceção de todas as outras formas de governo."

A pergunta de Platão "Quem deve governar? Quem deve ter o poder?" tem, portanto, uma formulação errônea. Acreditamos na democracia, mas não porque o povo governa no regime democrático. Nem você nem eu governamos; ao contrário, somos governados, e às vezes mais do que gostaríamos. Acreditamos na democracia como a única forma de governo que é compatível com a oposição política e, portanto, com a liberdade política.

Infelizmente, a questão de Platão, "Quem deve governar?", nunca foi rejeitada pelos teóricos do Estado. Ao contrário, Rousseau formulou a mesma pergunta, mas lhe deu uma resposta inversa: "A vontade geral [do povo] deve governar – a vontade dos muitos, não a dos poucos"; uma resposta perigosa, que leva à mitologia e ao endeusamento do 'povo' e de sua 'vontade'. E também Marx perguntou, totalmente na linha de Platão: "Quem deve governar, os capitalistas ou os proletários?"; e ele também respondeu: "Os muitos devem governar, não os poucos; os proletários, não os capitalistas".

Ao contrário de Rousseau e de Marx, vemos na decisão majoritária do voto ou da eleição apenas um método de produzir decisões sem derramamento de sangue e com o mínimo de restrição à liberdade. E insistimos em que as minorias têm seus direitos de liberdade, que jamais podem ser eliminados pela decisão majoritária.

Minhas explanações talvez tenham deixado claro que as palavras da moda 'massa' e 'elite' e os slogans da 'massificação' e da 'rebelião das massas' são expressões que se originam do círculo de idéias do platonismo e do marxismo. Assim como Rousseau e Marx simplesmente inverteram a resposta platônica, alguns oponentes de Marx invertem a resposta marxista. Eles querem reagir contra a 'rebelião das massas' por uma 'revolta da elite', retornando assim à resposta platônica e à pretensão da elite ao governo. Mas tudo isso está totalmente equivocado. Deus nos guarde do antimarxismo que simplesmente inverte o marxismo: nós o conhecemos o suficiente. Nem mesmo o comunismo é pior do que a 'elite' antimarxista que governou a Itália, a Alemanha e o Japão e que só foi banida com um banho de sangue mundial.

Mas, assim perguntam os cultos e os semicultos, é correto meu voto não valer mais do que o de um varredor de rua inculto? Não há uma elite intelectual que vê mais longe do que a massa dos incultos e por isso deveria ter uma influência maior sobre as grandes decisões políticas?

A resposta é que infelizmente os cultos e semicultos têm, em todo caso, uma influência maior. Eles escrevem livros e jornais, ensinam e dão palestras, falam em discussões e podem exercer sua influência como membros de seus partidos políticos. Não quero dizer, contudo, que acho bom que a influência dos cultos seja maior do que a do varredor de rua. Pois a idéia platônica do governo dos sábios e bons deve ser, em minha opinião, rejeitada incondicionalmente. Quem decide sobre a sabedoria e a estupidez? Os mais sábios e melhores não foram crucificados? – e por aqueles que eram reconhecidos como sábios e bons?

Devemos sobrecarregar nossas instituições políticas ao tornar o julgamento da sabedoria, da bondade, da conquista abnegada e da integridade um problema político? Como problema político prático, o problema da elite é totalmente sem esperança. Em termos práticos, a elite jamais poderá se distinguir da *clique*.

Mas esse palavrório sobre as 'massas' e a 'elite' não tem nem uma centelha de verdade, pois essas massas simplesmente não existem. Não é com a 'massa de pessoas' que todos nós pessoalmente sofremos, mas com a massa de automóveis e motocicletas. Mas o motorista e o motociclista não são pessoas da massa. Muito ao contrário: são individualistas incorrigíveis, que, quase se poderia dizer, travam uma batalha individual pela existência contra todos. Se em algum lugar a imagem individualista *homo homini lupus* pode ser aplicada, esse lugar á aqui.

Não, não estamos vivendo numa sociedade de massas. Ao contrário, nunca houve uma época com tantas pessoas dispostas a fazer sacrifícios e assumir responsabilidades. Nunca antes houve tanto heroísmo espontâneo e individual nas guerras desumanas de nossa época, e nunca o estímulo social e material para o heroísmo foi menor. O túmulo do soldado desconhecido, do *unknown soldier*, perante o qual todo ano o monarca da Inglaterra se curva, exprime nossa crença, a crença daqueles que vivem no Ocidente, a crença no homem simples, desconhecido. Não perguntamos se ele pertencia à 'massa' ou à 'elite'. Era um homem, tomem-no por tudo em todos.

São a crença no próximo e o respeito pelo próximo que fazem de nossa época a melhor de todas as épocas de que temos conhecimento; uma crença cuja autenticidade é provada pela prontidão a fazer sacrifícios. Acreditamos na liberdade porque nosso próximo acredita. Abolimos a escravidão. E vivemos na melhor ordem social de que temos conhecimento histórico porque é a mais aberta ao melhoramento. Se lançarmos um olhar para o Oriente a partir desse ponto de vista, talvez possamos concluir com uma nota conciliadora. O comunismo certamente reintroduziu a escravidão e a tortura, e isso não podemos perdoar. Mas não podemos esquecer que tudo isso aconteceu porque o Oriente acreditava numa teoria que lhe prometia liberdade – a liberdade para todos. Nesse amargo conflito, não podemos esquecer que esse pior mal de nossa época também nasceu do desejo de ajudar os outros e de fazer sacrifícios pelos outros.

16. Autocrítica criativa na ciência e na arte*
(Roubado de cadernos de anotações de Beethoven)

Antes de tudo, gostaria de agradecer pelo gentil e honroso convite de fazer o discurso de inauguração do Festival de Salzburg. Esse convite foi uma grande surpresa para mim, mas também algo inquietante. Desde 1950, vivo com minha mulher bastante recluso em Chiltern Hills, sem televisão ou jornal, totalmente absorvido em meu trabalho. Esse trabalho diz respeito principalmente a uma área muito abstrata: o conhecimento humano e, em particular, o conhecimento científico. Isso pouco me capacita a realizar um discurso solene em Salzburg.

Fiquei ruminando sobre o motivo desse convite. Primeiro me perguntei se não teriam me confundido com alguma outra pessoa. Ou seria por causa de meu amor a esta cidade, que nasceu de um amor de infância, quando eu tinha cinco ou seis anos, portanto, há cerca de setenta anos? Mas ninguém tinha conhecimento disso; tampouco de uma aventura noturna que tive aqui há mais de meio século – numa meia-noite gélida, quando eu voltava para casa de um passeio de esqui e de repente escorreguei

---

* Discurso de abertura do Festival de Salzburg de 1979, proferido em 26 de julho de 1979; publicado pela primeira vez em *Offizielles Programm der Festspiele 1979* [Programa Oficial do Festival de 1979], pp. 25-31.

caindo num bebedouro para cavalos... Então deve ter havido outros motivos que levaram a me escolher como orador solene. Então me lembrei: num aspecto, sou realmente peculiar – sou um otimista: um otimista num mundo em que ser um pessimista se tornou moda dominante na *intelligentsia*. Creio que nossa época não é tão ruim como se costuma dizer; que ela é melhor e mais bela do que sua reputação. Um quarto de século atrás, dei uma conferência cujo título soa hoje mais provocante do que naquele momento: "A história de nossa era: a visão de um otimista". Assim, se alguma coisa me qualifica para uma conferência solene, talvez seja essa reputação de ser um otimista incorrigível.

Permitam-me falar umas poucas palavras sobre esse otimismo que também se refere a coisas ligadas ao Festival de Salzburg. Desde muitos anos – pelo menos desde Adolf Loos e Karl Kraus, os quais conheci – faz parte de nossa *intelligentsia* o preceito de esbravejar contra a assim chamada indústria cultural, contra o *kitsch*, o vulgar. O pessimista vê apenas a decadência e o declínio, especialmente naquilo que a indústria oferece como cultura às 'massas'. Um otimista, entretanto, vê também o outro lado: milhões de discos e fitas cassetes com as mais belas obras de Bach, Mozart, Beethoven, Schubert – portanto, os maiores – são vendidos; e o número de pessoas que aprenderam a amar e admirar esses grandes músicos e sua música magnífica tornou-se incalculável.

Evidentemente, devo concordar com os pessimistas quando apontam que nós, com o cinema e a televisão, educamos nossos filhos para a brutalidade e a violência. E, infelizmente, o mesmo se pode dizer a respeito da literatura moderna. Mas apesar de tudo, digo como otimista, há muitas pessoas boas e dispostas a ajudar. E, apesar da propaganda às vezes bastante convincente dos pessimistas culturais, ainda há muitas pessoas com alegria de viver. Os pessimistas apontam a negligência política, a desconsideração aos direitos humanos que todos nós considerávamos garantidos. Com razão. Mas eles também têm razão quando põem a culpa disso na ciência e em sua aplicação pela tecnologia? Certamente não. E o otimista observa que a ciência e a tecnologia trouxeram uma modesta prosperidade à maioria das pessoas na Europa e na América e que a terrível pobreza em massa do século anterior foi praticamente banida em amplas áreas da Terra.

Senhoras e senhores, estou longe de acreditar no progresso ou numa lei do progresso. Na história da humanidade há altos e baixos, e os pontos altos de riqueza podem muito bem aparecer ao mesmo tempo que os de depravação, ou os pontos altos da arte ao mesmo tempo que os pontos mais baixos de solicitude.

Há mais de quarenta anos, escrevi contra a crença no progresso e contra a influência de modas e da modernidade na arte e na ciência. Ainda ontem fomos exortados a acreditar na idéia de modernidade e de progresso, e hoje querem nos injetar o pessimismo cultural. Em minha longa vida – e eu gostaria de dizer isto contra os pessimistas – não só vi retrogressos, mas também progressos nítidos e bastante palpáveis. Os críticos culturais que não querem admitir nada de bom em nossa época e em nossa sociedade são cegos para isso, e cegam muitas outras pessoas. Creio que é danoso quando a *intelligentsia* dominante e admirada diz constantemente às pessoas que elas na verdade estão vivendo num inferno. Pois isso não só as torna descontentes – isso não seria tão ruim assim –, mas também infelizes. Isso arranca delas a alegria de viver. Como foi que Beethoven, que pessoalmente foi profundamente infeliz, terminou a obra de sua vida? Com a *Ode à alegria*, de Schiller.

Beethoven viveu numa época de frustração das esperanças de liberdade. A Revolução Francesa tinha sucumbido no Terror e no império de Napoleão. A Restauração de Metternich reprimiu a idéia de democracia a aguçou a oposição de classes. A miséria das massas era grande. O hino à alegria de Beethoven é um protesto apaixonado contra a oposição de classes, pela qual a humanidade é dividida; "severamente dividida" (*streng geteilt*), como diz Schiller. Beethoven modifica essas palavras numa passagem para uma explosão do coro e escreve: "insolentemente dividida" (*frech geteilt*). Mas ele não conhece ódio de classe – apenas amor ao próximo e irmandade. E quase todas as obras de Beethoven terminam ou em clima de consolo, como a *Missa solemnis*, ou de júbilo, como as sinfonias e *Fidelio*.

Muitos de nossos artistas produtivos contemporâneos são vítimas da propaganda do pessimismo cultural. Eles acreditam que é sua tarefa representar horrivelmente o que eles consideram uma época horrível. É verdade que até mesmo os grandes artistas do passado fizeram exatamente isso. Estou pensando em Goya ou em Käthe Kollwitz. A crítica à sociedade é necessária e deve ser perturbadora. Mas o sentido mais profundo de tal arte não deve ser o lamento, mas um chamado para superar o sofrimento. É o que encontramos em *Figaro*, que é carregada de crítica a sua época, com chiste, sátira, ironia; mas também repleta de significado mais profundo. Há ali também muita seriedade e até mesmo dor; mas também muita alegria e vitalidade transbordante.

Senhoras e senhores, já falei tempo demais sobre meu otimismo, e é hora de passar ao tema que anunciei: "Autocrítica criativa na ciência e na arte".

Esse tema está estreitamente relacionado a minhas palavras introdutórias: gostaria de falar, ainda que de modo breve, sobre algumas semelhanças e diferenças no trabalho criativo dos grandes cientistas naturais e dos grandes artistas, em parte para combater a propaganda dos pessimistas culturais contra os cientistas naturais, que atualmente voltou à carga máxima. Os grandes artistas sempre pensaram antes de tudo na obra. Esse é o sentido da fórmula da *Art for art's sake*, ou seja, 'da arte pela arte'. Mas isso significa 'pela obra'. E o mesmo vale para os grandes cientistas. É falso dizer que a ciência natural é determinada por sua aplicação. Nem Planck nem Einstein, nem Rutherford nem Bohr pensaram nas aplicações práticas da teoria atômica. Ao contrário, até 1939 eles viam tais aplicações como impossíveis, como ficção científica. Eram pesquisadores pela pesquisa. Eram físicos, talvez mais corretamente, cosmólogos, pois eram animados por um desejo que Fausto exprime nas palavras:

> Que eu conheça o que une
> o mundo em seu íntimo.

Esse é um velho sonho da humanidade, um sonho tanto dos poetas como dos pensadores. Especulações cosmológicas podem ser encontradas em todas as culturas antigas. Encontram-se na *Ilíada*, de Homero (8,13-16), e na *Teogonia*, de Hesíodo (720-725).

Ainda há alguns cientistas naturais e obviamente também muitos leigos que crêem que as ciências compilam fatos – talvez para analisá-los de modo primeiramente indutivo e, em seguida, industrial. Minha visão da ciência é totalmente diferente. Seu início deve ser buscado no mito poético, na fantasia humana que tenta fornecer uma explicação de nós mesmos e do mundo. Do mito, a ciência se desenvolveu por meio da crítica racional; isto é, por meio de uma crítica inspirada pela idéia da verdade e da busca da verdade. As perguntas fundamentais dessa crítica são: Isso pode ser verdadeiro? E é verdadeiro?

Chego assim à primeira tese de meu discurso: poesia e ciência têm a mesma origem, a origem no mito.

A segunda tese é a seguinte: podemos distinguir dois tipos de crítica; uma crítica de orientação estético-literária e outra de orientação racional. A primeira leva do mito à poesia, a segunda do mito à ciência, ou, mais exatamente, à ciência natural. A primeira pergunta pela beleza da linguagem, pela energia do ritmo, pelo brilho e pela plasticidade das imagens, das metáforas, pela tensão dramática e pela força persuasiva. Esse tipo de julgamento crítico leva à poesia, sobretudo à poesia épica e dramática, ao canto poético e, por fim, à música clássica.

Em oposição a isso, a crítica racional pergunta se o relato mítico é verdadeiro; se o mundo realmente surgiu ou poderia surgir tal como Hesíodo ou o Gênesis nos narram. E, sob a pressão de tais perguntas, o mito se transforma em cosmologia, em ciência do mundo, do nosso entorno, em ciência natural.

Minha terceira tese é que ainda muita coisa sobrou dessa origem comum da poesia e da música de um lado, e da cosmologia, da ciência natural de outro. Não estou afirmando que toda música é mítica, nem que toda ciência é apenas cosmologia. Mas afirmo que na poesia – basta pensar em *Jedermann*, de Hoffmannsthal –, como também na ciência, a criação de mitos ainda desempenha um papel inesperadamente grande. Os mitos são tentativas ingênuas, inspiradas pela fantasia, de dar uma explicação de nós mesmos e do mundo. Uma grande parte não só da poesia como também da ciência ainda pode ser descrita como uma tal tentativa ingênua, inspirada pela fantasia, de explicação do mundo.

A poesia e a ciência – portanto, também a música – são consangüíneas. Elas se originam da tentativa de interpretar nossa origem e nosso destino, e a origem e o destino do mundo. Essas três teses podem ser designadas como hipóteses históricas, embora para a poesia grega, em especial para a tragédia, dificilmente se possa duvidar da origem no mito. Para as pesquisas sobre os primórdios da filosofia natural grega, as três hipóteses se revelaram eficazes. E nossa ciência natural ocidental, bem como nossa arte ocidental, constituem, ambas, o renascimento – a renascença – de seus predecessores gregos. Mas, embora a arte e a ciência tenham uma origem comum, há evidentemente diferenças essenciais.

Na ciência há progresso. Isso tem a ver com o fato de a ciência ter uma meta. A ciência é a busca da verdade, e sua meta é a aproximação da verdade. Na arte às vezes também há metas; e, na medida em que a mesma meta pode ser perseguida por algum tempo, às vezes realmente se pode falar de progresso na arte. Assim, durante muito tempo a imitação da natureza foi uma, porém jamais a única, meta da pintura e da escultura. E quanto a essa meta pode-se, de fato, falar de um progresso, por exemplo no tratamento da luz e da sombra. A perspectiva também se inclui aqui. No entanto, metas como essas nunca foram as únicas forças motrizes na arte. E as grandes obras de arte nos afetam muitas vezes de modo totalmente independente do domínio que o artista tem de tais meios submetidos ao progresso.

Com freqüência se viu e se enfatizou que não há um progresso geral na arte. No caso do primitivismo, isso teve uma ênfase talvez até mesmo excessiva. Mas onde certamente pode haver progresso – e obviamente também declínio – é no poder criativo do artista individual.

Todo artista, até mesmo um gênio incrível como Mozart, tem seu tempo de aprendizagem. Todo artista, ou quase todo, tem seu mestre; e todo grande artista aprende com suas experiências, com seu trabalho. Oscar Wilde, um grande poeta e não desconhecido aqui em Salzburg, diz: "Experiência é o nome que damos a nossos erros". E John Archibald Wheeler, grande físico e cosmólogo, escreve: "É nossa tarefa cometer nossos erros tão rápido quanto possível". Eu gostaria de acrescentar: é nossa tarefa descobrirmos, se possível, nossos erros e aprender com eles. Até mesmo em Mozart há alterações e melhoramentos radicais, por exemplo em seu primeiro quinteto de cordas em si bemol maior, uma obra da juventude. Mas as maiores obras de Mozart foram produzidas na última década de sua curta vida, de mais ou menos 1780 até sua morte, em 1791, isto é, entre seus 24 e 35 anos. Isso mostra que ele, de fato, aprendeu com sua autocrítica, e de modo surpreendentemente rápido. Continua incrível que ele tenha composto *O rapto do serralho* com 25 ou 26 anos, e *Bodas de Fígaro* com 30 anos – obras de uma riqueza inesgotável.

Mas o que me inspirou a escolher o título de minha palestra, "Autocrítica criativa na ciência e na arte", foi a obra de Beethoven; ou, mais exatamente, uma exposição dos cadernos de anotações de Beethoven que visitei há muitos anos. Ela foi organizada pela Gesellschaft der Musikfreunde [Sociedade dos Amigos da Música] em Viena.

Os cadernos de notas de Beethoven são documentos de autocrítica; de ponderação constante e, não raro, de correções realmente impiedosas. Essa atitude, a atitude da autocrítica implacável, talvez até ajude a explicar o impressionante desenvolvimento pessoal de Beethoven desde seu início, influenciado por Haydn e Mozart, até suas últimas obras.

Há artistas e escritores dos mais diferentes tipos. Alguns parecem nunca trabalhar com o método da correção de erros. São capazes, assim parece, de criar uma obra perfeita sem tentativas preliminares; chegam direto a sua perfeição. Entre os filósofos, Bertrand Russell era um gênio dessa espécie. Ele escrevia no mais belo inglês; e em seus manuscritos talvez uma só palavra era alterada em três ou quatro páginas. Outros trabalham de maneira completamente diferente. Seu método de escrita é o de tentativa e erro, de correção dos erros.

Parece que Mozart, embora tenha revisado muita coisa, pertencia ao primeiro grupo de pessoas criativas. Mas Beethoven pertencia certamente ao segundo grupo, aos que trabalham com muitas correções.

É interessante refletir sobre como procedem os artistas que pertencem a esse segundo grupo. Eu gostaria de salientar que tudo o que direi sobre isso é especulativo, conjectural. Suponho, portanto, que esses artistas começam com uma tarefa; por exemplo, com a tarefa de escrever um concerto de violino ou uma missa ou uma ópera. Faz parte da tarefa, suponho, ter uma idéia da extensão da obra, de seu caráter e de sua estrutura – da forma sonata, exemplo – e talvez também de alguns dos temas a ser empregados. Talvez haja uma representação bem mais detalhada do projeto, sobretudo no caso de uma missa ou de uma ópera.

Mas, quando se chega à execução, ao trabalho da realização e da escrita no papel, o projeto também muda para o artista com a correção de erros. O projeto fica mais concreto, mais plástico. Cada trecho é julgado conforme corresponda à imagem ideal, que se torna cada vez mais nítida. E inversamente: a imagem ideal é constantemente corrigida pelo trabalho sobre a concretização. Há aqui um processo múltiplo de *feedback*, um intercâmbio entre o projeto, a imagem ideal sempre mais nítida e a concretização que vai despontando, e sobretudo também a correção de erros.

Talvez a forma mais clara de ver isso seja no caso de um pintor que trabalha sobre um retrato e tenta, portanto, apreender um objeto natural de uma certa maneira parcialmente predeterminada. Ele projeta, esboça, corrige. Ele dá uma pincelada e recua para testar o efeito. O efeito da pincelada depende fortemente do contexto, de tudo o que já existe; além disso, a nova pincelada repercute sobre o todo; tudo se modifica por meio dela, tudo se torna diferente – para melhor ou para pior. E, com a repercussão sobre toda a imagem, a imagem ideal, que nunca é totalmente fixada, também se altera; ou seja, o objetivo que o artista tem em mente. E, no caso especial do retratista, a almejada semelhança com o objeto e a concepção do objeto que o pintor tenta realizar também se modificam.

O importante aqui é que o processo de pintar, portanto uma tentativa de realização, deve evidentemente preceder a correção. Mas, de outro lado, deve haver uma idéia, uma imagem ideal com que a concretização em mãos possa ser comparada, pois só a comparação permite a correção. Se, como no caso especial do artista, há um objeto que deve ser reproduzido, isso talvez alivie o problema. De modo semelhante, a existência de um texto a ser musicado pode facilitar a correção na música. Em todo caso, a correção de erros leva à comparação, a uma comparação entre o alcançado e o almejado, a imagem ideal da obra, que se modifica continuamente sob a pressão do trabalho. A obra que desponta exerce uma influência cada vez mais importante e significativa no trabalho criativo. No caso de uma grande obra, pode suceder que o artista que a escreveu mal continue a reconhecê-la como sua própria obra. Esta é maior do que ele pensou. Isso ocorreu com a *Criação*, de Haydn; e, de uma maneira totalmente diferente, com a *Sinfonia inacabada*, de Schubert, que ele próprio abandonou.

Passo agora, para concluir, à comparação com as ciências naturais, que os pessimistas culturais mais caluniam do que compreendem. Aqui, a obra é a hipótese, a teoria; e a meta da atividade é a verdade ou a aproximação da verdade e a força explicativa. Essa meta é consideravelmente constante, e isso explica por que há um progresso. Trata-se de um progresso para teorias cada vez melhores, que pode durar por séculos. Enquanto na arte a crítica mais importante é a autocrítica criativa, a crítica na ciência não é apenas a autocrítica, mas também a crítica pelo trabalho conjunto: quando um cientista ignora um erro ou – o que felizmente é raro – tenta escondê-lo, esse erro quase sempre será descoberto por outros cientistas. Pois é justamente este o método da ciência: a autocrítica e a crítica mútua. Essa crítica mede a teoria por suas conquistas na busca da verdade. Isso a torna crítica racional.

Assim, a obra do pesquisador criativo, a teoria, tem muita coisa em comum com a arte; e o trabalho criativo do pesquisador se assemelha ao do artista – pelo menos do artista daquele grupo a que Beethoven pertence, o grupo que começa com uma concepção ousada e que pode alçar sua obra a alturas insuspeitadas pela correção da concepção; de modo que da bela *Fantasia coral* se desenvolve a indescritível *Ode à alegria*.

Na ciência, o grande teórico corresponde ao grande artista e, tal como este, deixa-se guiar por sua fantasia, sua intuição, seu senso de forma. Referindo-se à teoria atômica que Niels Bohr apresentou em 1913 – uma teoria revolucionária, que logo depois foi melhorada –, Einstein disse que era uma obra da "maior musicalidade". Mas, ao contrário de uma grande obra de arte, a grande teoria permanece passível de melhoramento. O pesquisador sabe disso; e também sabe que sua fantasia, sua intuição e até mesmo seu senso de forma conduzem-no com mais freqüência ao erro do que ao objetivo: a uma melhor aproximação da verdade. Por isso, na ciência, é imprescindível o exame crítico incessante, não só pelo criador como também por outros pesquisadores. Na ciência, não há grande obra que se baseie *apenas* na inspiração e no senso de forma.

Senhoras e senhores! Quero terminar com uma citação de um dos maiores cientistas de todos os tempos, Johannes Kepler, o grande cosmólogo e astrônomo, que morreu em 1630, ou seja, no 12º ano da Guerra dos Trinta Anos. Na citação, Kepler parte de sua teoria do movimento dos corpos celestes, que ele compara com a música, sobretudo a música divina, celestial, das esferas. No entanto, quase sem querer, Kepler conclui com um hino de louvor à música criada pelo homem, à polifonia, que tinha sido recentemente descoberta. Kepler escreve[1]:

> Os movimentos dos corpos celestes são, assim, um concerto eterno: um concerto mais bem perceptível pela razão do que pelo ouvido ou pela voz. Pois os corpos celestes se movem em tensões e dissonâncias, semelhantes a síncopes e suspensões com suas resoluções, pelas quais os músicos imitam as dissonâncias da natureza. Pois os corpos celestes atingem com segurança suas cadências predeterminadas, cada uma das quais consistindo em seis planetas, tal como um acorde de seis vo-

---

[1] Traduzido pelo autor a partir do texto em latim de Kepler, *Harmonices mundi*, Lincii Austriae, 1619, p. 212.

zes. E com seus movimentos elas articulam e ritmam a imensidão do tempo. Pois não há milagre maior e mais sublime do que as leis pelas quais se canta em harmonia com várias vozes; leis desconhecidas aos antigos, mas finalmente descobertas pelo homem, o imitador de seu criador. Assim pode o homem, numa breve hora, pela engenhosa consonância de muitas vozes, produzir uma visão da eternidade do mundo; e, assim, ele atinge no mais doce sentimento de alegria e felicidade pela música (o eco de Deus) a satisfação que o próprio Deus, o Criador, encontra em suas obras.

Índice onomástico

Ackermann, W. 81
Adams, J. C. 57
Adorno, Th. W. 92; 121, 124, 128, 129, 130, 131
Agostinho 147, 180.
Albert, H. 123.
Alpbach, Fórum 13
Ambrósio 147
Amínias 249
Anaxágoras 55, 138-143, 146, 147.
Anaximandro 140, 146, 249
Anaxímenes 249
Apolodoro 140
Aristóteles 249
Associação dos Austríacos Residentes no Estrangeiro 149

Bach, J. S. 178
Bacon, F. 127
Baldwin, J. M. 90
BBC (British Broadcasting Corporation) 160
Beethoven, L. van 159, 219, 289, 290, 291, 296, 299s
Benda, J. 16, 115, 129
Bentley, R. 238
Bergson, H. 27
Berkeley, G. 21, 125, 236, 239, 280
Bernard, C. 65
Bernays, P. 81
Bloch, E. 118

Bohr, N. 24, 169, 293, 299
Boltzmann, L. 158
Bolzano, B. 146, 148, 206
Bondi, H. 86
Bradford, bispo de 272
Brahms, J. 159
Broglie, L. V. de 24
Brouwer, L. E. J. 81, 83
Bruckner, A. 159
Bruno, G. 273-4
Bühler, K. 37, 146
Busch, W. 181

Cantor, G. 81, 83, 84, 148
Carlos I da Inglaterra 187
Carnap, R. 68, 81
Chamberlain, N. 203
Churchill, W. 277
Círculo de Viena 68, 85, 125, 126, 158, 227
Cleve, F. M. 142, 145, 249
Cohen, P. J.45, 83
Comte, A. 124, 125, 177
Congresso Internacional de Filosofia (XIV) 205
Copérnico, N. 65, 170
Coster, L. J. 138
Cranston, M. 121
Crick, F. 88, 91
Cromwell, O. 187
Cusa, Nicolau de 65, 247

Dario 157
Darwin, Ch. VIIs., 25, 27, 120; cf.
darwinismo
Demócrito 23, 55, 254
Descartes, R. 24, 56, 72, 161, 237
Die Zeit 116
Diels, H. 249
Dilthey, W. 207, 216
Diógenes Laércio 147
du Gard, R. Martin 121

Eccles, J. C. 48, 146, 206
Eddington, A. S. 87, 169
Eduardo VIII da Inglaterra 203
Einstein, A. 24, 59, 63, 65, 73, 87, 164, 169, 239, 253, 293, 299
Engels, F. 46
Epicuro 23
Erasmo de Roterdã, D. 65, 177, 247, 257
Espinosa, B. de 223, 267
Ésquilo 140,156
Euclides 42

Faraday, M. 24
Farr, C. 67
Feigl, H. 226
Festival de Salzburg 289
Fichte, J. G. 155, 162, 229, 264
Fisher, H. A. L. 183
Fleischmann, G. e I. 13
Förster, E. M. 18
Forster, F. W. 177
Fraenkel, A. H. 81, 84
Frank, Ph. 126
Frederico Guilherme III da Prússia 160
Frege, G. 146, 206
Fries, J. F. 54

Gadamer, H. 127
Galilei, G. 65, 140, 212-6
Galle, J. G. 57
Gandhi, Mahatma 78
Gentzen, G. K. E. 81
Gigon, O. 146
Gödel, K. 82, 91, 210

Goethe, J. W. von 50, 54, 56, 65, 133, 153, 245
Gold, Th. 86
Goldbach, Chr. von 42
Gombrich, E. H. 146, 194
Gomperz, H. 146
Goya, F. de 292
Grossner, K. 116
Gutenberg, J. 138, 140
Guthrie, W. K. C. 249

Habermas, J. 124, 125, 128-30
Hahn, H. 81
Hardy, A. 90-1
Haydn, J. 140, 159, 296, 299
Hegel, G. W. F. 124, 128, 131, 155, 162, 173, 177, 181, 229
Heidegger, M. 30, 129
Heisenberg, W. 87
Heráclito 140
Heródoto140, 147, 156.
Hertz, H. 86
Herz, E. 149
Hesíodo 120, 140, 238, 248, 293, 294
Hess, V. F. 87
Heyting, A. 81
Hilbert, D. 81, 83
Hippel, Th. G. 163
Hitler, A. 30, 203, 232, 270, 277
Hobbes, Th. 196
Hochkeppel, W. 221 nota de rodapé
Hofmannsthal, H. von 294
Homero 138, 141, 144, 146, 147, 150, 155, 231, 238, 248, 254, 293
Hoyle, F. 86
Hubble, E. P. 86
Hume, D. 57, 167, 223, 230, 233, 236, 247
Hunold, A. 262
Huxley, J. 90

Inocêncio XI, 187

Jaime II da Inglaterra 187
James, W. 16
Jaspers, K. 129
Jeans, J. 164
Johnson, S. 22

Kahn, Ch. H. 146
Kant, I. 15, 18, 58, 63, 72, 85, 87, 151, 160-72, 173-77, 185, 188, 193, 198, 223, 226, 247, 263, 264, 267
Kepler, J. 57, 65, 110, 215, 300
Kiefer, O. 141
Khrushchev, N. 271
Koffka, M. 191
Kollwitz, K. 292
Köstler, A. 212
Kraft, V. 226
Kranz, W. 146, 249
Kraus, K. 284, 290
Kraus, W. 118
Kreuzer, F. 242
Krieck, E. 30
Kronecker, L. 209
Krug, W. T. 54

Lagerlöf, S. 137
Lanczos, C. 87
Lavoisier, A. L. de 88
Leibniz, G. W. von 24, 84, 206
Lênin, W. I. (Ulianov) 118, 232
Leonardo da Vinci 46
Lessing, G. E. 65, 247, 257
Lessing, Th. 182
Leverrier, U. J. J. 57
Lewis, H. D. 221
Lilienthal, O. 46
Locke, J. 161, 187, 207, 230, 266
London School of Economics 122
Loos, A. 290
Lorenz, K. 137
Lucas, D. 242
Lucas, L. 242
Lucrécio 23
Lührs, G. 221
Lutero M. 248

Mach, E. 22, 34, 79, 87, 125, 158, 236
Macmillan, H. 271
Malthus, The. R. 25, 27
Mandeville, B. de 180
Mannheim, K. 124
Marcuse, H. 121, 124
Marx, K. 46, 117, 118, 122, 133, 177, 271, 285

Maxwell, J. C. 24, 86
Mendel, G. 88
Menger, K. 123, 128
Metternich, K. von 292
Mill, J. S. 207
Moisés 244
Monod, J. 234, 237
Montaigne, M. E. de 247, 257
Morgenstern, Chr. 133
Mourlan 121
Mozart, W. A. 159, 296
Mussolini, B. 203, 232

Napoleão 292
Nestle, W. 249
Neumann, J. von 81
Neurath, O. 226
Newton, I. 24, 56, 60, 64, 65, 73, 85, 87, 110, 161, 163, 167, 215-6, 238, 253-4; cf. Teoria gravitacional
Nicolau de Cusa 65, 247
Nietzsche, F. 115

O'Brien, D. 146

Passmore, J. 128
Pasteur, L. 65
Pauli, W. 87
Péricles 138, 140
Pestalozzi, J. H. 264, 279
Píndaro 140
Pisístrato 140, 144, 145
Pitágoras 138, 249
Planck, M. 293
Platão 51, 52, 55, 69, 141, 146, 147, 177, 180, 206, 207, 223, 283, 285
Poincaré, H. 81
Popper-Lynkeus, J. 158
pré-socráticos 55, 120, 223, 238, 269
Protágoras 147

Querefonte 51 nota de rodapé

Reinisch, L. 173
Remarque, E. M. 78
Robespierre, M. de 185, 273
Robinson, A. 84
Robinson, R. M. 210

Rousseau, J.-J. 150, 155, 284, 285
Russell, B. 16, 80, 82, 125, 228, 232, 265, 276, 297
Rutherford, E. 293

Sakharov, A. X
Schelling, F. W. J. 162, 264
Schiller, F. von 177, 267, 291
Schilpp, P. A. 119, 234
Schlick, M. 126, 227
Schopenhauer, A. 204, 243, 263
Schrödinger; E. 24, 87, 89, 91
Schubert, F. 159, 299
Schweizerische Institut für Auslandsforschung 262
Selby-Bigge, L. A. 224
Skinner, B. F. 236, 237
Sociedade Alemã de Sociologia 92
Sócrates 51-6, 63, 65, 172, 223, 247, 254; cf. modéstia, ignorância
Spencer, H. 25
Spengler, O. 177, 181, 262, 268, 269
Spreer, F. 221
Stalin J. V. 272
Suttner, B. von 177

Tarski, A. 18, 83, 109, 120, 210
Temístocles 141
Tennyson, A. 25
The Times Litterary Supplement 124
Tietzel, M. 221
Toynbee, 267

Treder, H. J. 85, 88
Trollope, A. 194
Tucídides 142

Universidade Antiga de Viena 242
Universidade de Salzburg 67
Universidade de Tübingen 242
Universidade de Viena (cf. Universidade Antiga de Viena)

Vico, G. B. 177
Voltaire (F.-M. Arouet) 65, 161, 163, 242, 244, 247, 265

Waddington, C. H. 91
Waismann, F. 221, 222, 226
Watson, J. B. 88, 91, 236, 237
Weichart, U. 13
Weingartner, P. 68
Wellmer, A. 128
Weyl, H. 81
Wheeler, A. 296
Whitehead, A. N. 81
Wilde, O. 296
Wittgenstein, L. 18, 227, 228, 230
Wright, O. e W. 46
Wright, T. 164

Xenófanes 61, 63, 71, 115, 138, 242, 247-56, 249

Zermelo, E. 81

Índice remissivo

Absolutismo (monarquia absoluta) 161
ação a distância (Newton) 230
acaso 30, 32
ações dotadas de propósito cf. instituição(ões)
Acordo de Munique de 1938 192
adaptação 27, 91
Afeganistão 243
agressão, agressividade 233
água 35
Alemanha 178, 263, 286
alunissagem 240
ambiente (entorno) 30-1, 34, 91; social 49, 111, 114
análise 84
anarquia 246
animado 20; psicologia animal 88
antiintelectualismo 129; cf. intelectuais
antimarxista 118; cf. marxismo
antinomias, kantianas 164, 166
antropologia 98, 99
antropologia social 98-100
antropomorfismo na religião 248
Apeiron (Anaximandro) 249
aprender 8; cf. behaviorismo
aristocracia 284
aritmética 210; cf. números
arte 79, 144-5, 289-301; cf. poesia, pintura, música
arte pela arte 293
assassinato 48; cf. sacrifício humano
asserção 69, 105, 108; cf. enunciado, proposição, verdade
astrologia 216
Atenas 51, 138-42; cf. Grécia
atividade VII, 8, 27, 31; cf. iniciativa
atomismo 23.
átomo 35; bomba atômica; armas atômicas 270, 275s.; núcleos atômicos 35; teoria atômica 80, 293, 299
atração 24
aumento das necessidades 281
Áustria 116, 155, 158-9, 201
autocrítica 189, 250, 260-1, 263, 289, 292, 296
autodidatismo 174
auto-emancipação 163; pelo conhecimento 173-90, 264, 279
auto-exame 245
autonomia 170, 175; princípio de (Kant) 72
autoria 143
autoridade 64, 69-72, 75, 85, 170, 191, 193, 259; cf. tradição
axiomáticos (matemáticos) 81

base, indubitável (Descartes) 237
behaviorismo 102, 236; cf. Skinner, Watson
bezerro de ouro 244
big bang 35
biologia 25, 88-91; cf. evolução

burocratização 280
buscando erros 15, 260

cadeia causal 43
cálculo de classes 81
cálculo de propabilidade, teoria do 96, 120
cálculo diferencial e integral 81, 84, cf. análise
cálculo funcional 81
Camboja 243
campo(s), elétricos e magnéticos 80; campos de forças, imateriais, realidade dos 235; teoria dos campos (Maxwell) 24
campos de concentração 224
campos gravitacionais 80; cf. gravitação
catolicismo 187; cf. Igreja
causa (motivo) da ação (Hume) 225-6
célula primordial 29
censura 202
certeza 14-6, 236, 250-1, 259
ceticismo 58, 239, 247
cético 15s., 18-9, 109,190, 238, 247
choque de culturas (*culture clash*) 138, 149-59
Christchurch 67
ciência 18, 29, 62, 77-91, 93, 153, 200, 231, 236, 239, 241, 269, 289-300; tarefa da 14; empírica 79; cf. ciência natural; desenvolvimento da 77, 79; progresso da 179; como trabalho conjunto 299; história da 86; histórico ou ideográficos 110; doutrina da (Kant) 72; objetividade da 96-7; sociologia da 65; teórica ou nomotética 110; ocidental 238
ciência(s) natural(is), cientistas naturais 64-5, 83, 92, 97, 104, 120, 126-7, 153, 157, 168, 180, 293, 299; ética para 258; método da 64, 97; cf. indução...; e racionalismo 164
ciências econômicas cf. Economia política

ciências humanas, estudiosos de ciências humanas 208, 211
ciências sociais 65, 92-9, 104-6, 111-3, 119, 127; teóricas 232
cientificidade, critério de 79
cientismo 53, 64, 97
cinema 290
clareza 75
classes 180; ódio de 292; verdade ou ciência das 101
código, genético 89; cf. gene (genética)
colóide 36
competição 26, 48, 103; das teorias 246
comportamento, verbal 101
compreensão 211-6; ato subjetivo de 211-2; histórica 205, 211-7
comunismo, comunistas 272, 283, 286, 288
conceito de conhecimento, clássico 54, 63; reforma do 65
conceito(s) 229
condicionamento 237; cf. behaviorismo
condições iniciais 109
conhecimento 50-65, 70, 73, 92, 234, 254, inato 74; progresso do 75; objetivo 256, cf. conjectura; pessoal ou subjetivo 256; positivo 124; problema do 69; e auto-emancipação 173-89; sociologia do 65, 102, 124; teoria do (Xenófanes) 253
conhecimento 9, 13-19, 38, 94, 240; lógica do 93, 110; filosofia do, autocrítica 254; psicologia do 150; fontes do 67-76; crescimento do 128; valor do conhecimento para a compreensão 212
conhecimento certo 236; cf. indução..., fato(s)
conhecimento conjectural 60, 63, 252-3, 260; objetivo 260
conhecimento lógico 75; cf. razão, entendimento
conjecturar, conjectura (hipótese) 60, 71-3, 236, 250-5
consciência 171; intelectual 262

consciência 32, 33, 37, 40-1, 48, 206; funções biológicas da 34; grau de 21; animal 32; cf. inconsciente, mundo 2
constante de fuga (Hubble) 86
construtivismo (matemático) 44
conteúdo das proposições 40, 110
contradição, lógica 96
controle de natalidade 14
convencionalismo (matemático) 44
corrupção 10
cosmologia 14, 19, 85, 86, 163, 168, 240-1, 294; crítica 156
cosmos (Universo) 19, 23, 169
crença 18
crescimento da produção 279
crescimento, espiritual 210; cf. progresso, teoria(s)
criatividade (o criativo) 45; cf. fantasia
Crichel-Down, Queda de 203
crime 9
cristais (de água) 36
cristais (de neve) 37
cristianismo 244, 271
critério, racional 61
critérios (novos *standards*) 123; cf. critério, o normativo
crítica 18, 38, 46, 48, 72, 76, 77, 95, 105, 106, 107, 127, 153, 189, 230, 234, 246, 247, 263, 299; racional 49,79, 85, 107, 153, 155, 199, 261, 293, 294; cf. discussão
cultura (civilização) 22, 145; ocidental (européia) 150-6, 199; cf. Ocidente; historiador da 208, cf. ciência humana, história; indústria 290; crítica 292; oriental 150; pessimismo 292; filosofia da 78; cf. também choque de culturas
cultura árabe 150
culture clash 138; cf. choque

darwinismo 8, 25, 28, 30, 40 nota de rodapé 88-91; cf. evolução
dedução 81; teoria da 120
definição 75; problema da 120
democracia 70, 138, 152, 197, 285; teóricos da 283

desemprego 279
desenvolvimento, intelectual 77, na história 180, 184; psicologia do 88; cf. evolução, progresso
despotismo 156, 197; cf. ditadura, totalitarismo, tirania
desumanidade 272
determinismo 31, 225; cf. indeterminismo, acaso
Deus 71, 239; Cidade de Deus 180-8
deuses, gregos 231, 248; cf. Homero
dialético(s) 53, 133
dignidade da pessoa humana 266
dignidade humana 174, 178
direito 9, 22, 125, 197
direito internacional 172
direito penal 9
direitos autorais 116
discussão, crítica ou racional 104, 199, 203, 234, 246, 257, 263, 267; cf. crítica
ditadura 187, 285; cf. despotismo, Hitler, Mussolini, Stalin, totalitarismo, tirania
dogma, dogmatismo 65, 76, 93, 102-3, 273
dualismo corpo-alma 205
Duden 247
dúvida 247

economia de mercado, livre 282
economia planificada 282
Economia política 97, 112
educação para todos 279s.; cf. educação
educação, direito à 281
efeito 22, 40
eleição, política 286
elenchos 51 nota de rodapé; cf. refutação
eletromagnetismo 24
elétrons 35
elite 195, 283, 286; teoria de uma elite intelectual 222
emergência 34, 38, 48
empiriocriticismo 118
empirismo, crítico 73; cf. crítica, racionalismo, crítico

engenheiros 258
entendimento 58, 168, 173; cf. pensar, senso comum
enunciado(s) 15, 251; cálculo proposicional 81; verdadeiro 108; cf. proposição; asserção, proposição
enzima 90
epagogē (indução) 199
equal opportunity 280; cf. igualdade, educação
erro 7, 14-5, 38, 70, 108, 183, 188, 193, 253; cf. erro
erros 144, 183, 188s.; 215, 232, 245, 259, 260s.; 296s.; correção de 8, 26; cf. erro
Escandinávia 187
Esclarecimento 160-73, 176, 184, 187-8, 193, 263, 266, 268, 279
escola cética 247
escola romântica 162, 173
escolástica 128, 240
escravidão 163, 174, 178, 226, 288
escrita 139, 144
espaço 23, 164, 166, 239, 241
especulações cosmológicas 293
espiral de *feedback* dos mundos 40, 45-6; e crescimento espiritual 210; cf. mundo/interação
espírito 8, 20, 21, 42, 43, 48, 78, 91, 117, 144, 172, 205, 235-7, realidade do 235
espírito da época 230
essência 120
estabelecimento de objetivo na história 182; cf. sentido, dar sentido à história
Estado 196; tarefa do 282; doutrina, filosofia, teoria, teóricos do 69, 284, 285; poder do cf. poder; estadista 224
Estado de bem-estar social 152, 158, 280
Estado de direito 245
Estados Unidos 154, 178, 186
esteticismo 121
estilo (de escrita) 131, 167, 181, 245
estóicos 206-7

éter (cósmico) 23
ética 18, 55, 72, 170, 175, 182, 230, 235, 237, 240, 243, 275; velha 259; para os intelectuais 258; nova 258; princípios da 257; objetivo ético 185; cf. ética profissional
ética profissional 258s.
etnologia 98
etologia 88
Europa cf. Ocidente <<Abendland>>, Europa Ocidental
Europa Ocidental 186
evolução, biológica 27, cf. darwinismo; cultural 49
existencialismo 115
experiência 167; cf. observação, fato(s)
explicação, causal 109; força explicativa 110, 299
explosão demográfica, crescimento da 14, 25
Expressionismo 144

falibilidade 245, 247, 253, 257s.
falibilismo 53
falsidade, retransmissão da 107
fanatismo 185, 187, 245, 272s.
fantasia 80, 85, 199, 293, 299; cf. criatividade
fascismo 117, 121; cf. Hitler, Mussolini
fases 34; de Vênus 214
fases de Vênus 215
fases dos planetas 214
fato(s) 74, 108-9, 124-5, 293; coleta de 94; cf. problema da indução
feedback cf. espiral, mundo/interação
filosofia, filósofos 53, 115, 117-8, 122, 132, 169, 181, 205, 221-40; acadêmica (profissional) 222-3, 227, 234, 239; do senso comum 234, tarefa da 228, 240; do conhecimento, autocrítica 254; grega 269; cf. pré-socráticos; uma terapia intelectual 230; da matemática 82, 125, 139; minuciosos 239, negativa 121; política 240; escolas de 122

filósofos sociais 16, 283
física 169; moderna 24; newtoniana 169; e teologia (Newton) 239; teórica 98; cf. átomo, matéria
fisicalismo 21, 24
força 24
força de Coriolis 213
forma de economia, oriental 282
formalistas (matemáticos) 81
funcionários públicos 258
fundamento (racional), objetivo, crítico 19; razões suficientes 54
futurismo, moral 125

galáxias, cf. sistemas de Vias Lácteas
gene, genética 88, 91; *pool* genético 27; mito do gene egoísta 31
Gênesis 294
geometria 81, 168
governo mediante discussão 200
gravitação 87; teoria da, newtoniana 14, 24, 59, 64, 216, nota de rodapé, 238, 252; einsteiniana 59; cf. Newton, campos gravitacionais
Grécia, gregos 138, 150, 152, 156, 199, 238, 269; cf. Atenas
guerra 232, 275-6; cf. paz
guerras napoleônicas 155

hegelianismo 261
hegelianos 263, 268
hermenêutica 127, 217
hipocrisia, ato 281
hipócrita moral 281
hipótese de Kant-Laplace 164; cf. determinismo
hipótese do contínuo 83
hipótese, *ad hoc* 109; cf. conjectura
história (histórico) 118, 120, 175-87, 211; lei da 241; filosofia da história (Kant) 173; sentido da 174, 179, 182
historicismo, hegelizante 262-3
homem, o homem comum (*man in the street*) 192; cf. senso comum
honestidade, intelectual 129, 245, 250, 258

idealismo alemão 162, 167
idealismo, alemão 162; transcendental (Kant) 167
idéias 206; inovadoras 227; história das 86, 271; poder das 189; platônicas 207
ideologia 65s.
ignorância (Sócrates) 63, 92, 121, 254
ignorância 76, 92, 121, 153, 247, 254, 255; cf. ignorância, conhecimento
Igreja 271; romana 161
igualdade 151, 161, 175, 185, 258
imaterialidade 40
imaterialismo 236-7; cf. Berkeley, Mach
impulso (pressão) 23
imunidade 14
incerteza 69; cf. certeza
inconsciente 34
indemonstrabilidade 84
indeterminismo e seleção 120
individualidade, indivíduos 8, 26, 114, 131, 184, 198
inferência (método) 107, 109
infinito 40; atual, teoria do (Cantor) 84; infinitesimal 84; potencial 84
infinitude, das proposições 253; do universo 164
Inglaterra 161, 187, 265, 276
iniciativa 26, 91; cf. atividade
início do mundo 163s.; cf. *big bang*
injustiça 254
Inquisição 224
instituições, sociais 113ss.; conseqüências de suas ações dotadas de propósito 114
intelectuais 16, 202, 258, 268, 274, 283; sua ética 257; traição dos 115, 129
intelectualismo 72
interesses 104, 233; cf. objetividade
interpretação (compreensão) 211; cf. hermenêutica
intolerância, ocidental 274
intuição 75, 80, 260; lógica 81
intuição pura (Kant) 168
intuicionismo (matemático) 85
invenção, inventor 8, 32s., 47
Irlanda 194

irracionalismo 13, 119
irrefutabilidade 84
Itália 232

Japão 286
justiça 93, 124, 151, 193, 200, 204, 281
justificação 80, 96; da filosofia 223

Kallatier 157

lamarckismo 90
legislação, tarefa da 151
legitimismo 187
lei da inércia 215
liberalismo 187, 191, 193-201, 203
liberdade 26, 27, 117, 138-51, 156, 171-2, 174, 178, 185, 187, 193, 202, 225, 236, 267, 277, 282, ideal de 281; individual 198; política 285
língua/linguagem 8, 37-40, 49, 89, 120, 145, 207; e filosofia 228, 230; comportamento lingüístico 236; cf. escrita, estilo
literatura 290; cf. poesia
livre-arbítrio 225; cf. liberdade
livreiros 55
livros (mercado de) 137-48
lógica 80, 92-114; dedutiva 107; clássica 18; matemática 85, 109, 239; moderna 108; objetividade da 120; cf. dedução, indução, paradoxos, positivismo, conclusão (método)
lógica situacional 112-4
logicismo 82, 85
lua e marés 215; cf. teoria das marés
luas de Júpiter 214
lutas de crenças 188
luz 30, 35, 67, 79, 87

mal, o 231
maniqueísta 180
marxismo 231, 280, 286; antimarxismo 118; cf. socialismo
massa(s) 280-3, 286, 290; miséria das 9, 292; sociedade de 283-7
massificação 283

matemática 44, 80, 120, 239; filosofia da 239; cf. números...
matéria 22, 24, 36, 241; realidade da 22, 235s.; estrutura da 80, 87
materialismo 23-5, 35; behaviorista 237
medicina, médico 14, 259
memória 33
menoridade e Estado de bem-estar social 163
metafísica 227
método crítico 15, 55, 65, 96, 106; cf. crítica
método indutivo 99
método, objetivo-compreensivo 112; cf. método crítico, ciência natural
metodologia 120, 128
missão Runciman 192
misticismo 239
mito(s) 79, 151, 156, 158, 293; cf. deuses, Homero
modas 230, 291
modernidade 291
modéstia, socrática ou intelectual 240, 245, 254; cf. ignorância
molécula 35
monismo 205
monopólio da publicidade ('mídia') 202
monoteísmo 248
moral cf. ética
morte 89
movimento dos planetas (teoria do movimento dos corpos celestes) 57, 300; cf. Sistema Solar
movimento sem-mim 203
multiplicar-se 30; cf. explosão demográfica
mundo (1, 2,3), interação de 40, 45, 145, 206; cf. espiral
mundo 1: 19-33, 34-5, 39, 40-5, 144, 206-8, 235; pré-material 35
mundo 2: 19, 20-2, 32-4, 41-3, 45-6, 144-5, 206-8, 211
mundo 3: 20, 21-2, 37, 39, 43-4, 46-8, 206-10, 235; autônomo 44, 207, 210-1; e compreensão 217

mundo físico 19-20, 23, 33; cf. mundo 1
mundo(s) 19, 79, 166, 206, 256, 295;
   explicação do 293, fantástico,
   especulativos 80; cf. utopia; físico
   114, 206; cf. Mundo 1; Estado
   global 275; compreensão do 92; em
   interação com o organismo 32
música 78, 138, 151, 159, 290, 294, 298,
   300
música das esferas 300

nacionalidade 154-5, 244
nacionalismo 153, 155
nacional-socialismo (nazismo) 188; cf.
   Hitler
Nações Unidas 275
não-violência 49, 152
naturalismo 144; metodológico 97
natureza 25, 29, 30, 58; domínio sobre
   a 188; as leis da 59; cf. ciência
   natural; filósofos da 55; direito
   natural 245
navalha (Ockham), liberal 196
negligência, política 291
neodialéticos 118
neopositivismo 124, 126
neutrino(s) 35; campos de 87; fluxo
   de, solar 88
nichos, ecológicos 27, 31, 46, 90
niilismo 115
normativo, o 125; cf. critérios
números (seqüência, sucessão
   numérica), naturais 41, 44, 209, 252
números primos 41-2; teoria dos 209

objetivo(idade) 9, 15, 17-8, 95, 99,
   102, 112; na lógica 120; problemas
   120; da ciência 97-7; cf. verdade,
   mundo 3
observação 74, 94; cf. fato(s)
Ocidente <<Abendland>> 129,132,
   153, 155, 165; cf. cultura, Europa
   Ocidental, choque
Ocidente, o 262-87; cf. Ocidente
   <<Abendland>>
opinar (*doxa*) 71
opinião(ões) 233-5; formação de, livre
   266; pública 191, 203

opressão 278
oráculo de Delfos 51
ordem 152; cf. regularidade
organismo 7-8, 27-8, 31-3, 37, 88
Oriente, Médio 139; Próximo 157
Ótica (Newton)
otimista 28, 290; epistemológico 234

padronização
paixão 225s.
paradoxos, lógicos 228; cf. antinomias
paz 49, 151, 161, 172, 176-7, 275, 277,
   278, 281-2
pêndulo de Foucault 213
pensamento 143, 144; liberdade de
   199, 267
percepção 69; cf. impressão sensorial
persas 138, 156, 157
perseguições, religiosas 244
pesquisa, pesquisador 46, 104, 169,
   293, 299, 300; organizada 91
pessimista 26, 30 nota de rodapé, 290;
   epistemológico 234, 251; profetas
   do 274; cf. declínio
pietismo 163
pintura de retratos 298
Pireu, batalha em 51, 142
plano Hoare-Laval 192, 203
platonismo 44, 286; cf. teoria do
   Estado
pluralismo (sociedade aberta) 175,
   205-6, 246, 273; crítico 246; e
   mundo 3 205
pobreza 280ss.
poder 178; das idéias 188; abuso de
   284; do Estado 9, 104, 201, 283
poesia 294
politeísmo 205; cf. deuses
políticos 258
positivismo 79, 85, 120-1, 124-9, 236;
   moral e jurídico 128, disputa
   do positivismo 121, 129; cf.
   neopositivismo
posse 280; cf. massas
precisão 75, 105, 230
preconceito(s) 199; criticáveis 127;
   filosófico 230-1
predições 14, 62; histórica 181

pressão seletiva 26-8, 48, 90; interna 26-8; cf. seleção
primitivismo 295
princípio da relatividade (Galileu) 213
princípio de conservação para o movimento circular 115
problema da indução 120, 123
problema do realismo 120
problema(s) 14, 20-1, 43, 94, 98, 104, 118-9, 209; da aplicação 110; autônomo 209, de Euclides 41; histórico 110; lista de tais 120; solução de 27, 32-3, 230; tentativa de solução de 7, 42, 95, 123, 210; filosófico 118, 227, situação de, histórico, sua reconstrução 212; situação de e compreensão 112, 116; teórico 109; não-solucionados 209
problema, conjectura de Goldbach 42, 209
processos de aprendizagem
produtos do espírito 20; cf. mundo 3
profecia do declínio 263
profetas, falsos 270
progresso 61, 65, 75, 92, 111, 154, 179s.; 180-4, 194, 239, 256, 274, 291, 299; histórico 178; na arte 295; critério de 62; da opinião pública 194; profecia do 263; teorias do 178; científico 127
propaganda 203
propensões 120
proposição(ões) 208; descritivas 37; e pensamento 143; conteúdo de 40, 110; verdade das 15, 110; cf. enunciado, asserção
proteção às minorias 154
prova da incompletude (Gödel) 829
prova, lógica 266
pseudoproblema 228
psicanálise 111; cf. psicólogo social profundo
psicologia da aprendizagem 111; cf. behaviorismo
psicologia do pensamento 111

psicologia social 211
psicólogo social profundo 98

raça(s) 180, 244
racionalidade 119; e ética profissional 258
racionalismo 72, 185, 199, 225; grego 270-1; crítico 72-3; cf. crítica; terror do 272; e tradição 268-9; cf. ciência natural
radiação, cósmica 87; cf. fluxo de neutrino
radioastronomia 86
razão 16, 48, 75, 174, 225, 245, 263, unidade supranacional da 234; e paixão 225; pura (Kant) 167
realidade 13, 18-45; formação da 13, 45-9; teoria da realidade do senso comum 236; cf. realidade, mundo 1
realidade 167, 235-6; cf. matéria, mundo...
realismo, pluralista 235
Reforma 138
regularidade 109; cf. ordem
relação de conseqüência, lógica 107
relativismo 102-3, 188-9, 246, histórico 102, 188; filosófico 16; sociológico 102; cético 109
relevância 99; cf. sentido, critério
religião comunista 270
religião(ões) 72, 118, 171, 179, 244, 265, 270; luta de 266; da razão 273; cf. religião comunista
Renascimento
República de Weimar 245
responsabilidade 152, 171, 242, 259; intelectual 242-62; cf. honestidade; e opinião pública 201
revolução copernicana (Kant) 59, 168ss.
Revolução Francesa 185, 292
revolução(ões) 186; Inglesa 187; intelectuais e científicas 128
revoluções norte-americanas 161
romanos 150, 155
Romantismo, românticos 161, 174
Rússia 232

Índice remissivo 315

sábio(s), governo dos sábios 53, 284, 286; ideal de Sócrates contra Platão 53
Segunda Guerra Mundial 279
seleção 27; cf. seleção
seleção, natural 8, 25, 30; cultural 38; orgânica 90; das teorias 48; cf. seleção
sensações, percepções sensoriais 34, 168
senso comum 234ss.; cf. lógica, filosofia, homem...
senso comum 246; cf. senso comum, homem...
senso de forma 299
sensualismo 225
sentido 174; dar sentido à história 83; cf. relevância, estabelecimento de objetivo
simbolismo 37
sistema cósmico copernicano-newtoniano 163; cf. Terra, movimento dos planetas, Sistema Solar
sistema de axiomas 81
sistema dedutivo 109
sistema econômico, ocidental 282
Sistema Solar 85, 164; cf. sistema copernicano-newtoniano, movimento dos planetas
sistema(s) de vias lácteas 85
sistemas, filosóficos 228
socialismo 193; prático (Popper) 127
sociedade 16, 130; maligna 30; livre de conflitos 152; crítica à 292; aberta, cf. pluralismo; teoria da conspiração da 232
sociobiology 31
sociologia, sociólogos 96, 98-9, 102-4, 113, 122, 124
sofocracia 53; cf. sábios de Platão, teoria do Estado de Platão
sofrimento 9, 14, 127, 144, 232, 292
sonho 20, 45
sono 7, 20, 264
subjetivismo 119; cf. objetivo
Suíça 186, 270, 277

tecnologia 79, 144, 291
televisão 290
tempo 120, 164-5
tentativa de refutação 95
tentativa de solução cf. tentativa de solução de problemas
tentativa e erro 7, 32, 45, 47, 96, 99; no escrever 297
teoria copernicana 214
teoria da adequação da verdade (109); cf. verdade
teoria da conspiração da sociedade 232
teoria da expansão 35, 86; cf. *big bang*
teoria da relatividade, geral 64, 88
teoria da seleção (Darwin) 120
teoria das marés (Galileu) 212-5
teoria do conhecimento 59, 68, 93, 224, 234; do senso comum 235, de Hegel 124; de Popper 126.; positivismo 124; princípios do 257; de Xenófanes 250
teoria do declínio 177; cf. Spengler
teoria dos conjuntos 45, 83
teoria dos números 82, 209
teoria quântica 120
teoria social, platônico-marxista 283
teoria(s) 18, 34, 45-6, 48, 60, 73, 80, 132, 207-8, 231, 299, 300; julgamento das 11; história das 120; hipotético-dedutiva 83; do liberalismo 199; conseqüências lógicas da 110; matemáticas 83; filosófica, como preconceito 231, 233; como tentativa de solução de problema, de explicação 108; do otimismo racionalista 193; do crescimento do conhecimento 128
teorias cíclicas 177, 186
Terra 8, 19, 23, 240, 249; movimento da 213
território de língua alemã 265; cf. Alemanha, Áustria, Suíça
terror 244, 267, 272, 292
tese da redução (matemático-lógica, Russell) 80
tirania 283, 285

tolerância 104, 187, 242, 261; religiosa 266
tortura 288
totalitária 271; cf. despotismo, ditadura, tirania
tradição 74, 197, 202, 204, 231, 247; crítica 103; racionalista 269, 272; do Ocidente 271
tradicionalismo 74
tradução 130
Trinta Tiranos 51, 142
tutelagem 282

universidade(s), liberdade da 202
Universo cf. cosmos
Urano 57
utopia, política 47

validade 71, 74; cf. justificação
valor(es), valorações 7-8, 18, 95, 105, 120, 124-5, 151, 198; e fatos 124, 128; liberdade de 97, 104, 106; científicos 105
verdade 14-6, 19, 54, 59, 73, 80, 104, 106, 110, 156, 188, 192, 194, 204, 207, 229, 233, 246, 250-1, 264, 266, 293, 295; semelhança à 251, aproximação da 62, 110, 113, 120, 251-2, 256, 299, 300; pretensão de 108; conceito de 108, eterna 208; fundamento de 169; idéia de 258; como idéia reguladora 80; critério geral de 18, 61, 251; objetiva ou absoluta 14-5, 102, 108, 207, 247, 250-2, 257, 264; de uma proposição 110; busca da 8, 14, 38, 61, 105, 189, 199, 200, 229, 247, 257-8, 294-5, 299; de teorias 60, 120, 246, 252; transferência da no método de inferência 107; infinitude da 253
vida 18-9, 25, 28, 30-2, 36, 240
Vietnã 243
violência 10, 30, 151, 187, 246, 247, 278; cf. terror, assassinato
vivências 20, 144; cf. mundo 2
voar 46.
vontade popular (*volonté generale*) 193; cf. *vox populi*
vox populi 191, 193, cf. vontade popular

1ª edição Agosto de 2006 | **1ª reimpressão** Julho de 2014 | **Fonte** Palatino
Papel Extraprint 90 g/m² | **Impressão e acabamento** Yangraf Gráfica e Editora